기본경제 기본사회

진짜 성장과 분배의 길잡이

기본경제 기본사회
진짜 성장과 분배의 길잡이

2025년 8월 25일 초판 1쇄 인쇄
2025년 9월 1일 초판 1쇄 발행

지은이	유영성
펴낸이	김영애
편 집	김배경
디자인	창과현 ㅣ 정민아 (표지)
펴낸곳	SniFactory (에스앤아이팩토리)

등록일	2013년 6월 3일
등 록	제2013-00163호
주 소	서울시 강남구 삼성로 96길 6 엘지트윈텔 1차 1210호
전 화	02. 517. 9385
팩 스	02. 517. 9386
이메일	dahal@dahal.co.kr
홈페이지	http://www.snifactory.com

ISBN 979-11-91656-34-3 (93320)

가격 20,000원

ⓒ 유영성, 2025

다할미디어는 SniFactory (에스앤아이팩토리)의 출판브랜드입니다.
이 책은 저작권법에 따라 보호받는 저작물이므로 무단 전재와 무단 복제를
금지하며, 이 책 내용의 전부 또는 일부를 이용하려면 반드시 저작권자와
SniFactory (에스앤아이팩토리)의 서면 동의를 받아야 합니다.

기본경제
Basic Economy

진짜 성장과 분배의 길잡이

Basic Society
기본사회

유영성 지음

다할미디어

• 추천사 •

공정한 성장과 따뜻한 분배,
대한민국 미래를 위한 기본사회로

"우리는 수많은 아인슈타인을 잃어버렸다."

하버드대학교 라즈 체티 교수의 빅데이터 연구 결과는 우리 사회가 왜 기본사회가 되어야 하는지를 잘 보여줍니다. 각자의 능력을 충분히 발휘할 수 있는 사회경제적 환경이 만들어지고, 실패가 두렵지 않은 사회안전망이 국민을 지켜준다면 우리 사회는 더 많은 아인슈타인을 길러내고, 성장과 혁신을 이뤄낼 수 있을 것입니다. 기본사회는 그런 사회를 만들기 위한 실천적 정책 가치입니다.

유영성 박사님의 『기본경제 기본사회』는 탁월한 통찰과 실천적 상상력을 통해 해법을 제시하는 글입니다. 이 책은 '기본사회'라는 개념을 단순한 이상론이나 선언적 구호가 아닌, 구체적이고 실행 가능한 국가 정책의 비전으로 정립하고 있습니다. 특히 주목할 점은 우리 삶의 핵심 영역에서 국가가 보장해야 할 '기본'의 내용을 다룰 뿐만 아니라, 그것을 가능하게 하는 토대, 즉 '기본경제'에 대한 설계가 병행되고 있다는 점입니다.

무엇보다도 이 책이 제시하는 기본경제-기본사회의 통합적 접근은, 기본소득·기본자산·기본금융·기본서비스·사회적경제·지역화폐라는 여섯 가지 실천 전략을 통해 구체적으로 구현된다는 점에서 독특합니다. 각각의 전략은 단편적인 정책을 넘어 서로 유기적으로 작동하며, 우리가 직면한 구조적 문제들에 대한 지속 가능한 해결책을 제시합니다. 이는 단순한 정책 나열이 아니라, 새로운 사회경제 시스템에 대한 종합적 설계이자 실현 가능한 대안 모델로서, 우리에게 전혀 새로운 안목과 상상력을 불러일으킵니다.

저는 국회 보건복지위원장으로서, 또한 더불어민주당 당대표 직속 기본사회위원회의 수석부위원장으로서 제도권 안에서 기본사회 실천을 만들어 내는데 앞장 서고 있습니다. 『기본경제 기본사회』는 정치와 행정이 실천적 과제를 설계하고 구체화하는 데 있어, 많은 인사이트를 주고 있다고 생각합니다. 이 책을 통해 더 많은 시민과 정책 결정자들이 '기본'의 의미를 다시 생각하고, 함께 행동하기를 기대합니다.

2025년 9월
박주민
더불어민주당 국회의원·국회 보건복지위원장
당대표 직속 기본사회위원회 수석부위원장

• 추천사 •

기본경제와 기본사회,
미래를 위한 구조적 대안

이재명 대통령은 기본사회를 국민의 기본적인 삶을 국가 공동체가 책임지는 사회로 정의합니다. 유영성 박사는 이를 위해 경제와 사회가 어떻게 바뀌어야 하는지를 숙고했습니다. 그 결과 기본경제와 기본사회가 만들어져야 한다는 결론에 도달했습니다.

기본경제는 주거, 식량, 의료, 교육, 돌봄, 에너지 등 인간다운 삶에 필수적인 영역에서 안정적이고 지속 가능한 생산·분배·소비 체계를 재설계하는 경제 질서로 정의됩니다. 이는 단순히 복지를 보완하거나 시장에 개입하는 것을 넘어, 공공적·공동체적 방식을 통해 이러한 근본적인 조건들을 복원함으로써 경제 구조 자체를 근본적으로 바꾸는 것을 목표로 합니다.

기본사회는 신뢰, 연대, 상호의존, 존엄성을 중시하며 모든 사람이 서로를 돌보고 함께 살아갈 수 있는 조건을 제도화하는 데 초점을 맞춥니다. 여기서 '기본'이란 단순히 최소한의 생계를 넘어, 돌봄, 교육, 안전, 소속감, 정치 참여 등 삶의 다양한 요소에 대한 접근을 보장하는 것을 의미합니다.

이 책의 중요한 기여는 넓은 의미의 기본사회를 기본경제와 (좁은 의미의) 기본사회로 나누어서 설명한 것입니다. 기본경제와 기본사회는 '기본'이라는 핵심 가치 아래 구조적으로 통일되어 있는데, 이러한 접근은 "경제는 사회에 내포되어 있다"고 주장한 칼 폴라니를 떠올리게 합니다. 이 책은 두 개념이 어떻게 연결되고 함께 작동할 수 있는지 상세히 설명하면서 구체적인 실행 전략을 제공해 주고 있습니다. 기본경제와 기본사회를 만들 수 있는 여섯 가지 실천 범주 ― 기본소득, 기본자산, 기본금융, 기본서비스, 사회적경제, 지역화폐 ― 를 선정하고, 이것이 기본경제와 기본사회에서 차지하는 의의를 설명하면서 이것을 실행하기 위한 실천 전략을 제시합니다.

가장 흥미로운 대목은 여섯 가지 실천 범주들이 기존의 유사한 정책이나 개념과 어떤 차이가 있는지를 보여주는 여러 가지 표들입니다. 예를 들어 복지국가, 공동체주의, 커먼즈와 기본사회가 주체, 목표, 방식 등의 관점에서 어떤 차이가 있는지 하나의 표에 요약되어 있는데, 이러한 표들로부터 저자가 개념과 실천에 대해 어떤 고민을 하였는지 짐작할 수 있습니다.

『기본경제 기본사회』는 인공지능 전환과 기후 위기에 직면한 현대 사회에서 '실질적 성장과 분배'를 달성하기 위한 핵심적인 지침서라고 할 수 있습니다. 공정하고 안정적이며 지속 가능한 사회를 만들려 하는 사람들은 이 책을 통해 적지 않은 영감을 얻을 수 있을 것입니다.

2025년 9월
강남훈
(사)기본사회 이사장·전 기본소득한국네트워크 이사장
한신대 명예교수

• 이 책에 쏟아진 찬사 •

『기본경제 기본사회』는 우리가 나아가야 할 지속가능한 국가 비전의 핵심을 정확히 짚어낸 책이다. 기본이 바로 선 나라를 만들기 위해서는, 국민 누구나 인간다운 삶을 영위할 수 있는 경제·사회적 토대가 반드시 갖추어져야 한다. 특히 양극화와 불평등이 심화되는 이 시대에, 기본경제와 기본사회는 지속가능한 공동체의 필수조건이기도 하다. 사람과 기본에서 시작하는 미래 설계, 지금 우리가 이 책을 읽어야 할 이유이다.

김영춘

전 국회의원·전 해양수산부 장관

기본경제는 현재 국정운영에서 주목해야 할 이정표인 동시에 뜨거운 학술적, 정책적 논쟁의 주제이다. 이러한 상황에서 『기본경제 기본사회』는 우리 사회가 직면한 구조적 문제에 대한 해법을 '기본'에 착안하여 제시한다. 기본경제와 기본사회에 대한 기초적 개념과 철학적 근거부터 정책 실행의 효과와 그 한계와 대안에 이르기까지 폭넓고 깊이 있는 고민을 균형 있게 다룬다는 점에서 이 책의 의미를 찾을 수 있을 것이다.

방기선

전 국무조정실장

이 책은 '기본소득론'을 통해 소개되었던 지향과 논리가 어떻게 심화되고 확장될 수 있는지를 보여주고 있다. 필자는 비교와 분석을 통해 기본경제와 기본사회라는 구상의 견고한 이론적 토대를 만들어가는 한편, 다양한 실제 사례를 소개하면서 독자들에게 이 구상을 호소력 있게 전달한다. 이것만으로도 이 책의 가치는 충분하다.

강신욱
한국보건사회연구원 선임연구위원·전 통계청장

이 책은 공공의 역할과 사회적 연대의 중요성을 날카롭게 짚어내며, 우리 사회가 나아가야 할 방향을 성찰하게 한다. 모두의 삶을 지탱하는 기본을 국가가 어떻게 책임져야 하는지에 대한 깊이 있는 통찰과 국민 누구나 기본적인 삶의 조건을 누릴 수 있는 사회를 위한 담론은, 지금 우리 시대에 꼭 필요한 이야기이다. 공적 가치의 회복을 바라는 모든 이들에게 일독을 권한다.

김유열
EBS 사장

• 서평 •

전유와 공유의 균형을 회복하는
'기본'에 대한 깊은 통찰

한 나라의 제조업 경쟁력을 산업 생태계 전체를 기준으로 평가해 보려는 시도가 있습니다. 모든 산업은 다른 산업에서 매입한 재화와 서비스를 조합하여 제품을 생산하기 때문에 네트워크를 구성하게 됩니다. 하버드 대학교 케네디스쿨의 연구진은 산업의 네트워크 지도를 그리고, 어떤 나라가 어떤 산업에서 경쟁력을 보유하고 수출에 성공하고 있는지를 관찰하였습니다.

전자, 금속기계, 화학, 섬유 및 의류 등 주요 산업군에서도 세분하여 보면 핵심 산업이 있고 주변부의 산업이 있습니다. 핵심에 가까울수록 경쟁국이 따라 하기 힘들고, 여러 산업군에서 경쟁력을 확보하고 있을수록 회복탄력성이 높아집니다. 이러한 점들을 감안하여 케네디스쿨의 연구진은 경제고도화지수(Economic Complexity Index)를 계산하여 매년 공표하고 있습니다. 2023년 기준 한국의 지수 값은 세계 5위입니다. 참고로 한국보다 앞선 나라로 싱가포르, 스위스, 일본, 타이완이 있고 독일, 영국이 한국 뒤에 있습니다.

평균수명에서 질병과 장애로 거동이 어려운 기간을 빼고 건강수명을 계산합니다. 세계보건기구의 발표를 보면 2023년 기준으로 일본만이 한국과 비슷한 정도이고, 두 나라가 G7에 속하는 다른 나라들을 상당히 큰 격차로 앞서고 있는 것을 볼 수 있습니다. 식민 지배와 동란의 참화를 겪은 한국이 거둔 경제적, 사회적 성취가 이렇듯 놀랍지만, 아마도 세계가 가장 주목하고 있는 것은 K팝, K드라마 등 한류의 열풍, 최근 한강 작가의 노벨문학상 수상에서 드러나듯 한국의 문화적 영향력이 아닐까 싶습니다.

그럼에도 불구하고 한국인은 행복하지 않습니다. 가장 행복한 상태를 10, 가장 불행한 상태를 0으로 두었을 때 당신은 현재 어느 계단에 있다고 생각합니까? 갤럽에서 같은 질문으로 세계 각국에서 얻은 설문 결과를 평균한 자료가 매년 세계행복보고서(World Happiness Report)에 발표되고 있습니다. 2023년 한국인의 응답 평균치는 5.95로 156개 조사 대상국 가운데 54위입니다. G7 국가들은 모두 한국보다 높은 평균 행복도를 보이고 있습니다.

세계행복보고서 연구진의 연구 결과에 따르면 각국의 평균 행복도 차이는 소득(income), 건강수명(healthy life), 원하는 것을 추구할 자유(freedom), 부패(corruption), 돈을 써서 다른 이를 돕는 이들의 비율(generosity), 어려움에 처했을 때 도움을 청할 이가 주위에 있는지(social support) 등의 여섯 가지 요인으로 대부분 설명이 된다고 합니다. 이 가운데 소득과 건강수명은 개인이 노력하면 전유(專有)하여 누릴 수 있는 행복의 조건이지만, 나머지 넷은 사회가 공유(共有)하지 않으면 개인이 노력해도 누릴 수 없는 조건이라 할 수 있습니다. 한국인이 놀라운 성취에도 행복하지 못한 것은 우리가 각자도생에 몰두해서 전유과 공유의 균형에서 이탈했기 때문이라 생각합니다.

서평자는 저자와 오랜 학우 사이로 이야기를 나누어 왔지만 저자가 이 책에서 주장하는 구체적인 정책에 일일이 동의하지는 않습니다. 그럼에도 이 책을 기쁜 마음으로 독자 여러분께 추천하는 것은 저자의 기간 저서를 포함하여 기본소득, 더 넓게는 기본경제에 관련된 기존의 저작물에 비해 사회로까지 시야를 넓혀 우리 사회의 전유와 공유의 균형 회복을 위해 필요한 정책 대안에 대해 가장 체계적이고 수준 높은 비판적 고민의 결과를 제시해 주고 있다고 믿기 때문입니다.

이 책이 주장하는 기본소득, 기본자산 등의 정책에는 많은 재원이 소요됩니다. 그 재원은 궁극적으로 조세를 통해 조달할 수밖에 없습니다. 책은 토지, 데이터 등 공유부에 세금을 부과함으로써 조세의 사중부담(死重負擔)이 거의 없어도 재원을 마련할 수 있을 것으로 이야기하지만 토지에 대한 획기적 증세가 단기간에는 어렵고 데이터 등 새로운 세원에 대한 조세는 아직 아이디어 차원에 머물고 있다는 점을 감안하면, 사중부담을 감수하면서 거둔 세수를 저소득 취약계층에 집중 지원하는 것이 옳지 않을까 하는 것이 서평자의 판단입니다.

시민의 행복을 제고하고 세상의 지속가능성을 높이기 위한 전유와 공유의 균형회복이라는 관점에서 볼 때 책이 담고 있는 정책 아이디어에는 경청할 부분이 충분히 많습니다. 예를 들어 대학과 대학생에 대한 재정지원을 살림이 상대적으로 넉넉한 가정 출신의 국민만이 누리고 있다는 점, 우리나라의 평생교육 참여율이 저조한 점을 감안한다면 대학생이 되어 누리는 재정 혜택에 상응하는 규모의 자산을 대학에 가지 않는 젊은 국민들에게 제공하여 교육훈련이나 보건의료 등 인적자원 투자, 주거비에 사용할 수 있도록 하는 것은 경제의 형평성과 효율성을 동시에 제고할 수 있는 방안으로 저자가 제시하는 기본자산의 개념과 절충점을 찾을 수 있지 않을까 생각합니다.

전유와 공유의 균형 회복을 위해서는 기업의 혁신, 국가의 힘 외에도 개인 사이의 연대를 회복하기 위한 시민사회, 지역사회의 노력이 필수적입니다. 우리나라에는 이 분야에서 주목할 만한 혁신적 시도가 다수 진행되고 있고 그 성과를 주목받고 있습니다. 이 책은 이러한 노력들을 잘 소개해 주고 있고, 이를 촉진하기 위한 정책 아이디어도 풍부하게 제시해 주고 있습니다.

'빨리빨리'라는 우리말 표현이 한국의 문화를 소개하는 외국 문헌에 빈번하게 등장하는 것을 볼 수 있습니다. 사람의 행태를 연구하는 사회과학의 많은 연구 성과에 따르면 사람은 같은 것을 보고도 서로 다른 측면을 봅니다. 같은 측면을 보아도 다른 느낌을 가집니다. 같은 면을 보고 같은 것을 느끼는 사람도 각자에게 중요한 판단의 기준이 다를 수 있습니다. 빨리빨리 문화는 소통을 위한 시간과 투자를 소홀히 합니다. 자기와 의견이 다른 사람은 뭔가 악한 의도를 가지고 있거나 모자라는 사람으로 상대하지 않으려는 경향이 강하게 됩니다. 소통을 강화하고 공동체를 복원하기 위한 지역시민사회의 노력이 소중한 이유입니다. 이것이 바로 저자가 강조하는 기본사회의 거버넌스 체계입니다.

시민이 주권을 획득하고 페르시아 전쟁을 극복한 기원전 5세기를 아테네의 황금시대라 부릅니다. 세계의 지역을 횡으로 놓고 시대를 종으로 놓아 구분해 보면 지금의 한국과 가장 유사한 사회가 황금시대의 아테네가 아닐까 생각합니다. 무역 대국인 점이 비슷하고, 문화 강국인 점이 비슷합니다. 민주화를 이루었으나 정치의 미래가 불안한 점까지도 비슷합니다.

페르시아 전쟁의 참전용사였던 아이스킬로스의 비극에는 민주주의를 쟁취하긴 했어도 그 시절 아테네에는 아직 민주주의라는 단어가 없었던 것이 아닐까 생각하게 하는 구절이 있습니다. 여신 아테네를 등장시켜 무정부상태(anarchy)도 아니고 전제(tyranny)도 아닌 너희들의 도시를 소중하게 지키라고 말하게 합니다. 아직 이름도 짓지 못한 소중한 갓난아기를 품에 안은 아빠가 아기의 미래를 걱정하는 모습을 상상하게 됩니다. 아이스킬로스를 이어 기원전 5세기 아테네 문화계의 스타들이었을 소포클레스, 에우리피데스의 비극 작품들도 시민들의 숙고가 필요한 민주 정치의 현안에 대한 고민으로 가득합니다. 매년 3인의 비극 작가를 초대하여 아크로폴리스 밑 극장에서 비극 작품들을 온 시민이 관람할 수 있게 했던 디오니소스 축제는 아테네 시민을 위한 민주주의 학교였다 느껴집니다. 그런 예지와 시민들의 노력에도 불구하고 아테네의 황금시대가 길게 보아 100년, 짧게 보면 50년을 넘기지 못했던 것을 또한 기억합니다. 우리가 어디에서 와서 지금 어디에 있고 어디로 향하고 있는가에 대해 깊은 성찰이 필요하고 그 이야기를 예의와 정성을 다해 나누는 노력이 무엇보다 소중한 것이 아닐까 생각합니다.

저자는 우리나라 경제를 대표한다고 해도 과언이 아닐 경기도의 경제 및 사회, 그리고 지역의 범위를 넘어 우리나라 전체의 현안에 정통할 뿐 아니라 대안에 대해서도 누구보다 깊게 고민해 온 존경하는 연구자입니다. 동서양의 고전을 폭넓게 섭렵해 온 독서가이기도 합니다. 책이 담고 있는 구상은 장대하고 실현되기만 한다면 우리가 익숙해진 세상의 모습을 근본적으로 바꿀 것으로 생각됩니다. 아이디어 가운데는 아직 체계적인 평가가 이루어지지 않았고, 우리나라의 현실에서 어떤 결과를 낳을지 알 수 없는 것도 많이 있습니다.

저자가 장마다 소규모 시범사업에 대한 평가가 선행되어야 한다는 점을 강조하고 있는 것을 기쁘게 보았습니다. 외우 유영성 박사의 신간 저서를 서가에 두고 반복해 읽으려 합니다. 세상에 필요하다고 생각하는 성찰과 소통을 위해 제가 꼭 해야 하는 노력이라 생각합니다. 시민의 행복, 세상의 지속가능성에 대해 염려하는 학계, 기업계, 정관계에서 정책을 고민하는 전문가들, 동료 시민들께도 삼가 일독을 추천드립니다.

2025년 9월

김 태 종

KDI 국제정책대학원 교수

---

* 김태종은 KDI 국제정책대학원에서 공공경제학과 계량경제학을 강의하고 있다. 서울대 경제학과와 동대학원 경제학과 석사과정을 마치고 미국 MIT에서 경제학 박사를 취득했다. 이후 캐나다 요크 대학교, 일본의 정책연구대학원대학교를 거쳐 2003년부터 현직에 있다. 지속가능성을 위한 교육, 사회적 자본, 환경, 보건 등 긴요하지만 공공 부문의 노력 없이는 소홀한 취급을 받기 쉬운 분야의 정책 이슈를 연구해 왔다.

• 프롤로그 •

지금 왜 '기본'인가?

●

2025년 대한민국은 그 어느 때보다 다중적 위기에 처해 있다. 경제적으로는 저성장과 양극화가 구조화되고 있으며, 사회적으로는 신뢰의 해체와 공동체 붕괴가 일상화되고 있다. 문화 차원에서는 화려한 K-컬처의 이면에 상징의 해체와 무기력이 확산하고, 환경적으로는 기후 위기와 생태적 파국이라는 환경 위기가 우리 삶의 조건을 근본적으로 바꾸고 있다. 경제적 위기, 사회적 불안정, 문화적 파편화, 환경적 한계가 복합적으로 얽힌 전환기의 문턱에 서 있는 것이다. 이제 대한민국의 미래를 위해서 효율 지상주의의 기치 아래 고삐 풀린 시장경제와 맹목적 과학기술의 질주가 초래한 눈앞의 위기를 어떻게 극복할 것인지 찾아야 한다. 오늘의 위기의 시작점인 출발선 상에 돌아가 기본에 주목해야 할 때다.

총체적 위기의 시대라는 절박함과 인류 사상 최대의 번영을 구가한다는 자신감이 교차하는 지금 왜 다시 기본에 주목해야 하는가? 이 질문은 단순한 철학적 성찰이 아니라, 실천적이고 구조적인 물음에 해당한다. 현재의 위기가 단지 경기순환적 불황이나 일시적 충격 때문이 아니라면 이른바 구조적이고 근본적인 차원에서 삶의 기반이 무너지고 있다면, 그 기반, 곧 기본의 상태를 점검하지 않을 수 없기 때문이다. 기본이 무너지면, 위기는 필연이다. 기본이 튼튼하지 않으면, 변화는 공허하다. 지금 필요한 것은 우리가 당연하게 여겨왔던 삶의 조건들이 제자리를 찾는 일이다. 그것이 바로 기본에 대한 복원이며, 기본에 주목하는 이유다.

인간다운 삶을 위한 최소 필요 요건, 기본

기본은 단순히 최소한의 생계 보장을 뜻하지 않는다. 그것은 인간이 존엄하게 살아가기 위해 누구나 접근할 수 있는 생활 기반과 사회적 조건을 의미한다. 이 책은 이 기본을 기본경제와 기본사회라는 두 개념으로 발전시키고 체계화하고자 한다. 이어서 이러한 기본경제와 기본사회를 통합하는 구조로까지 나아간다.

　기본경제란, 인간다운 삶을 위해 꼭 필요한 영역(주거, 식량, 의료, 교육, 돌봄, 에너지 등)에서 안정적이고 지속가능한 생산·분배·소비 체계를 다시 설계하자는 것이다 이는 시장이 다루지 못하는 삶의 기초 조건을 공공적이고 공동체적인 방식으로 회복하려는 시도이다. 단순히 복지를 보완하거나 시장에 개입하는 차원이 아니라, 경제 구조 자체를 바꾸려는 것이다. 이런 경제 속에서 기본적인 성장과 건강한 분배가 조화롭게 이뤄질 것이다.

기본사회는 신뢰와 연대, 상호의존, 존엄을 핵심 가치로 삼아, 서로가 서로를 돌보고 함께 살아가는 조건을 제도화하는 사회를 의미한다. 이는 단순한 제도 설계가 아니라, 삶의 질서와 사회적 상상력에 관한 논의이다. 관계는 계약이 아니라 돌봄이며, 구성원은 수혜자가 아니라 참여자이다. 근대화와 함께 '사회'라는 말이 잃어버린 의미를 되찾는 작업이기도 하다.

이 책은 이러한 기본경제와 기본사회를 독특한 방식으로 개념 정립한다. 즉 기본경제와 기본사회를 관통하면서 그 본질을 포착하도록 하는 여섯 가지 핵심 실천 범주, 즉 기본소득, 기본자산, 기본금융, 기본서비스, 사회적경제, 지역화폐를 제시한다. 이 여섯 가지 범주는 단순한 실행 수단에 머무는 것이 아니라, 기본경제와 기본사회의 개념을 구성하는 필수 요소이자, 이 책의 전체 구조를 이끄는 주축이다. 이 책은 이 범주가 하나로 묶인 구조 하에서 어떤 의의를 지니는지, 그리고 기본경제와 기본사회의 실현을 위한 실천 전략으로서 어떻게 작용하는지를 보여준다.

이 책은 그 의도하는 바를 성공적으로 이루어낸다면 한국 사회의 경제·사회 위기를 해결하기 위한 새로운 대안이자, 학문적 지평을 넓히는 도전이 될 것이라 자부한다.

전환기 한국사회의 발전을 위한 기본성장을 위해

지난 몇 년 사이 기본이라는 단어는 학술적 개념과 정책 추진 분야에서 꾸준히 시도되었다. 기본소득에서 시작하여 기본주택, 기본대출 등 이른바

'기본시리즈'를 거쳐, 기본사회라는 훨씬 더 포괄적인 개념으로까지 기본은 지속적으로 발전해왔다. 최근 들어 기본사회에 대한 세미나와 논의가 활발하게 이어지고 있고, 정책적으로도 다양한 검토가 진행되고 있다. 하지만 이론적으로 완전히 정립된 상태라 하기는 어렵다. 특히 기본사회가 제대로 작동하려면 그 바탕이 되는 '경제' 구조에 대한 체계적인 개념 정립이 있어야 하는데 아직은 부족한 부분이 많다.

이 책은 바로 이런 간극을 채우기 위해, 기본경제라는 개념을 새롭게 정립하고, 이를 바탕으로 기본사회의 구조적 토대를 마련하는 것을 목표로 한다. 더 나아가 이 기본경제와 기본사회가 어떻게 서로 연결되고, 함께 작동할 수 있는지를 이론적으로 설명하고, 그 구체적인 실현 방안을 제시하고자 한다.

그동안 'GDP 중심 성장', '포용성장', '소득주도성장', 찜성장, 진짜성장 등의 신조어까지 동원된 성장론들이 있었다. 이 책은 기본경제가 지금껏 거론되어 온 다양한 성장론의 대토론장에서 바람직한 성장 방안으로 부각될 수 있으리라 자신하며 어떻게 민생 회복과 성장, 그리고 분배 문제까지 새롭게 풀어갈 수 있는지를 보여주고자 한다. 특히 기본경제에 기반한 성장, 즉 기본성장이 새로운 성장, 즉 도약성장의 출발점이 될 수 있음을 논증한다. 더 나아가 이 기본성장이 노동과 자본의 역량 제고와 도약의 핵심 발판이 됨을 말해준다.

이 책은 기본이라는 개념을 중심으로 경제와 사회의 재통합을 시도하며, 이론적 정교화 → 개념적 통합 → 정책적 실현이라는 흐름 속에서 미래 사회의 비전과 조건을 구체화해서 보여주려 한다. 이를 위해 총 4개의 장을 안배하였다.

제1장은 기본경제에 대한 개념적 관문이다. 이 장은 인간의 존엄한 삶

에 필수적인 기초생활 영역에 대해 공공적·공동체적 생산과 분배를 설계하는 것이 기본경제의 핵심임을 밝힌다. 제2장에서는 기본사회의 개념과 구조를 다룬다. 이 장은 기본사회가 관계 중심의 가치를 바탕으로 삶을 조직하는 새로운 사회적 틀임을 설명한다. 제3장은 기본경제와 기본사회의 통합을 다룬다. 여기서는 두 개념은 별개가 아니라 기본이라는 핵심 가치 아래 구조적으로 통합되는 하나의 질서로 재구성됨을 규명한다. 제4장은 실행전략을 제시하는 장으로, 여섯 가지로 분류된 실행 범주 각각에 대해 구체적 실행 주체, 방식, 조건을 설명한다. 아울러, 시민참여 거버넌스, 정책 도구, 제도 전환의 우선순위 등을 체계적으로 다룬다.

이 책은 경제학을 접하지 않았던 일반인들도 큰 부담 없이 매끄럽게 읽어나갈 수 있는 글의 표현이나 형식을 취하려고 했다. 본문은 가능한 글 중심으로 작성했고, 통계적 수치나 그래프, 그리고 인용 문구의 출처는 대부분 미주나 부록에 담았다. 특히 내용을 이해하는데 전문적인 지식이나 학문적 훈련을 요구하는 것들은 부록에 담았다. 그런데도 본문에서 다소 딱딱한 문체나 건조한 내용이 담겨 있는 이유는 이 책이 일반 교양서적보다는 학술적 기본서이자 정책서에 가깝고, 나아가 시민을 위한 비전서를 지향하기 때문이다. 따라서 학자들에게는 기본 개념을 정립하고, 정책가에게는 통합 설계의 틀을 제공하며, 시민에게는 삶을 주체적으로 설계하는 사회적 언어를 제시하려고 했다. 학생들에게는 이 책이 이론과 현실을 연결하는 경제·사회학 입문서로 활용되기를 기대한다.

노벨경제학상 수상자이자 인공지능의 아버지인 허버트 사이먼은 우리가 쌓아온 지식이나 업적의 90%는 자신의 능력이나 똑똑함 때문이 아니라 역사 속에서 살다간 지성들과 이름 모를 주위 분들의 도움으로 가능한 것이라고 말한다. 이 책도 마찬가지이다. 수많은 이들의 집요한 연구와 노력으로 형성된 거대한 지혜의 결정체에 저자의 아주 작은 글쓰기가 더해져서 세상에 나온 것뿐이다. 모쪼록 이 책에서 제시한 기본경제·기본사회라는 문제의식과 세상이 아직 정립하지 못한 새로운 개념이 많은 사람들의 안목을 높이고 경제사회와 환경의 지속가능한 발전에 기여하여 우리 모두의 삶에 희망을 줄 수 있기를 바랄 따름이다.

2025년 9월 1일
유 영 성

차례

- **추천사** 공정한 성장과 따뜻한 분배,
  대한민국 미래를 위한 기본사회로 | 박주민   4
- **추천사** 기본경제와 기본사회, 미래를 위한 구조적 대안 | 강남훈   6
- **이 책에 쏟아진 찬사** | 김영춘·방기선·강신욱·김유열   8
- **서평** 전유와 공유의 균형을 회복하는 '기본'에 대한 깊은 통찰 | 김태종   10

- **프롤로그** 지금 왜 '기본'인가?   16

제1장 기본경제
삶의 기반을 다시 짜다

왜 기본경제인가	28
개념과 철학	30
개념, 비슷하지만 다르다	35
시장·시민사회·국가: 셋의 역할	38
성장과 분배를 다시 묻다	41
혁신의 뿌리	46
논쟁과 과제	49
글 마무리	54
■ "은희네 쌀가게, 다시 문을 열다"	56
■ 토론_ 기본경제는 가능한가	60

제2장 기본사회
관계의 구조를 다시 세우다

왜 기본사회인가	62
개념과 철학	63
공동체와의 차이	68
시장·시민사회·국가: 역할 다시 나누기	70
지속가능한 관계	75
넘어야 할 벽들	82
글 마무리	86
■ "도시락, 다시 돌아온 밥상"	89
■ 토론_ 기본사회를 세울 때	92

제3장 통합
기본경제와 기본사회, 하나의 구조

'기본' 하나로 엮다	94
닮은 점, 다른 점	96
연결의 지도	100
정책으로 옮기다	104
새로운 사회계약	125
가능한 통합사회	130
■ "오래된 약속"	133
■ 토론_ 함께 가는 기본경제와 기본사회	140

제4장 실천
기본경제와 기본사회의 구체적 실현

삶을 바꾸는 소득: 기본소득	142
미래를 선물하는 경제: 기본자산	150
사람을 살리는 금융: 기본금융	159
돌봄·교육·의료·주거 권리의 재구성: 기본서비스	169
이윤보다 사람이 먼저다: 사회적경제	180
순환경제의 동네: 지역화폐	189
기본과 기본이 만났을 때: 통합적 실천의 큰 그림	198
기본을 실현하는 사회는 어떻게 가능한가	209
■ "기본 나라, 나무마을 이야기"	211
■ 토론_ '기본'을 세우는 실천 전략	217

■ 에필로그 기본경제·기본사회는 어떻게 완성되는가   218

부록 1_ 기본경제 개념의 이해와 비교

1-1 시장경제와 기본경제의 비교   **224**
1-2 기본경제와 사회적경제의 비교   **227**
1-3 기본경제의 사례   **231**
1-4 기본경제형 성장·분배 통합 모형(수리모형)   **234**
1-5 기본성장, 진짜성장, 기존성장의 비교   **245**

부록 2_ 기본경제와 기본사회 형성과 구조

2-1 기본소득과 기본자산의 비교   **256**
2-2 기본소득과 기본서비스의 비교   **261**
2-3 기본소득 성격의 지원금과 지역화폐의 결합 효과 시뮬레이션   **267**
2-4 재난지원금(또는 민생회복지원금)의 경제적 효과 논란   **275**
2-5 기본자산과 기본금융의 비교와 통합 가능성에 대한 고찰   **282**
2-6 지역화폐(지역사랑상품권)의 정책효과(실증결과)   **290**

■ 미주   **292**
■ 참고문헌   **314**
■ 주요 용어 설명   **322**

제1장

|

기본경제

삶의 기반을 다시 짜다

현대사회는 저성장과 양극화, 민생 불안정이 일상화된 상황에 직면해 있다. 이에 대한 구조적 대안으로 '기본경제'가 제시된다. 기본경제란 주거, 식량, 의료, 교육, 돌봄, 에너지 등 인간의 존엄한 삶에 필수적인 재화와 서비스를 누구나 접근할 수 있게 공공적·공동체적 방식으로 조직하는 경제 질서이다. 이는 시장 실패를 보완하거나 복지를 보충하는 수준을 넘어, 경제구조 자체를 재설계하려는 포괄적 개념이다. 기본경제는 기본소득, 기본자산, 기본금융, 기본서비스, 사회적경제, 지역화폐라는 여섯 개 범주로 실현되며 사람 중심 성장과 선분배 구조를 통해 성장과 분배의 선순환을 가능케 한다. 동시에 혁신의 개념도 생활 기반의 보편적 혁신으로 재정의하며, 시민 삶의 질 향상을 최우선 가치로 삼는다. 기본경제는 단순한 이론이 아니라 공공성과 공동체성을 바탕으로 한 새로운 사회계약의 기초가 된다.

●

왜 기본경제인가

현대 사회는 겉으로는 풍요로워 보이지만, 그 이면에는 커다란 불균형이 존재한다. 일자리는 줄고, 정규직은 희귀해지며, 소득은 불안정하다.[1] 주거는 투기의 대상이 되었고, 돌봄은 개인의 책임으로 전가되었으며, 교육과 의료는 계층 분화의 수단이 되어 버렸다. 이러한 조건 속에서 많은 사람들은 생계 자체를 유지하기 어려운 상황에 처해 있다. 이는 단순한 빈곤의 문제가 아니라 사회의 구조적 실패를 반영한다. 사회 전체의 경제구조가 '삶의 기본'을 제공하는 데 문제가 있다는 신호이다.

　20세기 중반까지 대부분의 국가에서는 국민의 최소한의 삶을 보장하는 것을 국가의 역할로 삼았다. 그러나 1980년대 이후 신자유주의적 시장주의가 전 세계적으로 확산되면서 복지국가의 역할은 축소되었고, 시장의 기능은 거의 모든 영역에 확대되었다. 그 결과 주거, 교육, 의료, 금융, 에너지 등 삶의 필수재들조차 '시장가격'으로 평가되기 시작했다. 이로 인해 자산이 없거나 경쟁에서 밀린 이들은 기본적인 삶의 조건조차 누리기 어려워졌다.

이른바 '탈기본화'는 단지 국가의 복지 축소만을 의미하지 않는다. 그것은 삶을 구성하는 모든 영역이 '상품화'되고, 공동체적 연대와 보장 장치가 해체되며, 개인은 생존을 위한 경쟁의 전장으로 내몰리는 현상을 뜻한다.

시장 구조는 이윤을 극대화하기 때문에, 소득과 자산의 격차를 더욱 심화시킨다. 지금 한국 사회는 이미 자산 불평등이 소득 불평등보다 훨씬 더 심각해졌고, 자산의 상속을 통한 계층 재생산이 일상화되고 있다.[2] 이는 교육과 취업의 기회를 결정하고, 사회적 신분이 세습되는 구조로 이어진다.[3]

과거에는 열심히 노력하면 중산층이 될 수 있다는 '계층 상승 신화'가 있었지만, 지금은 대부분의 청년들이 그런 기대를 포기한 상태이다.[4] 기본적인 삶의 조건을 충족시키는 것조차 어려운 현실에서 계층 이동은 멈췄고, 사회적 동력과 신뢰도 약화되고 있다.

청년들은 주거비와 학자금 대출에 시달리고, 중년은 돌봄과 노후 준비의 이중 부담에 시달리며, 노년은 은퇴 이후의 생계 걱정에서 벗어나지 못한다. 이것이 모든 연령대에서 공통적으로 나타나는 것은 '민생 위기의 일상화'를 말한다.[5] 민생이 불안정한 사회에서는 시민들이 미래에 대한 계획을 세울 수 없고, 현재에 집중하지 못한 채 불안 속에 머무르게 된다. 이는 개인의 삶의 질을 떨어뜨릴 뿐 아니라, 사회 전체의 생산성과 안정성에도 심각한 영향을 끼친다.

지금까지의 복지국가는 시장경제를 전제로 한 사후적 보완체계였다. 즉, 시장에서 실패한 사람에게 안전망을 제공하는 '보충형' 모델이었고, 이는 언제나 제한된 범위 내에서 작동할 수밖에 없었다. 특히 경제 위기와 인구 고령화가 심화되는 상황에서는 복지 재정의 지속가능성 자체가 위협받게 된다.

이러한 배경에서 등장하는 것이 '기본경제(Basic Economy)'이다.[6] 기본경제는 애초에 '삶의 기본 조건'을 공공적, 공동체적 방식으로 조직하겠다는 구조적 제안이다. 시장에 맡기지 않고도 기본적인 삶을 가능케 하며, 경제의 정의로운 재편과 사회적 신뢰 회복의 길을 제시한다.

기본경제는 기존의 성장 중심의 경제 패러다임을 넘어, 시민이 안정적인 삶을 영위하는 실질적 기반에 주목한다. 그리고 기본경제는 시장의 한계를 보완하는데 중점을 둔다. 이익 중심의 경제 구조 대신 상호의존성과 지속가능성을 중심으로 한 경제를 통해 사회 전체의 생산성과 효율성을 높이고 사회적 형평성도 확보하는, 더 포괄적이고 지속가능한 경제 시스템을 지향한다.

개념과 철학

기본경제는 "인간의 존엄한 삶에 필수적인 재화와 서비스를 누구나 접근할 수 있게 보장하는 경제 질서"라고 정의할 수 있다. 다시 말해 기본경제는 단순히 특정 재화나 서비스의 집합이 아니라, 인간다운 삶을 유지하는 데 필요한 사회적 인프라와 경제활동 전반을 포괄하는 개념이다. 이는 '기본적 삶의 조건'을 경제의 중심에 두고, 생산·분배·소비·접근의 구조를 새롭게 짜는 것을 의미한다. 그런 만큼 기본경제는 단순한 복지정책의 확장이 아니며, 시장경제가 놓치고 있는 '삶의 기본 조건'에 대한 구조적 보장체계이다. 삶의 기본을 이루는 경제로서 사회통합과 포용성장의 핵심 기반으로 자리 잡는다. 즉, 시장이나 정부 실패의 대안이 아니라, 모두가 반드시 접근해야 하는 기본재와 서비스의 공급체계를 중심에 둔 가치 기반 경제 질서라고 할 수 있다.

이러한 개념의 기본경제는 2013년 영국 웨일즈의 연구자 그룹인 '기초경제집단'(Foundational Economy Collective, 이하 FEC)에 의해 본격적으로 등장한 '기초경제(Foundational Economy)'에 뿌리를 두고 있다.[7] 이들은

"The Foundational Economy: The Infrastructure of Everyday Life"에서 기초경제를 다음과 같이 정의한다.

> "기초경제는 문명화된 삶의 기반을 이루는 물질적 인프라―예를 들어 수도관과 하수도―와 교육, 보건의료, 노인 돌봄과 같은 공공서비스를 포괄하며, 이러한 것들은 모든 문명화된 삶의 기초에 놓여 있다."[8]

FEC의 기초경제 개념이 이 책에서 다루는 기본경제와 맥락을 같이 한다고 볼 수 있다. 즉, 기본경제는 "사람들이 일상적으로 의존하고 있으나 시장 논리로만 운용되기에는 공공적 성격이 강한 재화·서비스·인프라·조직"의 총합을 의미한다. 여기에는 주거, 돌봄, 의료, 교육, 식량, 에너지, 교통, 통신 등 기본생활을 유지하는 핵심 시스템이 포함된다. 이런 기본경제는 GDP의 상당 부분을 차지하지만, 정작 정책적으로는 소외되어 있던 영역이다.[9]

기본경제의 중요한 특징은 최소한의 생계 보장과 기회균등, 그리고 공동체 기반 경제 활성화이다. 최소 생계 보장에는 조건 없는 기본소득과 필수 서비스(의료, 교육, 주거, 돌봄 등) 제공이 포함된다. 그런 면에서 기본경제는 기존 경제 모델과 차별성을 갖는다. 아래 표에서 시장경제, 공공경제, 기본경제의 차이를 간단하게나마 살펴볼 수 있다.

〈표 1-1〉 주요 경제질서의 비교

구분	시장경제	공공경제	기본경제
목표	이윤, 성장	공공서비스 제공	삶의 지속가능성
기준	가격, 효율	공익	필수성, 접근성
주체	기업	국가	혼합(공공, 민간, 사회)
예시	금융, ICT	국방, 치안	식량, 돌봄, 주거, 교육, 에너지

기본경제 개념의 실체화 프레임

우리의 삶은 소득, 자산, 금융, 서비스, 공동체, 지역경제 등이 서로 긴밀하게 연결된 생태계 안에서 이루어진다. 이를 반영하는 범주가 인간의 삶을 구성하는 핵심 기반 요소가 될 것이다. 이는 크게 보아 여섯 가지, 즉 기본소득, 기본자산, 기본금융, 기본서비스, 사회적경제, 지역화폐로 나타낼 수 있다.[10]

이 책에서는 앞에서 언급한 기본경제의 개념을 여섯 가지 범주(구성요소)로 구체화한다. 바로 이 여섯 가지가 저자가 설정한 기본경제의 실체화 프레임이다.

각 구성요소의 특징은 다음과 같다.

- **기본소득**: 모든 시민에게 조건 없이 정기적으로 현금으로 지급되는 소득으로, 생계의 안정과 자율적 삶의 선택권을 보장한다. 이는 복지국가의 선별적 지원 방식을 넘어서 보편성, 무조건성, 개별성을 핵심 특징으로 하며, 노동 외 삶의 가치를 인정하는 새로운 소득 패러다임이자 시민권 기반의 경제 권리이다.
- **기본자산**: 생애 초기에 자립을 위한 기반을 형성할 수 있도록 교육, 주거, 창업 등에 필요한 비현금 자산을 국가나 공공기관이 제공하는 제도이다. 이는 사회적 출발선의 불평등을 완화하고, 기회 평등을 실질적으로 구현하려는 목적을 갖는다.
- **기본금융**: 누구나 쉽게 접근할 수 있는 금융 시스템을 의미하며, 공공금융기관, 사회대출, 신용회복지원 등을 포함한다. 금융소외 계층의 배제를 줄이고, 금융을 생존과 미래 기획의 기반으로 삼게 한다.
- **기본서비스**: 교육, 주거, 건강, 돌봄 등 인간다운 삶에 필수적인 공공

인프라를 보편적으로 제공하는 제도적 장치이다. 이는 시민의 권리로서의 서비스 접근을 보장하며, 공급의 공공성과 이용의 평등성을 함께 추구한다.
- **사회적경제**: 영리 추구보다 사회적 목적을 중심으로 활동하는 경제 주체들의 집합이다. 협동조합, 사회적기업, 마을기업, 자활기업 등이 포함되며, 지역 기반의 지속 가능한 경제 생태계를 형성한다.
- **지역화폐**: 특정 지역 내에서만 사용 가능한 대안 화폐로, 지역 소비 촉진, 중소상공인 보호, 공동체 경제 활성화를 목표로 한다. 자본의 외부 유출을 막고, 순환경제 구조를 가능하게 한다.

기본경제 개념의 철학적 기초 및 학문적 근거

기본경제의 철학적 기초는 존 롤스*의 정의론과 아마르티아 센**의 역량 접근법에 뿌리를 두고 있다. 롤스의 정의론은 공정한 기회 보장을 강조하며, 차등의 원칙(difference principle)에 따라 사회적·경제적 불평등은 가장 불리한 계층의 이익을 최대화할 때만 정당화된다고 본다. 또한, 롤스는 "재능은 공동의 자산"이라 주장하며, 출생이나 계층에 관계없이 동등한 기회를 제공해야 한다고 강조한다.[11] 기본경제는 불평등 해소와 기회의 보장을 개념의 주요 내용으로 삼고 있다.

아마르티아 센의 역량 접근법은 개인이 가진 잠재적 능력을 실현할 수 있는 자유, 즉 역량(Capability)의 중요성을 강조한다. 센은 교육 접근성 등이 소득보다 역량 형성에 더 중요하다고 주장한다. 그는 자유에는 과정적 자유(민주적 의사결정 참여)와 기능적 자유(교육·의료 등 기본적 삶의 조건 확보)가 있다고 말한다. 기본경제는 그의 기능적 자유 개념과 통한다. 센은 롤스의 '사회적 기본재'가 물질적 편향성을 가진다고 지적하며, 실질적 자유의 확보를 강조한다.¹² 기본경제는 실질적 자유를 삶의 조건으로 표현한다는 점에서 센의 사유와 통한다.

이 두 사상은 기본경제의 윤리적 토대를 제공하며, 공정성과 자유의 조화를 추구한다. 두 사상의 핵심 내용과 기본경제 적용 사례는 아래 표를 통해 간략하게나마 살펴볼 수 있다.

〈표 1-2〉 롤스의 정의론, 센의 역량 접근법, 기본경제의 적용 사례

원칙	롤스의 정의론	센의 역량 접근법	기본경제 적용 사례
목표	공정한 분배	실질적 자유 확대	기본소득·기본서비스
방법	제도 개혁	역량 강화	평생교육·직업훈련
비판	추상적 원칙	지표 부재	삶의 질 지수 개발

기본경제 개념은 단일 학문에서 유래한 개념이 아닌, 다양한 전통과 학문적 지층에서 교차적으로 발전했다. 그런 만큼 기본경제는 초기 형태에서 주류 경제학의 관심 밖에 있었지만, 정치경제학, 복지국가론, 도시계획, 사회정책학 등 여러 분야에서 빠르게 확산해 가면서 통합 담론으로 성장하고 있다.

기본경제 이론의 학술적 계보는 크게 세 가지로 구분해 볼 수 있다.

- **정치경제학적 계보**: 칼 폴라니***는 삶을 지탱하는 경제(livelihood economy)로서 시장에 포섭되지 않는 생존경제를 강조했고,¹³ 에스핑****은 복지국가 유형론을 펼치며 복지·의료·주거를 단순히 상품이 아닌 사회권(social rights)으로 보았다.¹⁴
- **도시 및 지역정책 계보**: 영국 프레스턴(Preston), 독일 루르(Ruhr) 지역 등에서는 산업 붕괴 이후 기초경제가 지역 경제회복의 대안 모델

로 등장했다.
- **사회정책학과의 연계**: 기본경제는 사회서비스와 경제조직의 경계를 재정의하려는 시도이다. 공공서비스의 공급 방식, 전달 구조, 거버넌스 방식에 관한 논의에서 사회정책학과 깊은 접점을 형성한다.

기본경제는 경제학, 사회정책, 정치철학이 교차하는 다학제적 담론이자 실천 패러다임이라 할 수 있다.

개념, 비슷하지만 다르다

기본경제는 최근에 등장한 새로운 개념이긴 하지만 기존에도 다양한 형태로 제안된 대안적 경제체계들과 부분적으로 겹치고 유사하게 이해되기도 한다. 하지만 그 고유성과 차별성은 있다. 기본경제와 관련이 깊은 개념들

---

* 존 롤스(John Rawls). 1921~2002. 미국의 정치철학자. 정의론 분야의 가장 중요한 인물 중 한 명으로, 『정의론』에서 정의의 원칙(정의의 두 원칙)을 제시하여 현대 정치철학에 지대한 영향을 미쳤다.
** 아마르티아 센(Amartya Sen). 1933~. 인도 출신 경제학자, 철학자. 개발경제학과 복지경제학에 중요한 기여를 했으며, 빈곤과 불평등 문제에 대한 연구로 노벨 경제학상을 수상했다. 역량 접근(Capability Approach) 개념을 제시했다.
*** 칼 폴라니(Karl Polanyi). 1886~1964. 헝가리 출신 경제사학자, 사회학자. 『대전환』에서 시장경제의 사회적 영향과 그 위험성을 분석했다. 그의 작업은 경제사, 사회학, 정치경제학에 중요한 영향을 미쳤다.
**** 고스타 에스핑-앤더슨(Gøsta Esping-Andersen) 1947~. 덴마크 사회학자. 복지국가 연구의 선구자로, 복지국가의 세 가지 유형(자유주의적, 보수적, 사회민주주의적)을 제시한 그의 저서 『The Three Worlds of Welfare Capitalism』은 사회정책 연구에 큰 영향을 미쳤다.

로 순환경제, 공공경제, 공유경제, 생계경제, 생활경제, 사회경제, 커먼즈(commons) 등을 들 수 있다.[15]

순환경제는 자원의 재사용과 친환경적 소비를 통해 지속가능한 생산체계를 구축하려는 접근이다. 이는 폐기물의 최소화와 생태계 보호에 중심을 둔다는 점에서 환경경제와 중첩되며, 소비보다는 유지·보수·재활용의 경제를 강조한다. 반면 기본경제는 환경적 지속가능성도 포함하지만, 주요 초점은 '사람들의 삶에 필수적인 서비스와 재화'의 안정적이고 공정한 공급에 있다. 순환경제가 '자원' 중심이라면, 기본경제는 '인간 삶의 조건'을 중심에 둔다.

공공경제는 정부가 공공재를 제공하고, 시장 실패에 개입하는 역할을 다룬 경제 분야이다. 이는 전통적으로 국방, 치안, 도로, 기초 교육 등 공공서비스 제공의 영역에 해당한다. 기본경제 역시 공공적 개입을 중시하지만, 단순히 정부 주도보다 더 다양한 공동체와 시민사회의 주체들이 함께 설계하고 운영하는 '참여적 공공성'을 강조한다. 즉, 공공경제가 '국가 중심'이라면, 기본경제는 '공공성과 공동체성'의 결합을 통해 보다 포괄적인 경제구조를 지향한다.

생계경제는 저소득층의 자구적 경제활동을 의미하며, 비공식 부문이나 가족 단위 경제활동을 포함한다. 반면, 생활경제는 보다 포괄적인 개념으로, 일상생활과 밀접한 경제활동을 포괄한다. 기본경제는 이러한 영역과 교차하지만, 비공식성을 제도화하고 공공적 지원을 통해 제도권 안으로 통합하려는 성격을 갖는다. 즉, 기본경제는 생계경제·생활경제의 '비제도성'을 극복하고 '공공적 보장'을 제도화하는 방향으로 나아간다.

공유경제는 디지털 플랫폼을 활용한 자산의 공유와 효율적 사용을 지향하며, 우버나 에어비앤비 등의 사례로 널리 알려져 있다. 그러나 이는 실제로는 사적 이윤을 위한 중개 플랫폼에 불과하다는 비판도 크다. 반면 기본경제는 상업적 목적보다 '보편적 권리로서의 서비스 제공'을 강조하며, 공동체 기반 운영의 사회적 연대를 중시한다. 공유경제가 '접근의 효율성'에 머문다면, 기본경제는 '존엄을 위한 보장'이라는 철학적 기반 위에 선다.

사회적경제는 협동조합, 사회적기업, 마을기업 등 사회적 목적을 중심에 둔 경제조직을 총칭한다. 그리고 커먼즈는 공유재를 공동체가 민주적으로 운영하는 방식에 주목한다. 두 개념 모두 기본경제와 매우 밀접한 관계를 맺고 있으며, 실제 정책에서도 통합적으로 활용된다. 그러나 기본경제는 사회적경제나 커먼즈에 비해 보다 포괄적인 구조 개념이다. 즉, 사회적경제는 생산 방식의 대안이고, 커먼즈는 소유와 관리의 대안이라면, 기본경제는 그것을 포함한 '전체 삶의 조건의 재구조화'를 지향한다.[16]

그동안 순환경제나 공유경제, 공공경제, 커먼즈, 생활경제 등 다양한 대안경제 담론들이 존재해왔다. 이들은 각각 자원 절약, 공동체 회복, 공공성 강화 등 중요한 가치를 강조해왔다. 그러나 이들은 부분적인 영역에서 머무르거나, 제도화의 기반이 약해 실질적 전환으로 이어지지 못했다.

기본경제는 다양한 유사개념들과 긴밀하게 연결된다. 그러나 기본경제는 단순한 '또 하나의 대안 개념'이 아니라, 여러 대안을 '연결하고 구조화하는 상위 패러다임'으로 작동한다. 그것은 인간의 기본적 삶을 중심에 두고, 시장·국가·공동체의 협력적 재편을 통해 새로운 질서를 상상하게 한다.

〈표 1-3〉 기본경제와 유사개념 비교

비교 개념	중심가치/초점	주체	수단/방식	기본경제와의 핵심 차이
순환경제	자원 재사용, 생태계 보호	환경 관련 기관, 기업	재활용, 유지보수	자원 중심 對 인간 삶 중심
공공경제	공공성, 형평성	국가(정부)	조세, 예산, 공공기관	국가 중심 對 공동체 기반 혼합
생계경제	생존 중심, 자구적 활동	개인, 가족	비공식 경제, 자구책	비공식성 對 제도화된 공공 보장
생활경제	일상 소비 중심	가계, 소비자	소비 활동	사적 소비 對 공공 인프라 중심
공유경제	접근 효율성, 자산 공유	플랫폼 기업, 개인	플랫폼 중개	효율성 위주 對 존엄 보장 철학
사회적경제	사회적 목적, 대안 조직	조직협동조합, 사회적기업	사회적기업, 협동조합 운영	목적 중심 조직 對 구조 중심 생태계
커먼즈	자율 운영, 공동소유	공동체	공유재의 민주적 관리	공유방식 중심 對 전체 삶의 조건 구조화

시장·시민사회·국가: 셋의 역할

현대 사회에서 기본경제의 실현은 단순히 새로운 정책의 도입에 그치지 않는다. 이는 경제의 주체들, 즉 시장, 민간(시민사회), 국가가 각자의 역할을 근본적으로 재정립하고, 유기적으로 협력하는 구조가 필요하다. 기존의 경제체계에서는 이 세 주체가 분리되어 기능하거나, 때로는 갈등적으로 작동해왔지만, 기본경제는 이들이 상호 보완적으로 협력하는 질서를 전제로 한다.

〈표 1-4〉 **기본경제에서 국가·시장·민간의 역할 분담**

주체	역할	세부 내용
국가	재정 조달자	• 기본소득, 기본서비스, 기본자산, 기본금융, 사회적 인프라 투자 등을 위한 안정적 재원 마련 필요 • 누진적 조세제도, 부유세, 보유세, 데이터세 등 진보적 재정기반 확보가 필수
	규범 정립자	• 기본경제의 핵심 재화·서비스(의료, 주거, 돌봄, 교육 등)의 보장 기준과 범위 명시 • WHO의 필수의약품 리스트처럼 공공성 기준 제도화
	조정자 및 플랫폼	• 다양한 공급자(민간, 협동조합, 사회적경제)를 연결하는 거버넌스 허브 • 지역 통합돌봄사업에서 중앙–지방–시민사회 간 연결 역할
	혁신 기업가	• 기초 연구 및 리스크가 큰 기술개발과 시장 창출에 직접 투자 • 민간이 따라올 수 없는 방향성과 장기 비전을 제시
시장	기술 혁신	• 민간 부문은 의료 장비, 디지털 돌봄, 에너지 전환 기술 등 혁신 역량 보유 • 다만, 공공 목표를 전제한 기술 적용 필요
	위탁 운영 주체	• 고정요율 기반 공급자 또는 사회적 가치 기반 위탁 모델 가능 • 에너지 민간 공급자에게 사회 요금제 강제 도입
	재정 및 리스크 분산	• 국가 재정 부담을 줄이는 보완 수단으로 기능 • 단, 이윤 동기가 접근성과 형평성을 침해하지 않도록 제도적 장치 마련 필요
민간	공동 생산자	• 돌봄 공동체, 협동조합, 학교 등은 공급의 능동적 주체 • 사회서비스의 질·적시성 제고 및 사회적 수용성 강화
	신뢰 매개자	• 시민사회는 행정과 주민 간 윤활제 역할을 하며, 서비스 수용성 및 민주적 통제 기여
	실행 조직	• 사회적경제 주체(협동조합, 사회적기업, 비영리단체 등)는 보충적 공급자이자 혁신적 실천 단위

이러한 기본경제에서 시장은 효율성 추구에서 사회적 가치 실현으로, 국가는 규제와 복지 제공에서 토대 조성자로, 시민사회는 수동적 수혜자에서 적극적 주체로 바뀌게 된다. 따라서 국가는 기본경제의 중심축이자 조정자로서, 시장은 통제된 협력 파트너로서, 시민사회와 민간 주체는 공동생산자, 신뢰 매개자, 실행조직으로서 역할을 하게 된다.

기본경제는 새로운 가치 중심의 경제를 지향하지만, 그 실현은 결국 주체들의 '행동 방식'과 '관계 구조'에 달려 있다. 국가, 시장, 민간이 상호 경계를 넘어 협력과 조정의 원리를 회복할 때, 기본경제는 단지 이상이 아니라 현실로서 구축될 수 있다. 결국 기본경제는 협력적 주체성과 제도적 구조, 사회적 신뢰 위에 세워지는 새로운 사회경제의 기둥이라 할 수 있다. 예를 들어 국가는 법제도 정비에, 시장은 혁신적 금융상품 개발에, 시민사회는 지역 차원의 실행 모델 창출에 각각 주력하면서도, 디지털 트윈 기술을 활용한 정책 시뮬레이션 플랫폼 등을 통해 상호 연결성을 강화하게 된다.

그런데 기본경제 실현 과정에는 다양한 위험 요소가 존재한다. 첫째, 국가의 과도한 개입으로 인한 관료화가 발생할 수 있다. 둘째, 민간의 피로와 조직화의 한계가 나타날 수 있다. 셋째, 시장의 왜곡과 공공자원의 사적 유용 가능성이 있다. 이에 대한 대응으로 투명한 정보 공개, 피드백 구조, 성과 기반 평가, 시민 역량 강화 교육 등이 병행되어야 한다.

국제적으로도 시장, 국가, 민간의 협력 모델은 다양한 형태로 실현되고 있다. 핀란드의 Kela(기본소득 실행기관)는 중앙정부가 일괄적으로 기본소득을 지급하고, 지방정부가 서비스 연계를 담당하는 모델을 보여준다. 영국 웨일즈의 기초경제 모델은 지역 중심의 시민 협력 기반 서비스 제공을 통해 지역경제 활성화에 기여한다. 이는 지역 내 생필품 생산·유통망을 재구축해 새로운 일자리 창출 효과를 냈다.[17] 일본의 협치형 돌봄정책은 지방정부, 시민, 민간이 공동으로 복지 모델을 설계하는 사례이다.[18] 이는 65세 이상 인구 32% 이상의 도시에서 세대 간 돌봄 네트워크를 구축하여 한국의 초고령사회 대응 전략에 시사점을 제공한다.

이러한 사례는 시장과 국가, 시민사회가 각자의 고유성과 한계를 인정하면서도, 협력 구조 속에서 새로운 질서를 만들어갈 수 있음을 보여준다.[19]

성장과 분배를 다시 묻다

현대 자본주의 사회는 경제성장과 소득분배 간의 관계에서 오랫동안 모순을 안고 있었다. 성장이 분배를 자동적으로 개선한다는 '낙수효과' 이론은 현실 속에서 그 효력을 상실한 지 오래다.[20] 오히려 고도성장기 이후의 선진국에서는 경제성장이 둔화되고, 소득·자산의 양극화가 더욱 심화됐다. 그런데도 전통 경제학은 성장은 효율, 분배는 형평이라는 이분법을 기반으로 두 가치를 제로섬 관계로 취급해 왔다. 2000년대 이후 경제협력개발기구(OECD), 국제통화기금(IMF), 세계은행(WB) 등에서도 심화된 불평등이 장기 성장률을 저해한다는 실증 연구가 축적되면서,[21] 전통 경제학의 관점이 잘못이라는 주장이 설득력을 얻게 되었다.

성장과 분배에 대한 기존 이론들의 접근을 비교하면 아래 표와 같이 정리할 수 있다. 이들은 서로 차이가 있지만 공통적으로 분배는 성장의 결과로 후행한다고 전제하며, 분배구조가 성장에 선행하거나 영향을 준다는 인식이 결여되어 있다.

<표 1-5> 기존 이론의 성장과 분배 접근 비교

이론	성장 접근	분배 접근	한계점
신고전파 성장론	기술혁신, 자본축적, 노동공급	외생적 분배 요인	분배구조를 이론 내에서 반영하지 않음
케인즈*주의	유효수요 확충, 공공부문 고용	정부 주도의 소득 재분배	장기 성장 기반이 약하고, 재정 지출에 대한 의존도가 높음
신자유주의	시장자율, 규제완화, 민간중심	낙수효과 (trickle-down) 전제	분배 악화, 저소득층 소비 위축, 사회 불안정성 확대 초래

경제성장과 소득분배를 별개의 영역으로 여기던 전통적 입장과 달리 기본경제는 성장과 분배의 조화로운 통합을 가능하게 하는 구조적 해법을 제시한다.[22]

성장의 재정의: 무엇을 성장으로 볼 것인가[23]

기본경제는 단지 GDP나 투자 증가율을 경제성장의 주요 지표로 삼지 않는다. 그 대신 삶의 질과 기본 조건의 충족이 경제 발전의 핵심이라는 인식에 기반한다. 따라서 기본경제는 단기적 양적 지표보다는 질적·포괄적 성장을 핵심으로 보는 입장에서 아래와 같이 성장 개념을 재정의한다.

- **사람 중심 성장**: 주거, 교육, 의료, 돌봄 등 필수서비스의 보장 수준

---

* 존 메이너드 케인즈(John Maynard Keynes). 1883~1946. 영국의 경제학자. 케인즈 경제학의 창시자로, 거시경제학과 정부의 경제 개입의 중요성을 강조했다. 『고용, 이자 및 화폐의 일반 이론』은 그의 대표적인 저서이다.

이 향상될수록, 이는 곧 인간 자본의 질적 향상으로 이어지며, 장기적 생산성 증진으로 연결된다.
- **포용적 성장**: 특정 계층이 아닌 다수 시민의 생활기반이 향상될 때, 사회 전체의 소비 여력과 시장 안정성이 높아지며 성장의 토대가 넓어진다.
- **지역순환 중심 성장**: 지역 내 수요-공급 구조를 기반으로 한 공동체 경제 활성화는 자원 유출을 줄이고 지역 내 부가가치를 극대화한다.[24]

기본경제가 성장에 기여하는 경로는 크게 세 가지를 들 수 있다.

- **유효수요 기반 확충**: 기본경제는 기본소득, 기본서비스, 공공기반 공급 등을 통해 하위 소득계층의 소비능력을 강화하며, 이를 통해 경제의 총수요를 증대시킨다. 소득 하위층은 한계소비성향이 높기에, 기본경제의 보편적 접근은 단기적으로도 소비 진작 효과를 유발한다. 이는 곧 생산 증가와 민간투자로 이어지는 선순환의 단초가 된다.
- **고용 유발 효과**: 기본경제의 핵심 영역(돌봄, 주거, 의료 등)은 노동집약적 성격이 강하다. 이들 분야에 대한 공공투자 확대는 기술투자 중심의 전통산업보다 더 많은 고용을 유발할 수 있다. 돌봄노동의 경우 GDP의 2% 투자 시 일자리 21백만 개가 창출된다고도 한다.[25] 특히 돌봄·보육 서비스는 저소득 여성층의 고용 진입에 결정적이다.
- **지속가능 성장 기반 강화**: 기본경제는 민간소비 중심 구조에서 벗어나, 기초 인프라 소비(기반소비)를 국가 및 지역공동체가 안정적으로 제공하는 체계로 이행한다. 에너지, 식량, 의료의 내재적 공급 능력 확보는 외부 충격에 대한 흡수력을 제고하며, 복원력 있는 경제 체질을 형성한다.

기본경제는 전통적인 생산성 개념에도 도전한다. 가령, 돌봄노동이나 공공서비스는 GDP 측면에서 저생산 부문으로 취급되지만, 기본경제는 이를 삶 유지와 재생산의 핵심으로 본다. 장기적 관점에서 보면 이런 부문은 인적자본을 유지하고 사회 안정성을 담보하는 데 핵심 역할을 하며, 전 사회의 총요소생산성(TFP)을 뒷받침한다.

분배의 재정의: 재분배를 넘어 선분배로

기존 복지국가는 시장소득의 불평등을 조세·이전으로 조정하는 '사후 재분배(post-redistribution)'에 의존해왔다. 반면 기본경제는 시장 참여 전부터 '기회 구조'를 평등화하는 '선분배(pre-distribution)' 시스템을 지향한다. 이는 소득이 발생하기 이전부터 공정한 조건과 기회를 제공하여 불평등의 근원을 줄이는 전략이기도 하다. 이것이 분배에 기여하는 경로는 다음과 같다.

- **안정적 소득 기반 확보**: 소득에 선분배 개념을 적용하는 것은 고용을 통한 소득 확보뿐만 아니라 생활 속 안정적 소득 기반의 확보로 연결되는 것을 의미한다. 이는 선분배 개념에 부합한, 권리로서의 소득을 일정 정도 안정적으로 확보하는 것인 만큼 모든 시민이 삶의 안정성을 확보하고, 이후 노동시장 선택권과 자율성을 강화하게 해주며, 전체적인 소득분배 개선에 기여하게 되는 것이다.
- **일정 수준 자산 확보**: 모든 국민에게 일정 수준의 자산을 초기 자본으로 제공해(그룹/계층별 적정선을 설정하여 차등화할 수 있음) 자본축적의 기회를 균등하게 보장하고 세습 자본의 불평등을 억제한다. 이는 주거용 토지, 금융자산, 사회적 신탁기금 등을 통해 사회 전체의 자산 형성과 분배구조를 공정하게 설계하는 접근이 된다.

- **금융배제 제거**: 저신용·무자산 계층도 금융 이용을 가능케 하여 구조적 빈곤 탈피를 유도한다.
- **공공서비스 확대**: 교육, 보육, 돌봄, 의료 등 사회적 비용을 무상 또는 저비용으로 보장함으로써 저소득층 시민들의 실질소득 수준을 끌어올리며, 사회 전체적인 차원의 분배 악화를 방지한다.
- **공동체경제 활성**: 지역 단위의 공동체 기반의 생산과 고용 구조를 통해, 시장이 배제한 집단에게도 일자리와 소득 창출의 기회를 제공한다. 이는 시장의 실패를 보완하면서도 연대 기반의 경제주체 형성을 유도하는 선분배 전략이다.
- **지역균형경제 촉진**: 선분배 개념은 지역균형경제로 표현될 수 있다. 이는 지역 내 소비를 촉진하고 자본의 외부 유출을 막음으로써 지역경제의 순환을 강화한다. 동시에 지역 공동체 내 교환 구조를 강화하여 지역주민 간의 신뢰와 협력을 바탕으로 한 포용적 경제 생태계를 형성한다.

분배 개선이 성장 촉진 요인이 되게 하는 기본경제

기본경제는 다음과 같은 메커니즘을 통해 분배 개선이 성장의 장애가 아니라, 오히려 촉진 요인이 될 수 있음을 강조한다.[26]

- **소비 기반 확대**: 하위 계층의 소득 증가가 한계소비성향이 높아, 즉각적인 소비 증가로 이어지고 이는 내수 확대를 이끈다. 이는 지역화폐 사용을 통해 더욱 강화된다.
- **노동시장 효율성 제고**: 기본소득이나 기본서비스는 구직자에게 협상력을 부여하고, 노동시장의 왜곡을 완화하며, 생산성 중심 고용 구조

로의 전환을 가능케 한다.
- **사회갈등 감소 및 안정성 증대**: 분배가 개선되면 사회적 갈등 비용과 불확실성이 줄고, 이는 투자·혁신 환경에 긍정적 영향을 준다.

이를 종합할 때, 기본경제는 '성장은 분배를 위해, 분배는 성장을 위해' 존재한다는 선순환 구조를 구축하려는 시도라 할 것이다.

혁신의 뿌리

혁신의 재정의

오늘날의 혁신은 인공지능, 바이오, 반도체와 같은 첨단 분야에 집중되며 소수의 자본가나 대기업에 의해 주도되는 경우가 많다. 이것이 전통적인 기술·산업 혁신으로 이해된다. 반면, 기본경제는 일상생활의 기반을 이루는 서비스와 인프라의 '보편적 혁신'을 강조한다. 즉, 첨단기술이나 대규모 자본 투입에만 의존하는 것이 아니라, 시민 모두의 삶의 질을 높이는 '생활혁신'이 중심이다.

더욱이 기존의 선형적 성장모델(R&D→ 기술개발→ 기업성장→ 고용증대)을 뒷받침하는 혁신은 포용성, 지속가능성, 고용과의 연계 측면에서 한계가 있다는 것은 다 아는 사실이다. 그렇다고 전통적 혁신 방식이 다 틀렸다는 것은 아니다. 진정한 혁신은 기술이 아닌 사람과 사회의 기반에서 출발해야 한다는 것을 강조할 뿐이다.

기본경제는 혁신을 포괄적 혁신, 생활밀착형 혁신, 사회적 가치 중심으로 재정의한다.

- **포괄적 혁신**: 기존의 혁신은 주로 생산성 향상, 신기술 도입, 기업 경쟁력 강화에 초점을 두었으나, 기본경제는 돌봄, 교육, 교통, 주거, 식품 등 생존과 직결된 영역에서의 혁신을 중시한다.
- **생활밀착형 혁신**: 예를 들어, 공공교통의 접근성 개선, 지역 의료 서비스의 질 향상, 마을 단위 에너지 자립 등은 모두 기본경제의 혁신 사례이다.
- **사회적 가치 중심**: 혁신의 목표가 이윤 극대화가 아니라, 시민의 삶의 질 향상과 사회적 불평등 해소에 맞춰진다.

기본경제와 혁신성장 경로

기존 혁신정책이 기술·자본 중심이라면, 기본경제 기반의 혁신은 사람 중심, 지역 기반, 생활 중심의 접근이다. 이런 기본경제 기반 혁신성장이 실제로 일어날 수 있는 발생 경로와 사례가 있다.

경로 ① 기본소득과 창업·창의 활동의 연계

기본소득은 소득보전 정책에 그치지 않는다. 고정 소득이 없는 예술가, 예비 창업자, 실험적 활동을 하는 청년층에게 위험 감수 비용을 줄이는 역할을 한다. 핀란드 기본소득 실험에서 수혜자들은 심리적 안정과 자율성 증가 외에도 창의활동, 비영리 활동, 임시 창업 비율이 증가했다. 정규직 취업률은 큰 차이가 없었지만, 자기주도적 일거리 창출 증가가 보고됐다. 캐나다 온타리오 기본소득 실험에서도 사업 시작 또는 확장에 기여한 것으로 나타났다.[27] 이러한 사례는 기본소득이 일자리 대체가 아닌 창의·실험 활동의 동기 부여로 기능할 수 있음을 보여준다.

경로 ② 기본서비스와 사회혁신 인프라 구축

기본서비스는 단지 복지 제공을 넘어서, 사회적 수요 기반의 혁신 수요를 창출한다. 영국 맨체스터의 Co-operative Council 모델은 지역 돌봄서비스를 공공-시민 협력 방식으로 운영하며 새로운 협동조합, 지역 스타트업, 사회적 기업을 탄생시켰다.[28] 한국의 '돌봄SOS센터'도 공공 돌봄 수요 확대를 통해 '커뮤니티 케어' 분야의 사회적경제 조직이 활성화되고 있음을 보여준다.[29] 기본서비스는 혁신이 공급자 중심이 아닌 수요자-현장-공동체 중심으로 이동할 수 있도록 구조를 전환하는 기반이 된다.

경로 ③ 지역화폐와 지역기반 실험 생태계 활성화

지역화폐는 단순한 할인 수단이 아니라, 로컬 혁신 생태계를 창출하는 플랫폼이 될 수 있다. 경기도의 지역화폐 정책은 상권 활성화와 함께, 지역기반 창업, 로컬 콘텐츠 서비스, 청년 실험 프로젝트로 확장됐다. '소비자에서 생산자로의 전환'이 가능한 환경이 조성된 것이다.[30] 영국의 토트네스(Totnes) 지역화폐는 순환경제 모델과 함께 공동체 기반 에너지 프로젝트, 지역 식량 네트워크를 실험하는 데 핵심적 자원으로 활용됐다. 이는 화폐라는 수단이 공동체 혁신을 위한 매개이자 자산이 될 수 있다는 것을 시사한다.

경로 ④ 사회적경제와 지속가능한 혁신 생태계

기본경제는 사회적경제와 직접 연결되어 있으며, 이는 장기적 관점에서 지속가능한 혁신 인프라를 형성한다. 프랑스의 SCOP(Sociétés Coopératives et Participatives) 제도는 노동자 소유 협동조합으로, 제조업·서비스업·디지털 등 다양한 분야의 기술혁신을 공동체 방식으로 실현하고 있다.[31] 한국의 사회적기업 인증제도 하에서도 에너지전환, 돌봄 로봇, 친환경 푸드

테크 등의 기술 기반 혁신이 꾸준히 증가하고 있다. 이는 시장 중심의 혁신이 배제해온 사회문제 해결형 혁신의 역할을 확장하고 있다는 점에서 중요하다.[32]

실현을 위한 제도 조건

기본경제 기반 혁신이 실제로 작동하기 위해서는 강력한 제도적 토대와 실행 구조가 필요하다. 여기서 '제도'란 단순히 법이나 규칙만을 뜻하지 않는다. 제도는 사회의 자원을 어떻게 나누고, 사람들이 어떤 방식으로 행동할지 이끌어주는 틀이다. 기본경제와 기본사회가 다양한 실험과 혁신이 일어나는 생태계가 되려면, 그에 맞는 제도적 장치가 갖춰져야 한다. 예를 들어, 관련 법과 제도 정비, 재정 구조의 혁신, 여러 주체가 협력할 수 있는 중간지원 조직(가령, 들어 '기본경제센터')의 설립, 그리고 효과를 제대로 측정할 수 있는 다양한 평가 지표 마련 등이 필요하다.

논쟁과 과제

기본경제는 모든 사람이 인간다운 삶을 살 수 있도록 사회의 기본 틀을 다시 짜려는 혁신적인 생각이다. 하지만 아무리 좋은 취지라도, 실제 정책으로 만들고 실행하려면 여러 가지 어려움과 비판에 부딪힐 수밖에 없다. 여기서는 기본경제에 대해 제기될 수 있는 비판과 쟁점들을 살펴보고, 이런 문제들을 어떻게 극복할 수 있을지 생각해본다.

- **개념의 모호성**: 기본경제라는 개념은 '기본'을 중심 개념으로 채택함

으로써 강력한 도덕성과 사회적 정당성을 획득하지만, 이 개념이 포괄하는 범위는 때로 모호하다는 비판을 받을 수 있다. 기본경제는 범위가 너무 넓고 모호하여 정책으로 구체화하기 어렵다는 지적인 것이다. 또한 기본경제가 '시장에서 벗어난 경제'를 의미하는지, '시장 안의 공공적 경제'를 의미하는지에 대한 이론적 정합성도 논쟁거리가 될 수 있다. 이로 인해 기본경제는 어떤 정책들을 포함하고 어떤 영역은 제외되는지의 경계 설정에 혼란을 일으킬 수 있으며, 개념적 유연성이 오히려 실행 단계에서는 혼선으로 작용할 수 있다. 특히 기본경제는 국가 개입의 재확대이자 국가 주도의 계획경제의 연장이기 쉽다는 것을 지적할 수 있다.

- **실현 가능성과 재정 부담**: 기본경제의 대표적 비판 중 하나로 '실현 가능성'을 들 수 있다. 기본소득의 전 국민 보편 지급은 막대한 재정이 필요하며,[33] 기존 복지제도와의 병행 또는 대체 여부에 대한 합의 없이는 실행 자체가 어렵다는 비판이 많다. 기본서비스 확대 역시 현재의 복지국가 체계를 훨씬 뛰어넘는 재정·행정 인프라가 요구된다. 기본자산도 초기 자산을 국가가 제공하는 방식인 만큼 상당한 재정이 요구되며, 자산 지급 방식, 수혜 대상의 형평성, 불로소득 논란 등에 대한 사회적 합의가 선행되지 않으면 정책 추진이 쉽지 않다. 특히 토지나 주식 형태의 자산 배분은 기존 자산가 계층의 반발을 초래할 수 있다.

- **기존 경제구조와 충돌 부담**: 기본금융 역시 기존 금융 질서에 도전하는 성격을 가지며, 이에 대한 민간 금융권의 저항이 예상된다. 특히 무담보 대출이나 사회적 금융 확대는 채무 불이행 리스크, 역선택 문제 등 현실적 금융 안정성에 위협이 될 수 있다는 반론이 제기된다. 사회적경제는 공공성과 민주성을 기반으로 하는 반면, 시장 기반 효

율성과 수익성을 중시하는 기존 경제구조와 충돌할 수 있다. 지속가능한 수익 모델 부족, 공공재원 의존, 전문 경영 역량 미비 등으로 인해 자생력에 의문이 제기되기도 하며, 제도화 과정에서 관료주의적 흡수나 변질 우려도 있다. 지역화폐는 지역 내 경제 순환이라는 목표에도 불구하고, 실제로는 유통률 저하, 사용처 한정, 관리 비용 상승 등의 문제로 인해 실효성이 낮다는 지적이 있다. 또한 화폐제도의 이중성으로 인해 중앙정부의 통화정책에 혼선을 줄 수 있고, 장기적으로는 지역 간 불균형을 심화시킬 수 있다.

- **경제적 효율성과 투자유인 저해**: 이러한 대안정책들이 지금 당장 사회 전체의 경제적 효율성이나 투자유인을 저해할 수 있다. 즉, 단기적 비용 부담에 대한 설득이 부족할 경우, 제도 도입은 쉽게 좌초될 수 있다.

한편, 기본경제는 공공 중심의 자원 배분 구조를 강조하기 때문에 기존 시장 논리와 충돌할 수밖에 없다. 민간 부문은 다음과 같은 반박 논리를 제시한다.

> "기본경제는 시장의 효율성을 무시하고 관료적 비효율을 강화시킬 위험이 있다."
> "공공서비스의 무상화는 민간 서비스 시장을 위축시켜 혁신을 저해한다."
> "기본경제는 낮은 생산성 구조(노인요양, 유아보육 등)로 인해 성장전략으로 부적합하다."

이러한 반발은 단순한 이해관계 충돌을 넘어서, 성장 중심의 경제 패러다임이 여전히 사회 주류 논리임을 보여준다. 따라서 기본경제가 제기하는 윤리적·정의론적 근거만으로는 시장 패러다임의 저항을 충분히 설득하지 못할 수도 있다.

- **정치적 쟁점**: 기본경제는 보편성과 공공성을 강조하지만, 실제 제도 설계는 정치적 쟁점을 수반한다. '누가 혜택을 받고 누가 부담하는가'의 문제는 언제나 정치적으로 분열을 낳는다. 특히 보편적 기본소득 같은 제도는 세금 부담 증가를 유발할 수 있고, 이는 사람들의 저항으로 이어질 수 있다. 또한 정치권 내부에서도 기본경제를 구성하는 각 제도는 진보-보수 진영 간 해석이 다르며, 이는 실현 가능한 정치 연합 형성을 어렵게 만든다. 결국 기본경제는 이념을 넘는 '공공적 사회계약'으로 정당성을 확보해야 하는 과제를 안게 된다.
- **실행 과정의 병목**: 기본경제 정책들이 실제 운영 단계에 들어갔을 때 발생할 수 있는 병목 요인들도 존재한다. 예컨대 기본소득을 도입할 경우 기존 복지 시스템과의 중복성, 행정 시스템의 전면 개편 등이 필요하다. 기본서비스 확대는 공공인력 수급 문제, 공급의 질 저하, 지역 간 격차 확대 가능성을 동반한다. 기본자산 제도의 경우, 자산의 구체적 형태(현금, 주식, 토지 등)와 지급 시점, 운영 주체에 따라 복잡한 설계와 지속적인 관리가 요구되며, 자산 운용에서 발생하는 수익 변동성이나 불평등한 자산 평가 문제로 인해 정책 신뢰성이 훼손될 수가 있다. 특히 자산을 실물 형태로 지급하는 경우, 시장 가격 왜곡이나 투기 수요 유입과 같은 부작용도 나타날 수 있다. 기본금융의 경우에는 채무 연체, 회수율 저하, 도덕적 해이 등의 부작용이 현실화될 수 있다.
- **제도적 한계**: 사회적경제도 기업가 정신과 지속가능성 간 균형 문제, 자금 운용의 비효율성, 정치적 도구화 가능성 등에서 제도적 한계를 가진다. 지역화폐는 유통 범위의 한계, 사용자 불편, 중복 결제 구조 등으로 인해 실제 소비 활성화 효과가 제한될 수 있으며, 가맹점 확보나 시스템 운영에 드는 행정적·기술적 부담이 과도하게 발생할 수

있다. 또한, 중앙정부의 세금 환급 시스템, 회계 처리 방식과의 충돌로 인해 제도적 정합성을 확보하기 어렵다는 점도 병목 요소로 작용할 수 있다.

이러한 비판들에 대해 다음과 같은 반박이 가능하다.

- **개념의 불분명성의 호도**: 개념의 불분명성은 기존의 산업 분류가 '형식'에 치우친 결과일 뿐, 기본경제는 '삶에 꼭 필요한 재화와 서비스'를 기준으로 구체적으로 정의할 수 있다. 특히 여섯 가지 구성 요소(기본소득, 기본서비스, 기본자산, 기본금융, 사회적경제, 지역화폐)로 개념을 명확히 할 수 있다.
- **실현 불가능이 아닌 의지의 문제**: 고용보험·건강보험도 초기에는 비현실적이라 평가됐지만 정치적 의지로 구현됐다. 기본경제도 마찬가지이다.
- **비용이 아닌 투자로 간주**: 기본경제는 단순한 비용이 아니라, 빈곤·범죄·불안 등 사회적 문제를 줄이는 '미래를 위한 투자'이다. 특히 저생산성 및 비효율성 주장에 대해서는 이는 시장 중심의 생산성 정의에 기반한 편향된 비판이며, 이에 대한 반박으로 경제정책은 성장률(GDP)뿐 아니라 삶의 질, 회복력, 지속가능성 등 다양한 가치를 함께 봐야 한다는 주장을 할 수 있다. 이에 부응한 개념이 기본경제이다.
- **시장의 보완자로서 작동**: 기본경제는 시장을 대체하려는 것이 아니라, 시장의 한계를 조정하고 공동체 기반의 경제 생태계를 재편하는 역할을 한다.
- **분권적 실천과 다양성 중심의 모델**: 기본경제는 국가 개입의 재확대이자 국가 주도의 계획경제가 아니라 오히려 탈중심적 거버넌스, 시

민 주체의 공급 구조, 사회적경제, 지역균형경제의 확대를 강조한다. 기본경제는 '국가 독점 모델'과는 차별된 구조를 지향한다. 특히 지방정부, 지역사회, 사회적경제 주체 간의 '공공적 조율'이 핵심이다.

- **선별이 아닌 보편으로 신뢰와 연대의 구축**: 시민 간 불신과 경쟁을 해소하고, '적격자 찾기'에서 '시민 모두를 위한 안전망'으로 전환한다.

이처럼 기본경제가 마주한 한계와 비판은 오히려 제도를 더 정교하게 만들고, 사회적 합의를 이끌어내는 출발점이 될 수 있다. 이론을 더 발전시키고, 정책 간 연계를 강화하며, 다양한 재원조달 방식을 찾고, 지역 단위에서 실험을 확대하는 것이 이런 한계를 극복하는 실질적인 방안이다.

글 마무리

20세기 말까지 자본주의는 '시장'의 효율성과 창의성에 의존해 발전해왔다. 하지만 21세기 들어 시장 중심의 경제는 여러 한계에 부딪혔다. 안정된 일자리가 줄고, 불평등과 불안정이 일상이 되었다. 이런 문제는 개인의 노력만으로 해결할 수 없고, 사회 시스템 자체를 바꿔야만 해결 가능하다. 여기서 제안되는 것이 바로 기본경제이다.

지금의 저성장은 생산성 문제라기보다 분배와 수요의 구조적 위기 때문이다. 민생이 무너질수록 내수는 침체되고, 불평등이 심해질수록 경제는 더 비효율적으로 변한다. 그래서 분배를 단순히 사후에 조정하는 것이 아니라, 처음부터 경제 구조에 반영해야 한다. 기본경제는 이런 '선분배' 전략을 통해 모두가 기본적인 삶을 보장받고, 소비와 노동참여, 사회적 신뢰가 살아나는 건강한 경제를 만들자는 제안이다. 이는 복지가 비용이 아니라,

미래 성장을 이끄는 투자라는 점을 강조한다.

　기본경제에 대한 대표적 비판은 실현 가능성과 재정 부담이지만, 이는 지금의 어려운 현실을 외면하는 것과 다름없다. 정책을 점진적으로 도입하고, 재정을 재구조화하며, 기존 제도를 단계적으로 통합하는 등 충분히 현실적인 방법이 있다. 가장 중요한 것은 정치적 의지와 사회적 합의이다. 무엇을 우선순위에 둘지, 누구를 위한 경제를 만들지에 대한 우리의 결단이 가장 중요하다.

　결국 기본경제는 특별하거나 급진적인 것이 아니다. 모두가 당연히 누려야 할 삶의 조건을 사회가 함께 책임지자는 '상식의 경제학'이다. 시장의 실패와 복지국가의 한계를 넘어, 시민들이 일상에서 느끼는 불안과 불만을 실질적으로 해결할 수 있는 구조적 해법이다. 기본경제는 단지 정책의 목록이 아니라, 새로운 사회계약이자 사람을 중심에 두는 문명의 전환이다. 이 변화는 한순간에 이루어지는 혁명이 아니라, 우리 삶의 구석구석에서부터 시작되는 느리지만 꾸준한 실천을 통해 이루어질 수 있다.

"은희네 쌀가게, 다시 문을 열다"

문 닫은 가게 앞에서

서울 도봉구의 작은 골목길. 전통시장 초입에 '은희네 쌀가게'라는 손글씨 간판이 붙은 낡은 가게가 있었다. 40년 전, 은희 씨의 부모가 처음 문을 연 이곳은 한때 동네 사람들의 밥상을 책임지던 곳이었다. 하지만 언제부턴가 대형마트와 배달앱에 밀려 손님은 끊겼고, 쌀가게는 결국 문을 닫았다.

    그날도 은희 씨는 가게 앞에 앉아 있었다. 어머니는 치매 초기, 아들은 자퇴 후 방에만 있었다. 자신은 알바 두 곳을 전전하며 겨우 생활비를 버는 처지. 그렇게 은희 씨의 삶은 '기본'이라 부르기에도 민망한 경계선 위를 걷고 있었다.

    '우린 어디서부터 잘못된 걸까?'

    그 질문이 머리를 떠나지 않았다.

**전환의 시작,
'기본경제센터'와의 만남**

어느 날, 시장 골목에 동네 주민자치회 공고문이 붙었다. '기본경제센터 개소 안내–생활문제 해결을 위한 주민 지원 설명회'. 망설이다가 은희 씨는 설명회에 갔다. 마을활동가가 이렇게 말했다.

"기본경제란 어려운 말이 아니에요. 돌봄, 식사, 주거, 이동, 이런 삶의 '기본'을 시장이 아니라 지역과 공동체가 함께 책임지자는 거예요. 혼자 감당할 수 없게 된 건, 개인의 실패가 아니라 사회의 구조가 바뀌었기 때문입니다."

이후 은희 씨는 기본소득 시범사업에 신청했고, 한 달에 40만 원의 '지역순환형 기본소득'을 받게 되었다. 단 조건은 한 가지. 전통시장이나 지역화폐 가맹점에서 쓰는 것이었다.

그날, 은희 씨는 다시 쌀가게 문을 열었다. 간판엔 '은희네 쌀가게-공유살림방'이라는 이름이 붙었다. 쌀은 지역 푸드협동조합이 공급하고, 동네 밥상 모임과 연결되어 매일 아침 조리 봉사를 하기도 했다.

새로운 경제, 사람이 모이는 구조

처음엔 조심스럽던 이웃들도 하나둘 발걸음을 옮겼다. 요양 중인 어르신들에게는 조리된 죽이, 독거 청년들에게는 반찬이 전해졌다. 은희 씨네 쌀가게는 '판매'보다 '연결'을 중심에 둔 공간이 되었다. 쌀을 사지 않아도, 함께 이야기를 나누고 커피를 마시는 공간이 된 것이다.

시장 안에서도 변화가 있었다. 은희 씨의 가게에 설치된 디지털 지역화폐 단말기는 할머니들도 쉽게 결제할 수 있도록 바뀌었다. 기본경제센터는 전통시장 전체를 '기초생활 클러스터'로 묶고, 공동배송 시스템도 도입했다.

가게는 수익보다 흐름이 중요해졌고, 지역화폐는 단순한 돈이 아닌 공동체 순환의 매개체가 되었다. 덕분에 은희 씨는 하루에 일하는 시간이 줄었고, 치매 초기의 어머니를 위한 '동네 돌봄 네트워크'에도 참여할 수 있었다.

**변화의 파도,
아들의 이야기**

가장 큰 변화는 아들에게 나타났다. 고등학교 자퇴 후 방에 틀어박혀 있던 아들은 어느 날 쌀가게에서 열린 '로컬 미디어 워크숍'에 나갔다. 스마트폰 하나로 인터뷰와 기록을 시작했고, 동네 사람들의 삶을 영상으로 남기기 시작했다.

그는 쌀가게에 작은 스크린을 설치하고, '기본경제 일기'라는 짧은 영상 시리즈를 만들어 틀었다. 그 안에는 쌀을 나누는 어르신, 재래시장에서 두부를 만드는 청년, 돌봄 봉사를 하는 대학생 자원봉사자의 이야기가 담겼다.

어느 날, 아들은 은희 씨에게 이렇게 말했다.
"엄마, 우리 가게는 쌀을 파는 곳이 아니라, '다시 삶을 짓는 사람들'을 잇는 곳 같아."
은희 씨는 그 말을 듣고 조용히 눈물을 훔쳤다.

'기본'이라는 약속

봄이 되자 쌀가게 벽엔 커다란 그림이 걸렸다. 지역 예술인이 그려준 벽화였다. 제목은 '밥 한 끼의 연대'.

은희 씨는 여전히 부자도, 성공한 사업가도 아니었다. 하지만 그녀는 매일 누군가에게 밥을 짓고, 말을 건네고, 시간을 나눴다. 그리고 확신하게 되었다.

"이게 진짜 경제구나. 시장에서 물건을 파는 게 아니라, 삶을 지탱하는 조건을 나누는 것."

기본경제란, 특별한 정책이 아니라 우리가 놓쳐왔던 '기본'에 대한 약속이었다. 그리고 그 약속이 삶을 바꾸기 시작한 곳이 바로 은희 씨네 쌀가게였다.

토론_ 기본경제는 가능한가

1. 기본경제의 실현 가능성

막대한 재정 부담, 제도 설계의 복잡성, 사회적 합의 부족 등 현실적 한계를 어떻게 극복할 수 있을까?

2. 시장경제와 기본경제의 역할 분담

두 경제 질서가 충돌하지 않고 상호보완적으로 작동하기 위한 조건은 무엇인가?

3. 기본소득, 기본서비스, 기본자산의 우선순위

제한된 재원에서 어떤 범주를 우선적으로 도입해야 하는가? 각각의 장단점은 무엇인가?

4. 분배와 성장의 선순환 구조

'선분배'가 실제로 경제성장에 긍정적 영향을 미칠 수 있는 구체적 경로와 사례는 무엇인가?

5. 기본경제의 사회적·문화적 파급효과

기본경제가 시민의 삶의 질, 사회적 신뢰, 공동체 문화에 미치는 영향은 무엇이며, 예상되는 부작용은 무엇인가?

제2장

|

기본사회
관계의 구조를 다시 세우다

'기본사회'는 단절되고 파편화된 사회를 회복하기 위한 새로운 관계적 질서의 틀이다. 신뢰와 연대, 상호의존, 존엄을 핵심 가치로 하며, 돌봄과 공동체 중심의 사회구조를 지향한다. 이는 단지 제도나 정책이 아니라 삶의 방식과 사회적 상상력을 바꾸는 시도이며, 시민을 수혜자가 아닌 참여 주체로 전환시킨다. 기본사회는 가족, 지역, 학교, 직장 등 일상의 관계망에서 출발하여 공동체가 자율적으로 사회적 돌봄을 조직할 수 있도록 제도화하는 구조다. 사회적 자본의 재구성과 함께 시민참여, 자조, 협동이 중심축이 되며, 기본경제와의 결합을 통해 지속가능한 삶의 질서를 가능케 한다. 실천 범주는 돌봄공동체, 주민자치, 사회적 관계망 복원 등이 있으며, 이는 시장과 국가 중심 구조를 넘어 삶을 재구성하는 전환적 모델로 제안된다.

왜 기본사회인가

우리는 혼자 살아가는 존재가 아니다. 태어나는 순간부터 가족, 친구, 이웃, 그리고 다양한 공동체와 관계를 맺으며 살아간다. 기본사회[1]는 바로 이런 인간의 '함께 살아가는 조건'을 인정하고, 모두가 어울려 살아가는 삶을 전제로 하는 사회를 말한다. 삶의 질은 단순히 돈이나 물질적인 풍요로만 결정되지 않는다. 신뢰, 안정감, 소속감, 자율성, 그리고 서로 돌보는 마음 같은 비물질적인 가치들이 우리 삶을 더욱 풍요롭게 만든다. 기본사회는 이런 가치들이 경제 정책보다 더 우선적으로 고려되어야 한다고 본다.

오늘날의 사회문제는 더 이상 개별 정책이나 소규모 복지 프로그램으로는 해결되기 어렵다. 사회 전체의 구조를 바꾸는 새로운 접근이 필요하며, 이를 위해서는 사회 구성원 모두가 동의하는 새로운 '사회적 계약'이 있어야 한다.

기본사회는 이 약속의 핵심으로 다음 네 가지를 제시한다. ① 사회적 연대의 회복, ② 삶의 불안정성에 대한 집단적 대응, ③ 돌봄과 상호 지원의 구조화, ④ 관계와 소속의 재구성. 기본사회는 이런 사회적 약속을 통해 공동체의 목표를 개인의 권리로 바꾸고, 정치적·제도적인 정당성을 얻으려 한다.

기본사회는 자유주의적 개인주의가 아니라, 서로 의지하고 도우며 살아가는 공동체적 가치를 중시한다. 복지와 돌봄을 누구나 누릴 수 있는 '시민의 권리'로 보고, 단순한 혜택이 아니라 사회의 기본 조건으로 생각한다. 돌봄을 받는 권리뿐 아니라, 누군가를 돌볼 수 있는 권리도 중요하게 여긴다.

기본사회는 기본경제와 밀접한 관계가 있다. 기본경제가 자원, 재화, 서비스의 재배분 구조라면, 기본사회는 그것이 실현되는 공동체의 문화와 구조이다. 즉, 기본경제는 수단, 기본사회는 목적이다. 하나의 구조 안에서 이 둘은 상호 보완관계를 형성한다. 예를 들어, 기본소득이 개인의 선택을 넓혀주더라도, 그 선택이 의미 있으려면 신뢰와 관계가 살아있는 공동체, 즉 기본사회가 필요하다. 마찬가지로 기본서비스도 기본사회가 뒷받침될 때 더 효과적으로 작동한다.

오늘날 공동체의 해체, 고립의 심화, 복지국가의 구조적 한계, 시장 중심 질서의 불안정성 등은 우리에게 새로운 사회모델을 요구하고 있다. 기본사회는 바로 그 요구에 응답하는 새로운 구상이다. 이제는 단지 문제를 나열하고 진단하는 데서 그치지 않고, 새로운 구조를 상상하고 만들어갈 용기가 필요하다. 기본사회는 그 출발점이자, 모두의 지속가능한 삶을 위한 공동의 프로젝트이다.

개념과 철학

기본사회란, "모든 사람이 신뢰와 상호성, 연대에 기반해 인간다운 삶을 누릴 수 있도록 사회가 조건을 보장하는 사회"를 뜻한다. 이는 단순히 어려운 사람만을 위한 복지 확대가 아니라, 사회 전체의 관계망을 다시 짜고, 모두가 공동체적 삶에 참여할 수 있도록 제도를 만드는 것을 의미한다. 이러한 기본사회는 사회적 자본, 관계 윤리, 상호성이라는 세 가지 핵심 가치 위에 세워진다.

- **사회적 자본**: 신뢰와 협력의 바탕이다. 마을공동체나 협동조합, 지역화폐 등이 여기에 해당한다.
- **관계 윤리(공동체주의)**: 서로 책임지고 돌보는 마음이다. 돌봄 공동체나 지역 돌봄 네트워크가 좋은 예이다.
- **상호성**: 서로 주고받으며 함께 성장하는 원리이다. 시민이 직접 참여하는 거버넌스, 협치 등이 여기에 속한다.

여기서 '기본'은 단순히 생존에 필요한 최소한만을 뜻하지 않는다. 의식주뿐 아니라 돌봄, 교육, 의료, 안전, 소속감, 표현의 자유, 정치적 참여 등 다양한 삶의 요소들이 함께 보장되어야 한다는 뜻이다. 기본사회는 이런 요소들이 따로따로가 아니라, 하나의 통합된 구조 속에서 실질적으로 작동하는 사회를 지향한다.

기본사회의 철학적 기초는 사회적 자본 이론, 공동체주의, 상호성 원리 등에서 찾을 수 있다. 사회적 자본(social capital)은 로버트 퍼트넘[*]이 강조한 개념으로, 신뢰와 네트워크, 상호호혜적 규범이 사회 발전의 핵심이라고 강조한다. 퍼트넘은 이탈리아 지역 연구에서 사회적 자본이 높은 지역일수록 정치적 효율성과 경제적 번영이 높다는 사실을 밝혔다.[2] 공동체주의(Communitarianism)는 마이클 샌델[**] 등이 주장한 바와 같이, 공동체가 개인에게 의미를 주고, 돌봄과 협력의 관계가 만들어지는 공간이라고 말한다.[3] 이는 개인이 공동체 속에서 의미를 찾고, 상호 돌봄과 협력의 관계를 형성하는 데 초점을 둔다. 상호성(Reciprocity)은 아리스토텔레스의 '우정' 개념에서 비롯됐으며, 서로 주고받는 관계를 통해 사회적 유대가 강화된다는 원리다.[4]

아래 표는 기본사회의 철학적 기초와 주요 실천 원리를 정리한 것이다.

⟨표 2-1⟩ 기본사회의 철학적 기초와 주요 실천 원리

철학적 기초	주요 내용	기본사회 적용 사례
사회적 자본	신뢰, 네트워크, 상호호혜적 규범	마을공동체, 협동조합, 지역화폐
공동체주의	공동체 가치, 책임, 상호 돌봄	돌봄 공동체, 지역 돌봄 네트워크
상호성	개인과 공동체의 상호 유대, 우정	시민참여형 거버넌스, 협치

* 여기서 공동체주의는 철학적 보수주의와는 다름

기본사회는 다양한 학술적 전통과 사상을 바탕으로 형성되었다. 대표적으로 다음과 같은 이론들이 영향을 끼쳤다.

- **공동체주의 이론**: 공동체주의는 개인을 자율적 존재로 보되, 그 자율성이 사회적 관계 속에서 형성된다는 점을 강조한다. 맥킨타이어 등의 사상은 현대 자유주의적 복지국가의 한계를 비판하며, 공동체적 책임과 연대의 가치를 강조한다.[5] 기본사회는 이러한 입장에서 공동체가 단지 '경험의 장'이 아니라 '책임의 주체'임을 재조명한다.

---

* 로버트 퍼트넘(Robert D. Putnam). 1941~. 미국의 정치학자. 사회자본 개념을 중시하며, 사회적 신뢰와 시민 참여의 중요성을 강조했다. 『볼링장의 외로움』은 사회자본의 감소와 그 결과를 분석한 대표적인 저서이다.
** 마이클 샌델(Michael Sandel). 1953~. 미국의 정치철학자. 정의, 윤리, 시장경제의 사회적 영향 등에 대한 강의와 저술로 유명하다. 『정의란 무엇인가』는 그의 대표적인 저서이다.

- **아마르티아 센의 역량 이론**: 센은 단순한 소득이나 자원의 보장이 아니라, 각 개인이 실질적으로 자신이 가치있게 여기는 삶을 영위할 수 있는 능력(capability)을 갖추는 것이 정의로운 사회의 핵심이라고 주장한다.[6] 기본사회는 센의 이론을 바탕으로, 관계망과 제도를 통해 '실현 가능한 자유'를 보장하는 사회를 말한다.
- **낸시 프레이저의 3차원 정의론**: 프레이저는 정의를 단순한 소득 재분배를 넘어, 인정(recognition), 대표(representation), 재분배(redistribution)라는 세 가지 차원으로 구성한다.[7] 그리고 기본사회는 이 셋이 유기적으로 결합되어야 실질적인 사회정의가 가능하다고 본다.
- **사회적 자본 이론**: 로버트 퍼트넘이 주창한 사회적 자본 개념은, 사회적 신뢰, 네트워크, 규범이 개인의 삶의 질뿐 아니라 공동체 전체의 경제성과도 직결된다는 점을 말한다.[8] 기본사회는 사회적 자본이 단지 공동체 내부의 자연적 산물이 아니라, 정책과 제도를 통해 생산될 수 있음을 강조한다.

이러한 철학적, 사상적 기반을 바탕으로, 기본사회는 사회적 신뢰와 협력, 돌봄의 문화를 회복하는 데 필요한 제도와 실천을 제시한다. 기본사회적 요소들은 다음과 같이 일부 국가 및 지역에서 실험적으로 도입되거나 제도화된 바 있다.

- **핀란드의 무조건적 복지서비스**: 교육, 보건, 주거, 육아 등 생애 전반에 걸쳐 기본생활을 국가가 보장하며, 높은 신뢰와 평등 수준을 유지한다.
- **스페인 바르셀로나의 협력적 도시정책**: 지역 공동체 기반의 돌봄 네트워크, 사회적 주택, 시민참여 플랫폼 등을 통합한다.
- **일본의 지역공동체 회복 운동(마치즈쿠리)**: 고령화 사회 속에서 이웃

돌봄, 생활 공유, 지역 순환경제를 통해 사회적 고립을 줄이려는 시도를 한다.

- **우리나라의 일부 지역사례**: 성북구의 마을돌봄센터, 성미산 마을공동체, 전북 완주의 로컬푸드 사회적경제 모델 등은 지역 단위 기본사회의 단초를 보여준다.[9]

이러한 사례들은 정책의 단위가 아닌 사회적 관계망을 어떻게 복원하고 제도화할 것인가에 초점을 둔다. 또한, 기본사회는 기후 위기와 같은 지구적 과제에 대응하기 위해 지역공동체의 역할을 강조한다. 지역공동체가 재생에너지 생산, 탄소중립 실천, 지역 순환경제 구축에 적극적으로 참여하는 것은 기본사회의 실천 적용 사례이다.

기본사회의 실행을 위해서는 협치(거버넌스)와 시민참여가 핵심이다. 협치는 국가, 지방정부, 시민사회, 지역공동체가 파트너십을 맺고 정책을 설계·집행·평가하는 과정을 의미한다. 서울시 주민참여예산, 부산 기후예산 시민위원회 등은 시민이 직접 정책 결정에 참여하는 협치의 좋은 사례이다. 디지털 플랫폼을 활용한 시민참여도 확대되고 있다. 예를 들어, 온라인 토론 플랫폼을 통해 시민이 지역 문제 해결에 참여하거나, 공공정책에 대한 의견을 제시하는 방식이 기본사회의 모습이다. 이것이 점차 보편화되고 있다는 점이 기본사회에 대한 기초적 열망이 우리에게 잠재되어 있음을 잘 보여준다.

기본사회는 단순한 정책적 대안을 넘어, 사회적 관계와 공동체의 질을 높이는 근본적 전환을 요구한다. 사회적 자본, 공동체주의, 상호성이라는 철학적 기초 위에, 신뢰와 협력, 돌봄의 문화를 회복하는 것이 기본사회의 핵심이다. 경제적 기본을 넘어 사회적 기본을 확립함으로써, 인간다운 삶과 지속가능한 사회를 실현할 수 있다.

공동체와의 차이

기본사회라는 개념이 학문적으로나 정책적으로 제대로 자리 잡으려면, 비슷한 개념들과 어떻게 다른지 분명히 밝혀야 한다. 기본사회는 복지국가, 생활경제, 사회적경제, 커먼즈, 지역공동체 등 여러 사회 모델과 겹치는 부분이 많다. 이 경계를 명확히 하지 않으면, 실제로 정책을 만들거나 이론을 세울 때 혼란이 생길 수 있다. 그래서 여기서는 기본사회와 비슷한 개념들을 비교해 보고, 기본사회만의 특징이 무엇인지 살펴본다. 아래 표는 복지국가, 공동체주의, 커먼즈 그리고 기본사회의 주요 특징을 보여준다.

〈표 2-2〉 복지국가, 공동체주의, 커먼즈, 기본사회의 비교

구분	복지국가	공동체주의	커먼즈	기본사회
주체	국가	공동체	공동체	시민사회·공동체·국가
목표	사회적 안전망 확보	공동체 가치 실현	공유자원 관리	신뢰·상호성·연대 강화
방식	재분배, 서비스 제공	규범·윤리 내재화	자원의 공동 관리	관계 재구성, 협치
한계	시민참여 부족	개인 자유 침해 우려	관리의 난이도	실행력·규모의 한계

복지국가는 주로 국가가 앞장서서 복지 서비스를 제공하고, 국민의 기본적인 삶을 보장하는 체계이다. 여기서는 국가와 개인의 관계가 중심이 되고, 시민들끼리 서로 돌보고 참여하는 역할은 부수적으로 다뤄진다. 반면, 기본사회는 국가의 역할을 인정하면서도, 시민들 사이의 '수평적 관계'와 '공동 책임'을 핵심 원리로 삼는다. 즉, 시민이 단순히 복지의 수혜자가

아니라, 서로 관계를 맺고 책임을 나누는 '참여자'로 거듭나게 한다는 점이 다르다.

지역공동체는 같은 지역에 사는 사람들이 인간관계와 생활 네트워크를 바탕으로 정체성과 연대를 만들어가는 공간이다. 기본사회도 지역을 중요하게 생각하지만, 단순히 물리적 공간에 머무르지 않고, 제도와 정책을 통해 공동체성을 실현하려고 한다. 즉, 지역공동체가 자율성과 문화를 바탕으로 자연스럽게 형성된다면, 기본사회는 공공정책과 협치 구조를 통해 제도화된 공동체를 추구한다. 장소에 기반한 유대감에 더해, 국가 전체로 확장할 수 있는 사회 모델이라는 점이 차이이다.

커먼즈는 공동체가 함께 자원을 민주적으로 관리하고 누리는 체계이다. 예를 들어, 숲이나 하천, 디지털 정보, 공공 공간 등이 모두 커먼즈가 될 수 있다. 커먼즈는 소유와 운영 방식에 대한 새로운 시각을 제공한다. 반면, 기본사회는 커먼즈의 이런 가치를 받아들이면서도, 좀 더 구조적인 돌봄과 사회안전망을 강조한다. 즉, 커먼즈가 자원 관리에 초점을 둔다면, 기본사회는 자원 관리뿐 아니라, 돌봄과 신뢰, 사회적 관계 전체를 포괄한다.

돌봄사회는 돌봄을 모두의 권리이자 책임으로 보고, 국가와 사회 전체가 이를 구조적으로 뒷받침해야 한다고 주장한다. 돌봄의 사회화, 성별에 관계없는 돌봄, 돌봄 노동의 재구조화 등이 주요 내용이다. 기본사회도 돌봄을 매우 중요하게 여기지만, 그 이상으로 관계의 회복, 시민성의 재구성, 사회적 신뢰 등 더 넓은 영역을 포함한다. 즉, 돌봄사회가 돌봄 체계에 집중한다면, 기본사회는 돌봄을 포함한 인간관계와 사회 구조 전반을 새롭게 설계하려는 개념이다.

생활경제는 가족이나 개인 단위의 일상생활에서 이루어지는 경제활동(돌봄, 가사노동, 지역 내 거래 등)을 의미한다. 기본사회는 이런 생활경제가 제대로 작동할 수 있는 사회적 기반을 제공한다. 특히, 빈곤층이나 비공식 경제에 국한하지 않고, 모두가 안정적으로 살아갈 수 있도록 공공의 구조 안에서 일상 경제를 재조직하려는 점이 특징이다.

사회적경제는 사회적 목적을 가진 기업과 조직(협동조합, 사회적기업 등)을 중심으로 시장의 대안을 모색한다. 공익과 참여를 중시한다는 점에서 기본사회와 비슷하지만, 사회적경제가 주로 '경제 활동'에 초점을 맞춘다면, 기본사회는 '사회적 관계의 구조' 전체를 포괄한다. 즉, 기본사회는 사회적경제를 포함하면서도, 돌봄·소속감·신뢰·안정성 등 비경제적 요소까지 함께 설계하는 더 넓은 틀이다.

기본사회는 위의 유사 개념들과 크게 두 가지 점에서 다르다.

첫째, '사회적 관계의 질서'를 중심에 놓고, 사회정책과 공동체, 경제모델을 통합적으로 접근한다는 점에서 보다 구조적인 성격을 가진다.

둘째, 국가와 공동체, 시민 간의 권한과 책임, 관계의 설계에 있어 수평적 거버넌스를 기반으로 삼으며, 이는 기존 모델들이 갖지 못한 통합성과 확장성을 제공한다.

한편 기본사회는 위 개념들을 경쟁적으로 대체하지 않고, 통합적으로 포괄하여 정책과 거버넌스, 문화적 실천으로 확장한다. 그런 만큼 단순한 유사 개념이 아니라, 복잡한 21세기 사회문제에 대응하는 새로운 사회정책 패러다임으로 자리매김할 수 있다. 앞으로의 과제는 이 기본사회를 실제 제도와 정책으로 만들어내는 일이다.

시장·시민사회·국가: 역할 다시 나누기

기본사회는 단순히 복지서비스의 확대나 사회서비스의 양적 증가만을 의미하지 않는다. 이는 시민의 일상적 삶을 유지하는 데 필수적인 관계적 기반, 즉 신뢰와 연대, 상호책임이 작동하는 구조적 조건을 말한다. 기본사회의 작동은 국가, 민간, 시장이라는 사회적 주체들의 역할을 재정립하고, 이들이 협력하는 과정에서 규범적 합의를 도출하는데 기반한다.

기본사회는 '누가 무엇을 어떻게 제공할 것인가'라는 실천적 질문과 동시에, '왜 그것이 필요하며, 어떤 가치 위에 설 것인가'라는 규범적 사유를 요구한다. 즉, 시장, 민간, 국가는 단순히 기능적 분업을 넘어서, 규범적 원리 하에 공동의 목적을 추구하는 주체로 변화해야 한다.

먼저 국가를 살펴보자. 기본사회에서 국가는 단순한 제공자가 아닌 조정자이자 규범의 수호자이다. 국가는 사회적 자본을 형성하고 공동체 신뢰를 회복하기 위한 제도적 틀을 구축해야 한다. 이는 개인 간의 연대와 상호책임을 기반으로 하는 새로운 사회계약을 가능하게 하는 전제가 된다. 국가의 역할은 크게 세 가지를 제시할 수 있다.

- **규범 정립자**: 국가는 사회적 관계의 최소 보장선 ─ 예컨대 '무조건적 돌봄 접근권'이나 '주거의 인간다운 기준' ─ 을 법제화하여 사회적 계약의 기초를 세운다. 이는 존 롤스가 말한 '정의의 원칙' 중 제1원칙인 평등한 자유 보장의 현대적 실현이다.[10] 이러한 규범 정립은 사회적 불평등을 완화하고, 시민의 기본적 권리를 보장하는 데 필수적이다.
- **공공 인프라의 조성자**: 신뢰 회복의 핵심은 물리적 자원의 분배가 아니라, 일상의 안전과 예측 가능성이다. 이를 위해 국가는 돌봄, 교육, 지역 공동체 시설 등 기본적 공동체 인프라에 대한 지속적 투자를 감당해야 한다. 예를 들어, 스웨덴은 2022년 기준 GDP 대비 약 23.7% 수준이고 보건의료 및 복지 지출에 대해 지방세와 정부보조금으로 운영되는 구조가 잘 정비되어 있어 사회적 신뢰와 삶의 질을 높였다.[11] 한국의 경우, 2023년 기준 공공 인프라 투자 비율은 GDP의 5%

대에서 낮아져 현재 3% 내외이며, 투자방향은 경제 인프라에서 사회 인프라 및 유지보수 중심으로 전환 중이다. 선진국 대비 낮은 편이다.[12]

- **시민참여의 촉진자**: 시민참여 거버넌스를 제도화함으로써 국가는 시민의 자기결정권과 민주적 통제력을 높이고, 정책 정당성을 확보할 수 있다. 예컨대 2025년 부산광역시의 '기후예산 시민위원회'는 예산에 대한 시민 숙의 권한을 보장하며, 실질적 주민 권한을 보여준 것은 좋은 사례가 된다.[13] 이러한 시민참여 제도는 정책의 투명성과 책임성을 높이고, 사회적 신뢰를 회복하는 데 기여한다.

다음으로 민간에 대해 살펴보자. 민간, 특히 시민사회는 기본사회에서 실질적 돌봄과 공동체 연결망의 핵심이다. 이들은 제도 너머에서 공동체를 조직하고, 제도의 공백을 메우며, 신뢰를 실천하는 주체다. 민간(시민단체)의 역할도 크게 세 가지를 제시할 수 있다.

- **공동체 돌봄의 실행자**: 예컨대 서울시의 '돌봄 협동조합 지원 조례'(2024)는 민간 협동조합이 중심이 되어 지역 내 돌봄 서비스를 제공할 수 있도록 지원하는 구조를 제도화했다.[14] 이 조례는 비공식 돌봄을 제도 내로 편입시키는 시도로 해석할 수 있다. 2024년 기준, 서울시 내 협동조합은 300~350개 내외로 보고되고 있다.[15]
- **사회적 감시자 및 윤리적 매개자**: 시민단체, 주민조직 등은 정책의 감시자이자 윤리적 기준의 설정자 역할을 수행한다. 이들은 형식적 참여가 아닌, 정책 설계·집행·평가 전 과정에 참여함으로써 민주주의의 실질화를 가능케 한다. 예를 들어, 2023년 기준 전국 시민단체의 정책 참여율(정책 참여를 포함한 사회단체 활동)은 13세 이상 인구

중 약 64.2%로 매우 높은 편이다.[16]

- **시민역량 강화자**: 민간은 시민의 능동적 주체화를 위해 교육, 소통, 역량 강화 활동을 주도한다. 이는 단순한 서비스 제공이 아니라, 공동체 내 자율성과 연대의 복원을 위한 핵심 기반이다. 2023년 기준, 전국 시민교육 프로그램 참여자는 연간 50만 명을 넘어서고 있다.[17]

마지막으로 시장에 대해 살펴보자. 전통적으로 시장은 효율성과 자원의 최적 배분을 담당했다. 그러나 기본사회에서의 시장은 이윤추구의 수단이 아니라 공동체 내 상호 돌봄과 상생을 전제로 재편되어야 한다. 시장의 역할은 크게 두 가지를 제시할 수 있다.

- **사회적 가치 기반의 거래**: 사회적기업, 협동조합, 지역화폐 등은 시장 메커니즘이면서도 사회적 가치를 생산하는 구조이다. 2023년 사회적기업 성과분석 보고서에 따르면, 사회적기업은 코로나19 충격 이후에도 고용과 임금 회복력이 평균보다 높게 나타났으며, 생존률도 일반기업 대비 2배 이상 높은 것으로 평가되었다.[18] 이는 지속가능성, 관계지향성을 우선하는 기업 모델이 가능하다는 증거가 된다.
- **윤리적 소비와 공정경제의 촉진자**: 기본사회에서 소비는 정치적·윤리적 행위이며, 생산자와 소비자 간의 신뢰 관계를 매개한다. 예컨대 지역화폐 제도는 단순한 경제 활성화가 아니라 공동체 내부의 순환과 자립을 유도한다. 대전광역시 지역화폐 '온통대전' 사례 연구에 따르면, 지역화폐로 인한 소상공인 역내소비 전환 효과는 16.8%에 달하며, 순 소비 증대효과는 26~29%로 나타났다.[19]

기본사회는 이들 주체가 각자 고유 역할을 하면서도 협력적으로 연결되는 메커니즘을 통해 구축된다. 아래 표는 각 주체의 역할과 협력 방식을 보여준다.

〈표 2-3〉 기본사회에서 시장, 민간, 국가의 역할과 협력 구조

주체	주요 역할	협력 방식
국가	제도 보장, 권리기준 설정, 인프라 구축	시민참여 기반 거버넌스, 복지제도 정비
민간	공동체 실행, 윤리기준 형성, 시민역량 강화	정책 공동설계, 돌봄 실행, 사회적 감시 및 통제
시장	사회적 가치 창출, 지역 순환경제 촉진	협동조합, 사회적기업 등 공공성과 수익성의 조화

기본사회를 이루는 핵심 가치는 '상호책임', '돌봄', '신뢰'이다. 이는 마이클 샌델이 말한 '연대의 정의'와도 일맥상통한다.[20] 각 주체가 자신의 역할에 충실할 뿐 아니라, 타 주체의 한계를 보완하고 책임을 분담할 수 있는 윤리적 공동체로 작동해야 한다. 아마르티아 센은 자유를 '타인의 자유를 증진시킬 수 있는 능력'으로 정의했다.[21] 이는 기본사회에서 요구되는 시민과 국가, 시장의 관계성을 잘 설명해준다.

기본사회는 단지 서비스의 확대가 아니라 관계의 재편이다. 이는 규범과 제도의 융합, 주체 간 협력의 촘촘한 설계, 그리고 신뢰를 회복하는 정치·사회적 구조를 필요로 한다. 기존의 위계적이고 분리된 사회구조를 넘어, 시민 중심의 분산된 권력과 유기적 연계 구조로 나아가는 것을 말한다. 기본사회는 바로 이러한 새로운 협력 질서를 통해 실현될 수 있다.

지속가능한 관계

여기서는 기본사회가 지속가능사회의 구현에 어떻게 기여할 수 있는지를 생태적, 경제적, 사회적, 정치적, 문화적 차원에서 살펴보고, 궁극적으로 통합적 지속가능성 모델로서의 가능성을 검토해 본다.

인간은 자연 생태계의 일부분으로서, 자신의 생존이 생태적 균형과 지속가능성에 의존하고 있다. 기본사회는 인간과 자연의 관계를 일방적인 착취와 소비의 대상에서 상호의존과 책임의 윤리로 전환시킨다. 기본사회는 생태적 지속가능성을 단순한 선택이 아닌 필수적인 사회적 가치로 인식하며, 이를 실현하기 위한 구체적인 방식을 제도와 생활 전반에 반영한다.

우선, 기본사회는 자원의 소비를 절제하고 순환을 중심으로 하는 생태경제 구조를 구축한다. 이는 단순히 소비를 줄이는 것을 넘어, 지역 내에서 자원을 다시 회수하고 재활용하는 체계를 마련하는 것을 의미한다. 예를 들어, 음식물 쓰레기를 줄이는 시스템이나, 재사용 가능한 자원을 보급하고 활용하는 생활방식의 확산이 이에 해당한다. 이렇게 함으로써 자원의 낭비를 막고, 자연 환경에 가해지는 부담을 줄일 수 있다.

또한, 기본사회는 생산, 소비, 재활용의 전 과정을 지역 단위에서 자립적으로 순환시키는 경제 모델을 지향한다. 이를 통해 전 세계를 연결하는 글로벌 공급망에 대한 의존도를 줄이고, 그에 따라 발생하는 탄소발자국도 함께 낮출 수 있다. 지역 내에서 필요한 것을 지역에서 만들고 소비하며, 다시 자원으로 순환시키는 구조는 생태적 부담을 최소화하는 데 매우 효과적이다.

이와 함께, 환경을 보호하는 것은 더 이상 개인의 자율적인 선택이나 책임으로만 남겨두지 않는다. 기본사회는 생태적 권리를 하나의 사회적 기준으로 삼아 이를 제도화함으로써, 공동체 전체의 윤리로 발전시킨다. 이는 환경 문제를 공적 영역의 과제로 인식하고, 사회 전체가 책임을 분담하는 방향으로 나아가는 데 중요한 역할을 한다.

마지막으로, 기본사회는 '생태 정의'라는 관점에서 세대 간 책임 윤리를 제도화한다. 이는 현재 세대의 생존과 안녕만이 아니라, 미래 세대의 삶의 질까지 고려한 정책 설계를 의미한다. 예를 들어, 지금 당장의 편익을 위해 환경을 훼손하지 않고, 후손에게 건강한 생태계를 물려주기 위한 사회적·정치적 책임을 분명히 하는 것이다.

이러한 방식으로 기본사회는 생태계 보존과 인간 복지를 동시에 추구하며, 단기적 대응이 아닌 구조적이고 지속가능한 생태전환 전략을 실현해 나간다. 생태적 위기를 단지 피해야 할 위협이 아니라, 공동체의 지속성과 정의를 시험하는 중요한 과제로 인식하고 대응하는 것이다.

기존 성장주의 경제 모델은 자원의 무한한 이용과 시장의 무제한 팽창을 전제로 했다. 그 결과는 환경 파괴와 사회적 불평등의 심화였다. 이에 반해 기본사회는 경제를 '양적 성장' 중심에서 '질적 재생산' 중심으로 전환시킴으로써 지속가능성을 지향한다. 주요 전략은 다음과 같은 네 가지 축을 중심으로 구성된다.

첫째, 기본소득과 기본서비스를 통해 모든 사람의 생계 기반을 안정적으로 보장한다. 이는 개인이 시장노동에만 의존하지 않고도 최소한의 삶을 유지할 수 있도록 하여, 불안정한 고용환경에서 오는 위험으로부터 보호하는 역할을 한다. 특히, 소득이 없는 시기나 노동이 불가능한 상황에서도 존엄한 삶을 유지할 수 있도록 뒷받침함으로써, 경제 참여의 자율성을 높인다.

둘째, 노동의 양적 확대보다는 질적 전환에 집중한다. 일자리를 단순히 많이 만드는 것이 아니라, 사람들이 자부심과 의미를 느낄 수 있는 '좋은 일자리'를 만드는 것이 중요하다. 이는 노동을 단지 생존 수단이 아니라 삶의 일부로 인정하는 기본사회의 가치관을 반영하며, 노동의 질적 향상은 개인의 삶의 질은 물론 사회 전체의 생산성과 창의성을 높이는 데 기여한다.

셋째, 교육, 돌봄, 건강 등 사람에 대한 사회적 투자를 확대한다. 이러한 투자는 단순히 복지의 차원을 넘어, 인간 능력의 형평성을 확보하고, 장기적으로는 경제와 사회의 지속적 재생산을 가능하게 한다. 즉, 사회 구성원 모두가 잠재력을 실현하고 공동체에 기여할 수 있는 기회를 제공하는 것이며, 이는 보다 공정하고 회복력 있는 경제를 만드는 핵심 동력이다.

넷째, 자율성과 공공성이 조화를 이루는 경제 모델을 육성한다. 이는 국가 주도의 중앙집중적 방식도, 전적으로 시장에 맡기는 자유방임적 방식도 아닌 제3의 길로, 협동조합, 지역화폐, 공익형 플랫폼 경제 등이 그 대표적인 예다. 이러한 모델은 경제 권력을 분산시키고, 참여와 책임을 기반으로 한 민주적 운영을 가능하게 한다. 그 결과, 경제는 소수의 이익을 위해 움직이는 것이 아니라, 공동체 전체의 필요와 가치를 중심으로 재편된다.

사회적 지속가능성은 인간 사이의 신뢰, 연대, 포용성을 유지하고 확장하는 데서 출발한다. 기본사회는 파편화된 현대 사회에서 무너진 관계와 신뢰를 회복하고, 공동체의 기반을 다시 세움으로써 지속가능한 사회적 토대를 구축하고자 한다. 이를 위해 관계 중심의 사회적 구조와 공동체적 연대를 강화하는 네 가지 전략을 중심으로 실천 방안을 제시한다.

첫째, 신뢰를 바탕으로 하는 지역공동체와 생활 네트워크의 활성화를 추구한다. 이는 사람들 사이의 일상적 관계를 회복하고, 상호 협력과 돌봄이 가능한 환경을 조성하는 것을 의미한다. 예컨대, 마을 단위의 공동육아, 공유부엌, 생활협동조합 등은 단순한 서비스 제공을 넘어 주민들 사이에 상호 의존과 신뢰를 형성하는 기반이 된다. 이러한 관계망은 개인의 삶을 지지할 뿐 아니라, 위기 상황에서도 빠르게 대응할 수 있는 사회적 복원력을 키운다.

둘째, 고립과 배제를 줄이기 위한 사회적 안전망을 촘촘히 구축한다. 주거 보장, 돌봄 서비스, '청년과 노년층에 대한 맞춤형 지원 정책 등을 통해 사회의 사각지대를 최소화하고, 누구도 배제되지 않는 포용적 사회를 지향한다. 특히 혼자 사는 고령자, 불안정한 노동환경에 놓인 청년, 돌봄 부담이 큰 여성 등 다양한 취약계층에 대한 맞춤형 제도는 기본사회의 핵심적인 기둥이다.

셋째, 계층 간, 세대 간 갈등을 완화하고 상호 공존을 가능케 하는 정책 개발에 힘쓴다. 이를 위해 세대별 요구와 입장을 이해하고 조율하는 소통 구조를 마련하고, 공동의 미래를 위한 연대의 가치를 중심으로 정책을 설계한다. 예컨대, 청년 주거 문제 해결과 동시에 고령층의 빈방을 공유하는 세대 간 주거 매칭 프로그램, 세대 혼합형 커뮤니티 공간 조성 등이 대표적 사례가 될 수 있다.

넷째, 시민이 직접 정책에 참여하고 공동체 운영에 개입할 수 있는 '참여형 거버넌스'를 실현한다. 이는 단순한 의견 수렴을 넘어, 시민이 공동체의 주체로서 역량을 키우고 결정 과정에 실질적으로 참여할 수 있도록 제도적 기반을 마련하는 것이다. 주민총회, 마을계획 워크숍, 참여예산제도 등이 그 예이며, 이러한 참여 구조는 시민의 책임감과 공동체적 소속감을 함께 키운다.

정치적 지속가능성은 민주적 제도와 시민의 실질적 참여, 그리고 정책 결정의 투명성과 책임성을 통해 구현된다. 기본사회는 단지 제도적 복지를 확대하는 것을 넘어, 정치 구조 자체의 민주적 전환을 통해 지속가능한 시민사회를 구축하고자 한다. 이를 위해 기본사회는 민주주의의 형식적 틀을 넘어서 실질적인 시민 권한의 확대와 권력 구조의 분산, 그리고 투명하고 책임 있는 거버넌스를 핵심 정치적 조건으로 중시한다.

첫째, 기본사회는 중앙정부에 집중된 권력을 지방정부와 지역 공동체로 분산시키는 것을 중요한 전략으로 삼는다. 지방정부와 지역 공동체에 실질적인 권한과 재정을 부여함으로써, 지역의 문제를 지역 주민이 스스로 해결할 수 있는 자율성과 책임성을 확보할 수 있다. 이는 지역 고유의 여건에 맞는 정책 실행을 가능하게 하며, 시민의 삶과 밀착된 정치가 작동하도록 한다.

둘째, 시민이 직접 정책 과정에 참여할 수 있도록 숙의민주주의의 실천이 제도화되어야 한다. 시민참여 예산제나 공론장 운영과 같은 방식은 단지 여론을 수렴하는 수준을 넘어, 시민이 공공 문제에 대해 숙의하고 판단하며 공동의 결정을 만들어가는 과정을 포함한다. 이를 통해 시민은 수동적인 수혜자가 아닌 능동적인 주체로서 정치에 참여하며, 민주주의의 깊이를 더하게 된다.

셋째, 정보 공개와 정책 집행의 투명성 확보는 시민의 감시 기능과 정책의 책임성을 강화하는 핵심 조건이다. 이는 정부나 공공기관의 일방적 운영을 방지하고, 시민이 정책 과정 전반에 대해 비판적이고 생산적으로 개입할 수 있는 기반이 된다. 특히 디지털 기술을 활용한 실시간 정보 공개와 피드백 시스템은 정치의 신뢰를 높이고, 부패를 예방하는 효과도 갖는다.

넷째, 권력의 수평적 재배치를 통해 민주주의의 질을 향상시킨다. 권력의 수직적 위계가 아닌, 다양한 사회 주체 간의 협력과 견제가 가능한 수평적 정치 구조는 시민의 권리를 실질적으로 보호하는 토대가 된다. 정치, 행정, 시민사회, 지역공동체 등 다양한 주체가 대등한 파트너로서 정책 결정과 집행에 참여할 수 있을 때, 민주주의는 더욱 건강하고 지속가능한 체계로 발전한다.

문화적 지속가능성은 삶의 의미를 구성하는 문화적 정체성, 다양성, 창의성이 유지·확장되는 데 달려 있다. 기본사회는 물질적 풍요만으로는 인간다운 삶이 보장되지 않는다는 인식 아래, 문화적 기반의 강화가 사회의 지속가능성과 공동체적 회복에 필수적임을 강조한다. 문화는 단순한 소비재가 아니라, 정체성과 연대, 창조성과 자율성을 키우는 토대이며, 기본사회는 이를 실현하기 위한 다음과 같은 네 가지 전략을 중심으로 문화 정책을 구성한다.

첫째, 지역 중심의 문화 생태계를 조성하여 지역 정체성과 공동체 문화를 재생하는 데 힘쓴다. 중앙 중심의 획일적인 문화정책이 아닌, 각 지역이 가진 역사, 풍습, 자연환경, 생활양식을 반영한 고유의 문화가 존중되고 발전할 수 있도록 한다. 이를 통해 지역민은 자기 삶의 공간에 대한 자긍심을 회복하고, 공동체의 문화적 연대가 다시 살아난다.

둘째, 모든 시민이 일상 속에서 예술과 문화를 자연스럽게 향유할 수 있는 환경을 조성한다. 이는 특정 계층이나 전문 예술가에 국한된 문화가 아니라, 누구나 접근 가능하고 참여할 수 있는 생활 속 문화의 실현을 의미한다. 공공 미술 프로젝트, 생활문화센터, 마을축제, 이동형 공연 예술단 등은 일상에 문화를 불어넣고, 시민 누구에게나 문화 향유권을 보장하는 수단이 될 수 있다.

셋째, 시민을 문화의 수동적 소비자가 아닌 능동적 생산자로 육성한다. 이는 예술을 '보는 것'에 머무르지 않고, 스스로 '창작하고 표현하는' 주체로 서도록 교육하고 지원하는 것을 의미한다. 지역문화학교, 창작공방, 커뮤니티 아트 프로그램 등을 통해 시민은 자신의 이야기를 문화적으로 표현하며, 이러한 과정은 시민의 문화적 자존감과 주체성을 강화한다.

넷째, 전통과 현대의 창조적 통합을 통해 문화의 지속적 진화와 혁신을 도모한다. 오래된 지역 전통이나 민속 문화가 단절되지 않고, 현대 기술이나 예술과 만나 새로운 형태로 재탄생할 수 있도록 지원한다. 예컨대, 지역의 전통예술과 디지털 미디어 아트의 결합, 전통 장인의 기법과 현대 디자인의 협업 등은 문화의 보존과 혁신을 동시에 가능하게 한다.

이러한 문화적 접근은 단지 문화 콘텐츠의 양적 확대를 넘어서, 인간다운 삶의 질적 기반을 제공한다. 시민은 문화를 통해 자기 삶의 의미를 재발견하고, 공동체는 문화를 통해 정체성과 연대를 회복한다. 기본사회는 바로 이러한 문화적 토대를 통해, 다양성과 창조성이 살아 숨 쉬는 사회를 지향한다.

기본사회는 생태·경제·사회·정치·문화라는 분절된 지속가능성 영역을 통합하는 거시적 사회구조의 전환 모델이다. 단일 정책이 아닌 다차원적 접근을 요구하며, 다음과 같은 실행 전략이 필요하다.

- **부문 간 연계된 정책 설계**: 예를 들어, 주거정책은 동시에 에너지 정책, 복지정책과 연결되어야 한다.
- **다차원 성과지표 체계 구축**: GDP나 고용률만이 아닌, 생태발자국, 사회적 연대 지수, 참여지수 등 복합지표를 도입한다.
- **장기 계획과 시민 거버넌스 통합**: 10년 이상을 내다보는 중장기 계획 수립과, 이를 감시·평가하는 시민참여 구조를 마련한다.
- **국토계획, 복지정책, 경제정책 간 일관성 확보**: 부처 간 칸막이를 넘는 통합 행정체계를 구축한다.

지속가능사회의 구현은 기술적·환경적 보완이 아니라, 삶의 방식, 사회적 관계, 자원 분배 방식 자체의 전환이다. 기본사회는 이러한 구조 전환을 위한 실제적 기반이 되며, 인간 존엄, 공동체 연대, 생태적 균형이 함께 작동하는 새로운 사회계약의 틀로 기능할 수 있다.

넘어야 할 벽들

기본사회는 경쟁과 효율 중심의 사회구조를, 돌봄·신뢰·공존·참여라는 새로운 가치 질서로 대체하고자 하는 사회적 상상력을 구조화한 틀이다. 이는 단지 복지정책이나 사회서비스 확대의 차원을 넘어서, 인간관계와 공동체의 구조 자체를 재편하고자 하는 깊은 철학적 지향에서 비롯된다. 그러나 이처럼 이상적인 기본사회 구상도, 현실에서 구현되는 과정에서는 다양한 쟁점과 한계를 마주할 수밖에 없다. 여기서는 기본사회가 제기하는 윤리적·철학적 비전과는 별개로, 제도화·정치화·문화화의 현실 과정에서 등장하는 비판 지점과 설계상의 한계, 그리고 이에 대한 성찰적 대응 전략을 종합적으로 살펴본다.

- **개념적 불분명성과 범주 확정의 어려움**: 기본사회는 '관계의 회복'과 '삶의 기반 보장'을 중심에 두지만, 이 개념이 어떤 구체적인 제도나 정책 범위를 포함하는가에 대한 경계는 유동적이라는 지적이 있다. 기본소득, 돌봄, 지역공동체, 신뢰 기반 거버넌스, 사회적경제 등 다양한 구성요소들이 기본사회에 포함되지만, 이들이 반드시 하나의 철학적 체계로 통합되어 있지 않다는 것이다.

  더욱이 기존의 복지국가 이론, 공동체주의, 사회적경제, 참여민주주의, 생태주의 등 유사한 개념들과의 개념적 중첩성이 높아, 기본사회만의 독자성과 정책적 구별성이 희석될 수 있다고 우려한다. 즉, "기본사회는 새로운 것인가, 아니면 기존 이론들의 혼합인가?"라는 질문에 답하기 위해서는 정교한 개념 정의와 체계적 구성 논리가 있어야 한다.

- **제도화의 현실성과 재정적 지속가능성**: 기본사회는 돌봄·주거·의

료·교육·문화·에너지 등 삶의 필수 기반에 대한 공적 보장 확대를 지향한다. 하지만 이 같은 구조는 현재 한국 사회의 복지 재정 수준이나 행정 인프라로는 단기간에 감당하기 어려운 부담을 준다. 예컨대, 무상에 가까운 공공 돌봄 서비스 확대는 막대한 예산뿐 아니라 돌봄 노동자 확보, 전문성 제고, 공급의 질 확보 등 여러 조건이 충족되어야 한다. 기본주거 정책은 공공주택 확대, 임대료 상한제, 주거권 보장을 포함하지만, 현재의 토지 시장 및 부동산 구조와 충돌한다. 기본의료 역시 진료비 부담 완화와 함께 1차 의료 중심 공공의료 강화가 필수적이지만, 민간 중심의 보건 체계와 조율이 필요하다. 따라서 기본사회는 이론적 가치와 달리, 예산 확보, 공급 역량 강화, 이해관계 조정, 제도 간 정합성 확보라는 복잡한 실현 조건에 직면하게 된다. 이는 실현 가능성에 대한 비판의 근거가 된다.

- **시민참여의 불균형과 역량 격차**: 기본사회는 시민의 참여형 거버넌스와 지역공동체 중심의 분권형 구조를 강조한다. 그러나 현실에서는 시민참여의 불균형과 제도화된 공론 시스템 부족이 장애로 작용한다. 예를 들어, 공론화위원회, 주민참여 예산제, 숙의민주주의 제도 등은 일부 지역과 분야에서만 제한적으로 운영되고 있으며, 시민의 제도 이해도와 정책 영향력 간의 괴리도 크다. 더불어, 참여의 제도화가 관료주의적으로 흡수되거나, 정치적 동원 수단으로 변질될 가능성도 존재한다. 이는 기본사회의 핵심 가치인 자율적 참여와 신뢰 기반 협력이라는 이상을 훼손할 수 있다. 또한, 지역 간 참여 역량과 사회적 자본의 격차는 기본사회의 불균형 확산을 유발할 수 있다.

- **시장과 민간 영역의 저항**: 기본사회는 공공성과 보편성, 공동체의 가치를 강조하지만, 이로 인해 민간 서비스 시장과의 긴장 관계가 형성

될 수 있다. 예컨대, 공공 돌봄의 확대는 민간 돌봄 서비스 업체의 시장 축소를 의미할 수 있으며, 공공주택 공급은 민간 건설업계와 임대업계의 이해와 충돌할 수 있다. 또한, 참여와 공공성 중심의 사회적 경제 모델은 기존 시장경제의 경쟁 중심 구조와 상충할 수 있으며, 생산성과 수익성 중심의 평가 논리에서 불리한 위치에 놓일 수 있다. 한편 민간 영역은 다음과 같은 우려를 제기할 수 있다.

"공공서비스 확대는 민간 서비스의 혁신을 저해한다."
"사회적경제는 경쟁력을 갖추기 어렵고 정부 재정에 의존적이다."
"시민참여 시스템은 비효율을 초래하고, 실질적 결정권을 약화시킨다."

이러한 비판은 단순한 시장 논리의 방어가 아니라, 기본사회가 수반하는 경제·사회 질서의 재편에 대한 구조적 저항에 해당한다.

- **문화적·관계적 변화의 지연**: 기본사회는 제도 이전에 관계의 구조와 생활방식의 전환을 요구하는 사회모델이다. 하지만 이처럼 관계중심적 가치를 확산시키기 위해서는 문화적 공감대, 생활습관 변화, 공동체 감수성 강화라는 매우 장기적이고 비가시적인 과정이 필요하다. 특히, 경쟁에 익숙한 사회에서 '협력', '공유', '돌봄'은 낯설고 때로는 '비효율적'으로 여겨지기도 한다. 따라서 제도가 먼저 도입되더라도, 시민들의 인식과 문화가 따라가지 못할 경우 기본사회는 형식적 껍데기에 그칠 우려가 있다. 이는 형식적 보편주의나 관료화된 시민참여로 변질될 가능성이 있다.

이와 같은 비판들에 대해 다음과 같은 논거를 제시하며 반박할 수 있다.

첫째, 개념의 유연성은 확장성의 근거다. 기본사회는 기존 체제의 명확한 분할 논리를 넘어서는 새로운 관계질서를 상상하는 틀이며, 다양한 실천과 담론을 포괄하는 '프레임워크 개념'으로 기능할 수 있다.

둘째, 비용이 아닌 미래에 대한 투자로 봐야 한다. 돌봄, 신뢰, 공동체는 사회적 비용(범죄, 고립, 의료비 증가 등)을 줄이며 장기적 회복력과 지속가능성을 높이는 핵심 요소다.

셋째, 분산형 구조는 국가 주도의 중앙집중형 계획경제와 다르다. 기본사회는 지방정부, 사회적경제 주체, 시민이 협치하는 다원적 질서를 전제로 하며, 탈중심화된 거버넌스를 지향한다.

넷째, 시장 보완모델로서의 역할이 강조된다. 기본사회는 시장을 부정하지 않으며, 시장이 도달하지 못하는 영역에서 공공성과 공동체성을 강화하여 사회 전체의 회복탄력성을 제고하는 기능을 가진다.

다섯째, 시민교육과 참여 구조의 정비를 통해 실질적 거버넌스를 구축할 수 있다. 이는 단기적 성과보다 장기적 민주주의 역량 강화와 사회적 신뢰 축적을 우선시하는 전략이다.

기본사회가 마주한 한계는 단순한 실패 가능성의 지표가 아니라, 오히려 정교한 제도 설계와 실행전략을 짜기 위한 출발점이다. 이를 위해 다차원적 접근을 해야 한다.

- **정책 간 연계성 강화**: 주거, 돌봄, 교육, 소득 등의 정책을 통합적으로 설계한다.
- **시민참여 기반의 단계별 확대**: 소규모 공동체 기반 실험과 교육 프로그램을 병행하며 확산 전략을 수립한다.
- **복합재정구조 개발**: 국비-지방비-사회적 기금 등 다원적 재원 체계를 구축한다.

- **성과지표의 다차원화**: 경제적 효율성뿐 아니라, 사회연대·신뢰·회복력 등 관계적 성과를 반영하는 지표를 도입한다.
- **시범사업 중심의 유연한 확산 전략**: 제도 전체 도입이 아닌, 지역 단위 실험을 통한 적응형 모델을 개발한다.

기본사회는 단순한 복지정책의 대안이 아니라, 사회구조 전체를 재편하는 새로운 사회적 상상력이다. 그만큼 한계도 분명하고, 논쟁도 치열하지만, 바로 그 지점에서 기본사회는 현실에 뿌리내릴 수 있는 가능성을 키워갈 수 있다. 관계의 복원, 공공성의 재구성, 시민참여의 일상화는 시간과 설득을 요하는 과제이지만, 궁극적으로 공존 가능한 사회를 위한 기초 질서로서 기본사회는 지금 우리 사회가 가장 절실히 필요로 하는 체계이다.

글 마무리

20세기 후반까지 사회 발전의 기준은 주로 물질적 풍요와 경제성장에 있었다. 하지만 21세기에 들어서면서 우리는 그 한계를 뼈저리게 느끼고 있다. 경제는 성장했지만, 사람들 사이의 신뢰는 약해졌고, 공동체는 해체되었으며, 삶의 기반은 점점 불안해졌다. 고립감, 무력감, 불신, 그리고 끝없는 경쟁의 피로가 우리의 일상이 되었다. 이제 더 이상 우리는 '함께 살아가는 존재'라기보다는 '혼자 살아남는 개인'처럼 느껴진다. 이런 사회적 현실은 단순히 경제적인 해법만으로는 결코 해결할 수 없다. 지금 우리에게는 관계의 회복, 신뢰의 재구성, 공동체의 재건이라는 근본적인 변화가 절실하다. 그 해답의 실마리가 바로 '기본사회'에 있다.

기본사회는 우리 사회의 관계 구조를 근본적으로 다시 설계하자는 제안이다. 가족, 이웃, 마을, 시민공동체 등 우리가 맺는 모든 관계를 신뢰와 연대, 그리고 상호 책임의 원리로 다시 세우자는 것이다. 이는 '혼자 견디는 삶'에서 '함께 살아가는 삶'으로의 전환을 의미한다. 기본경제가 '무엇을 누구에게 얼마나 제공할 것인가'라는 경제적 설계에 초점을 맞춘다면, 기본사회는 '어떻게 서로 연결되고 돌보고 책임질 것인가'라는 사회적 윤리를 강조한다. 이 둘은 서로 보완적이며, 기본사회는 기본경제가 제대로 작동할 수 있도록 정서적, 문화적, 제도적 토대를 만들어준다.

기본사회는 공공성과 신뢰를 회복해 시민들 사이의 연대 기반을 다지고, 사회적 배제를 줄이며, 모두의 삶의 조건을 보장하는 보편적 권리와 상호 책임의 원칙을 정착시키려 한다. 이는 관료적이고 수직적인 기존 복지국가의 한계를 넘어, 시민 참여와 분권, 그리고 생활권 중심의 새로운 사회 모델을 제시한다. 예를 들어, 돌봄은 국가만의 책임이 아니라, 지역사회와 시민이 함께 협력해야 지속될 수 있다. 주거 역시 단순히 집을 공급하는 문제가 아니라, 모두가 함께 살아가는 공간으로 다시 설계되어야 한다. 교육도 경쟁이 아니라 사회적 감수성과 공동체성을 키우는 데 초점을 맞춰야 한다. 기본사회는 이처럼 생활 전반에서 '관계의 전환'을 이루어, 지속가능한 삶의 질서를 만들고자 한다.

기본사회는 '누가 무엇을 받는가'보다 '우리는 어떻게 함께 살아갈 것인가'에 대한 사회적 합의를 더 중요하게 생각한다. 이는 새로운 사회계약의 제안이자, 모든 시민이 동등하게 존중받고 누구도 소외되지 않는 공동체를 만들자는 약속이다. 이런 사회계약은 국가나 시장 중심의 기존 틀을 넘어, 시민사회와 공동체가 주체적으로 역할을 하는 새로운 조합을 요구한다.

기본사회의 실현은 기술이나 돈만으로 이뤄질 수 없다. 가장 중요한 것은 시민 한 사람 한 사람이 공동체의 주체로 참여하고, 서로를 돌보는 사회적 규범을 공유하는 문화가 자리 잡는 것이다. 이 변화는 마을 모임, 돌봄 나눔, 주민참여 예산, 지역경제 활성화, 청소년 참여 플랫폼 등 일상 속 작은 실천들이 쌓여가며, 서서히 사회의 규범과 제도로 자리 잡게 된다. 기본사회는 그래서 빠른 변화가 아니라, 느리지만 뿌리 깊은 변화의 전략이다. 단기 정책이 아니라 세대 간 연대, 지역공동체의 회복, 시민의 재사회화를 위한 장기적 전환 계획이다.

기본사회는 특별하거나 급진적인 이상이 아니다. 오히려 사람답게 사는 조건이 무엇인지 다시 묻고, 그 조건을 모두 함께 지키자는 가장 기본적이고 상식적인 약속이다. 삶을 경쟁에서 협력으로, 소비에서 돌봄으로, 고립에서 관계로 바꾸는 사회적 문법의 전환이기도 하다. 이 변화는 정치적 결정만으로 완성되지 않는다. 시민의 인식 변화, 생활 속 실천, 그리고 정책과 제도의 유기적 정렬이 함께 어우러질 때 비로소 현실이 된다.

기본사회와 기본경제는 새로운 시대의 사회계약을 위한 두 바퀴이다. 하나는 생계의 조건을 보장하고, 다른 하나는 관계의 구조를 회복한다. 이 두 가지가 맞물릴 때, 우리는 모두가 지속가능하게 살아가며 민주적 공동체를 실현하는 더 나은 미래로 나아갈 수 있다.

"도시락, 다시 돌아온 밥상"
– 기본사회가 열어주는 관계의 기적

나눔이 없던 도시

서울의 변두리, 12층짜리 아파트 단지에 사는 64세의 박순례 씨는 혼자 살고 있었다. 3년 전 남편이 암으로 세상을 떠난 뒤, 순례 씨의 일상은 고요를 넘어 고립이 되었다. 간헐적인 기초연금 외에 수입도 없고, 무릎도 아파 시장에 장 보러 가는 일조차 고역이었다. 하지만 더 힘들었던 건, 누군가에게 말을 거는 일도, 들어주는 이도 없다는 사실이었다.

 이웃들과의 관계는 이미 끊긴 지 오래였다. 아랫집 젊은 부부는 "시끄럽다"며 문을 세게 닫았고, 윗집은 이름도 얼굴도 몰랐다. 복지센터에서 반찬을 준다고 했지만, 그것도 매번 신청하고 기다리는 일이 번거로워 이내 포기했다. 삶은 '존엄'과 거리가 멀었다. 어느 날, 거울 앞에서 그녀는 스스로에게 물었다.

 "나는, 사람답게 살고 있는 걸까?"

전환의 씨앗

그러던 어느 봄날, 동 주민센터에서 낯선 전단지를 하나 가져왔다. '공동부엌 프로젝트 – 이웃과 밥상 나누기'라는 제목이었다. 지역화폐로 재료를 사고, 서로 돌아가며 음식을 만들고, 도시락을 포장해 어려운 이웃들에게 나누는 프로그램. 처음엔 "저런 게 진짜 되겠어?" 하며 넘기려던 찰나, 담당 공무원의 말이 귓가에 남았다.

"이건 도움을 받는 사람이 아니라, 함께하는 시민이 되는 거예요."

그 말에, 순례 씨는 조심스레 첫 모임에 나가보았다. 이미 8명의 주민이 둘러앉아 소개를 나누고 있었다. 아이 셋을 키우는 워킹맘, 귀농을 준비하는 청년, 그리고 퇴직한 목수까지. 신기하게도 서로 전혀 어울릴 것 같지 않던 이들이, 조심스럽게 삶의 조각들을 꺼내기 시작했다.

함께 만든 밥상

그다음 주부터 순례 씨는 화요일 오전이면 부엌으로 향했다. 처음엔 '공동부엌'이라는 것이 낯설었지만, 어느새 그녀는 찌개 간을 맡는 '전담'이 되었다. 지역화폐로 장을 보고, 직접 반찬을 만들고, 이름표를 붙인 도시락을 이웃 어르신들에게 전했다.

처음 배달 간 할아버지는 문도 열지 않더니, 한 달 뒤엔 문 앞에 종이쪽지를 붙여두었다.

"오늘 된장찌개, 우리 마누라 손맛 같았소. 고맙소."

그날 순례 씨는 오래간만에 눈물을 흘렸다. 기쁨의 눈물이었다. 누군가에게 '필요한 존재'가 되었다는 감각, 무심하게 사라졌던 자기 존재가 다시 의미를 갖기 시작했다는 깨달음. 그건 어느 복지 정책도, 연금도 줄 수 없는 감정이었다.

제도가 만든 관계, 관계가 만든 회복

'공동부엌'은 단지 동네 이벤트가 아니었다. 이 마을은 서울시가 실험적으로 도입한 '기본사회 돌봄 인프라'의 일부였다. 시는 단순한 복지 제공자가 아니라, 민간 협동조합과 함께 돌봄 공동체를 제도적으로 뒷받침했다. 지역화폐는 단지 돈이 아니라, 공동체 내부의 순환을 가능하게 하는 윤리적 매개였다.

순례 씨는 이제 매주 3회 활동하며 소정의 활동비도 받고 있다. 그 돈은 지역 시장에서 쓸 수 있고, 다시 그곳 상인은 공동부엌에 재료를 후원한다. 돈과 마음이 함께 도는 경제와 사회, 그것이 기본사회가 꿈꾸는 구조였다.

삶이 달라지다

1년이 흐른 어느 날, 순례 씨는 초등학생 손녀와 함께 동네에서 열린 작은 축제에 참여했다. 공동부엌 팀이 만든 '추억의 도시락' 부스를 운영하며, 손수 만든 깻잎김치를 아이들에게 나눠주었다. 아이들은 생소한 그 맛에 얼굴을 찡그리기도 했지만, 몇몇은 "할머니 집 냄새 난다"며 웃었.

그날 밤, 손녀가 말했다.
"할머니, 나도 커서 도시락 만드는 사람이 될래."
박순례 씨는 웃으며 대답했다.
"그럼 같이 하자. 우리는, 그냥 밥 만드는 사람이 아니라, 마음을 나누는 사람이거든."

토론_ 기본사회를 세울 때

1. 기본사회와 복지국가의 차이점

   두 모델의 철학적·제도적 차이와 현실적 실행에서의 장단점은 무엇인가?

2. 시민참여형 거버넌스의 한계와 가능성

   시민참여가 실제 정책 설계와 집행에서 어떻게 효과적으로 작동할 수 있는가?

   참여의 불균형과 제도화의 한계를 극복할 방안은 무엇인가?

3. 기본사회에서 시장의 역할 재정립

   시장이 단순한 이윤추구를 넘어 사회적 가치 실현에 기여할 수 있는 구체적 방식은 무엇인가?

4. 기본사회와 사회적경제의 통합 가능성

   사회적경제 조직이 기본사회 실현에서 갖는 역할과 한계, 그리고 정책적 연계 방안은 무엇인가?

5. 지속가능한 기본사회의 실현 조건

   생태적, 경제적, 사회적, 정치적, 문화적 지속가능성을 동시에 달성하기 위한 구체적 정책 전략은 무엇인가?

제3장

—

통합
기본경제와 기본사회, 하나의 구조

기본경제와 기본사회는 각각 경제적 기반과 사회적 관계를 재구성하려는 시도지만, 실질적으로는 하나의 통합된 구조로 기능해야 한다. 이 장에서는 양자를 결합하는 이론적·정책적 모델을 제시한다. 핵심은 '기본'이라는 개념을 중심으로 성장과 분배, 돌봄과 연대가 연결된 새로운 사회계약을 수립하는 것이다. 통합 모델은 경제 – 사회 – 문화 – 제도 전반에 걸쳐 작동하며, 시민이 단순히 수혜자가 아닌 구성원으로 참여하는 구조를 지향한다. 실행 전략으로는 여섯 가지 실천 범주를 통합 패키지로 운영하며, 정책의 연계성과 거버넌스 체계를 갖춘다. 시민 참여와 숙의민주주의는 이 통합 모델의 핵심 기제이며, 사회적 신뢰와 지속가능성을 기반으로 새로운 공동체 국가를 구축하는 것이 목표이다.

'기본' 하나로 엮다

최근 들어 '기본'이라는 개념이 새롭게 주목받고 있다. 여기서 말하는 '기본'은 단순히 최소한의 생존이 아니라, 인간다운 삶과 존엄성을 보장하는 사회적 합의를 뜻한다. 이는 경제의 효율성이나 복지의 확대를 넘어서, 경제와 사회가 함께 작동하는 새로운 틀을 제시한다. 즉, '기본'은 경제적 안정, 사회적 신뢰, 생태적 지속가능성을 동시에 추구하는 공통의 언어가 된다.

'기본'이라는 생각은, 인간의 삶을 지탱하는 조건들이 더 이상 시장 논리에만 맡겨져서는 안 된다는 윤리적 선언이자, 앞으로 우리가 만들어갈 새로운 경제·사회 구조의 설계 원리이다. 이런 생각 위에서 기본경제와 기본사회라는 두 축이 만들어지고, 이 두 축을 연결해 하나의 통합된 구조로 발전시키려는 시도가 이어진다.

사실 경제와 사회가 서로 분리될 때 생기는 문제점은 이미 여러 학자들이 지적해 왔다. 그중에서도 칼 폴라니는 1944년 『거대한 전환』이라는 책에서 자본주의 시장경제가 인간의 삶과 공동체를 어떻게 파괴하는지 비판적으로 분석했다. 폴라니의 핵심 메시지는 "경제는 사회에 매립되어야 한다(The economy is embedded in society)"라는 한 문장으로 요약할 수 있다.

폴라니가 말한 '사회에 매립된 경제'란, 경제활동이 사회적 관계, 제도, 문화, 윤리 등 전체적인 사회 구조 안에서 이뤄져야 한다는 뜻이다. 원래 전통사회에서는 이런 질서가 자연스럽게 유지됐지만, 산업화와 시장 중심의 사회가 되면서 경제가 사회로부터 분리돼 버렸다. 그 결과, 노동이나 토지, 화폐 같은 것들까지도 시장에서 사고파는 '상품'이 되었고, 인간의 생명과 공동체, 자연까지도 거래의 대상으로 전락했다. 폴라니는 이를 '허구적 상품(fictitious commodities)'이라고 부르며, 시장의 무분별한 확장이 결국 사회적 붕괴를 부를 수 있다고 경고했다.

이런 폴라니의 생각은 오늘날에도 여전히 중요한 의미를 가진다. 지금도 시장 논리가 돌봄, 교육, 의료, 주거, 환경 등 삶의 근본적인 영역까지 침투하고 있기 때문이다. 그래서 '기본'을 중심에 둔 기본경제와 기본사회는 폴라니의 사상을 현대적으로 계승하면서, 구체적인 실천 방안을 모색하는 시도라고 할 수 있다. 특히 기본경제와 기본사회가 서로 연결되고 보완하는 구조를 만들어야 한다는 조건에서 그렇다.

〈표 3-1〉 기존 모델(경제·사회 분리)와 '기본' 모델(경제·사회 통합)의 비교

구분	기존 모델(경제·사회 분리)	'기본' 모델(경제·사회 통합)
목표	경제적 효율성, 복지 확대	인간 존엄, 사회적 신뢰, 지속가능성
접근 방식	경제와 사회의 분리적 접근	경제와 사회의 통합적 접근
주체	국가, 시장 중심	국가, 시장, 시민사회, 공동체
실행 원칙	성장 중심, 복지 확대	역량 보장, 사회적 가치 경제화, 협치

물론 이런 통합적 접근에 대한 비판도 있다. 예를 들어, "경제 효율성이 떨어지면 성장 동력이 약해진다"는 실용적 우려가 있고, "사회주의적 접근은 시장 경쟁을 약화시킨다"는 이념적 비판도 있다. 하지만 실제로는 복지와 성장이 함께 가능한 사례(노르웨이의 석유 펀드, 독일의 사회적 시장경제 등)도 존재한다.

닮은 점, 다른 점

오늘날 한국 사회가 겪는 기후 위기, 저출산·고령화, 일자리 불안정, 지역 불균형, 기술 격차 등 복합적인 문제들은 단일 정책만으로 해결하기 어렵다. 이런 복잡한 현실에서 '기본경제'와 '기본사회'는 각각 경제적 안정과 사회적 회복력을 목표로 하는 두 축이지만, 이 둘을 따로따로 다루면 오히려 정책의 단절과 비효율이 생길 수 있다.

기본경제와 기본사회는 그 출발 지점은 다르지만, 목표는 상호보완적이다. 따라서 두 개념을 병렬적 정책으로만 다루기보다, 그 내재적 구조와 기능, 철학적 기반까지 비교하고 통합을 위한 사유를 심화시킬 필요가 있다. 이 둘은 아래와 같이 비교해 볼 수 있다.

- **개념의 기초 비교**: 기본경제는 생존과 지속가능성을 위한 '필수재의 재구성'을 목표로 한다. 이는 전통적 시장경제에서 배제되거나 왜곡된 자원의 재배분, 필수서비스의 공공성 회복, 노동의 의미와 역할에 대한 재정의 등으로 구성된다. 핵심은 '시장'이 아닌 '생활'을 중심에 둔 경제시스템의 재설계이다. 반면, 기본사회는 개인 간 관계와 공동체 구조의 회복을 목표로 한다. 개인이 사회적 존재로서 존

엄을 유지하기 위해 필요한 최소한의 관계망, 즉 돌봄, 참여, 소속, 연대 등을 제도적으로 보장하는 구조를 설계하는 것이 기본사회이다. 이 두 개념은 이론적으로 기본경제가 물질적 조건을 중심으로 하고, 기본사회가 관계적 조건을 중심으로 한다는 차이를 뚜렷하게 드러낸다. 그러면서 기능적으로 서로를 보완하면서도 독립적 논리를 지닌다. 전자는 공급구조 중심, 후자는 관계 구조 중심의 접근이라 할 수 있다.

- **가치 지향과 정책 목표의 차이**: 기본경제는 공공성과 형평성, 경제적 안정성을 중심 가치로 삼는다. 이는 모든 시민이 최소한의 생계를 유지할 수 있는 경제적 기반을 갖추도록 하는 것이며, 사회 전체의 복지와 지속가능성을 염두에 둔다. 정책적으로는 기본소득, 기본자산, 기본금융, 기본서비스 강화, 지역 순환경제 활성, 사회보장체계 구축이 핵심 수단이 된다. 반면, 기본사회는 존엄성과 참여, 사회적 연대와 신뢰 회복을 핵심 가치로 한다. 시민이 사회적 존재로서 타자와의 관계 속에서 정체성을 형성하며, 관계 기반의 안전망 속에서 삶을 영위할 수 있어야 한다. 돌봄공동체, 참여형 거버넌스, 지역 커뮤니티 재생 등이 주요 정책 과제가 된다.
- **기능 비교(구조 대 관계)**: 기본경제는 경제시스템의 구조적 안정성을 중심으로 한다. 주거, 소득, 금융 접근성, 필수재 공급망 등 물적 자원 배분 체계의 조정을 통해 시민의 생활기반을 보장하는 데 목적이 있다. 반면, 기본사회는 사회적 관계의 질을 중심으로 기능한다. 신뢰의 축적, 공동체 네트워크, 참여문화 확산 등 비물질적 요소가 중심이며, 삶의 만족도, 공동체 소속감, 사회적 연결성 같은 지표를 중시한다.

〈표 3-2〉 기본경제와 기본사회의 기능 비교

구분	기본경제	기본사회
핵심 목표	생존 기반 확보, 재분배	공동체 회복, 사회적 신뢰
주요 수단	기본소득, 기본서비스, 기본금융 등	돌봄체계, 참여
거버넌스 정책 기초	공공성과 형평성	연대성과 상호성
기능 중심	구조적 재편과 공급 보장	관계망 회복과 소속감 확보

* 위 표는 기본경제와 기본사회의 기능적 차이를 핵심 비교 항목에 따라 도식화한 것이며, 실제 정책 실행에 있어서는 두 축이 상호 연결되어야 함.

　　기본경제는 이미 여러 국가에서 일정 부분 제도화된 사례가 존재한다. 예컨대 핀란드의 기본소득 실험, 독일의 공공주택, 영국의 NHS(국민건강서비스)는 기본경제의 실현 가능성을 보여준다. 그런데 기본사회는 제도화 자체보다는 문화화, 생활화에 가까운 영역이 많다. 제도화된 정책보다 커뮤니티의 실천과 참여, 사회적 학습이 중심이 되기 때문에 정량적 평가가 어렵고 실행도 상대적으로 장기적이다. 이는 오히려 정책의 지속성과 자생성을 확보하는 데 장점이 되기도 한다.

　　기본경제와 기본사회는 출발점은 다르지만, 결국 '어떻게 사람답게 살 것인가'라는 같은 목표를 향한다. 기본경제는 물질적 안정과 생존 기반을, 기본사회는 인간관계와 공동체 소속을 통한 존엄을 강조한다. 실제로 한 사람의 삶에서는 이 둘이 따로 떨어질 수 없다.

　　앞서 살펴본 바와 같이, 기본경제는 주거, 소득, 금융, 서비스 등 핵심 자원의 접근성과 공공성을 강화함으로써 삶의 기반을 다지는 정책 체계이다. 반면 기본사회는 돌봄, 신뢰, 연대, 참여 등 인간관계의 회복과 공동체의 지속가능성을 추구하는 사회철학에 기반한다. 각각은 기능적으로도, 제도적으로도 차별화된 경로를 가지지만, 그 구현에 있어서는 상호의존적이다. 예를 들어, 기본소득이 지급되어도 공동체가 해체되어 사회적 고립이 심해지면, 단순히 소비 여력만 늘어날 뿐 삶의 질은 오히려 떨어질 수 있다. 반대로, 공동체 유대가 아무리 강해도 생계가 불안정하면 연대가 피로와 불만으로 바뀔 수 있다. 그래서 두 체계는 병렬이 아니라 통합적으로 설계되고 실행되어야 하며, 정책의 연계와 조정이 매우 중요하다.

더 나아가, 이 비교는 오늘날 한국 사회의 정책 기조에도 시사점을 제공한다. 전통적으로 경제정책과 사회정책은 '경제=성장', '사회=분배'로 이분화되어 왔다. 하지만 기후 위기, 인구절벽, 디지털 전환 등 복합위기 시대에는 성장이 곧 분배, 분배가 곧 성장의 기반이 되는 선순환 구조가 필요하다. 그 중심에 기본경제와 기본사회의 통합적 접근이 있어야 한다. 기본경제가 제대로 작동하려면 시민의 수용과 참여, 신뢰가 전제되어야 하고, 이는 기본사회가 만들어주는 문화적·사회적 토대 위에서만 가능하다. 그리고 기본사회가 제대로 기능하려면 안정적인 자원 공급과 제도적 인프라가 필요하고, 이는 기본경제가 제공하는 역할이다.

기본경제와 기본사회는 민주주의를 강화하고 복지를 확장하며, 신뢰회복을 통한 사회통합을 가능하게 하는 두 개의 큰 기둥이다. 경제는 '무엇을' 공급할 것인가를, 사회는 '어떻게' 관계를 맺을 것인가를 묻는다. 이 두 가지 질문에 대한 답은 단일 정책이 아니라, 제도와 거버넌스, 그리고 사회적 가치체계의 전환 속에서만 찾을 수 있다.

이제는 성장률이나 복지지출만이 아니라, 삶의 질과 공동체 회복이라는 다차원적 지표를 중심으로 정책을 설계해야 할 때이다. 기본경제와 기본사회는 이런 전환의 핵심 프레임이자, 지속가능한 미래로 가는 길잡이이다. 그리고 그 길은 '분리'가 아니라 '융합'과 '통합', '단절'이 아니라 '연결'과 '상호작용'을 통해 실현될 수 있다.

특히 현대사회는 다음과 같은 이유로 통합모형을 요구한다.

- **복합위기의 동시성**: 기후 위기, 불평등, 고령화 등은 경제·사회적 대응을 동시에 요구한다.
- **정책의 연계성**: 기본소득만으로는 돌봄의 공백을 메울 수 없고, 공동체만으로는 생계 안정이 불가능하다.
- **사회적 지속가능성**: 민주주의, 공동체, 생태전환이 함께 설계되어야 지속가능한 체제가 성립한다.

연결의 지도

기본경제가 '무엇을, 어떻게 공급할 것인가'에 대한 구조적 해결책이라면, 기본사회는 '누구와, 어떻게 연결될 것인가'에 대한 사회적 조건의 재구성이다. 이 둘을 통합한 모형은 기본경제와 기본사회라는 두 개의 구조를 기능적, 제도적, 문화적으로 통합하여 설계한 시스템을 말한다. 통합모형은 다음의 세 가지 축으로 이루어진다.

- **기능적 통합**: 주요 구성 요소가 서로 영향을 미치며 작동하는 구조.
- **거버넌스 통합**: 중앙정부-지방정부-시민사회의 수직·수평적 협력 시스템.
- **인프라 통합**: 디지털 플랫폼, 지역 네트워크, 데이터 기반 행정이 결합된 행정·사회 기반.

이러한 통합모형은 보편성과 자율성, 경제적 안정성과 사회적 연대를 동시에 확보하는 새로운 사회경제적 패러다임이 된다.
통합모형은 세 가지 주요 특징을 보인다.

- **상호보완적 구조**: 기본소득이 제공하는 물질적 안전망은 공동체 활동의 참여 기반을 강화하고, 기본사회가 제공하는 사회적 신뢰는 경제정책에 대한 시민 수용성을 높인다. 이는 분리된 두 체계가 아닌, 하나의 유기적 생태계로 이해해야 함을 시사한다.
- **생애주기별 조합 가능성**: 통합모형은 연령에 따른 다양한 기본경제형과 기본사회형 정책들의 혼합 조합을 통한 맞춤형 정책 패키지를 설계할 수 있다.
- **지역기반 순환 생태계**: 지역화폐, 지역기반 사회적경제, 커뮤니티케어, 공동주택 모델 등은 중앙집중형 체제를 보완하는 지역 중심의 자생적 모델을 형성한다. 이는 탄소중립과도 연결된다.

구성 요소(범주): 여섯 가지 실천 도구

기본경제는 단지 시장의 실패를 보완하는 정책 묶음이 아니라, 생존이 아닌 '삶의 질'을 중심으로 사회경제적 구조를 재편하려는 전략이다. 이 전략은 여섯 가지 범주, 즉 기본소득, 기본자산, 기본금융, 기본서비스, 사회적경제, 지역화폐를 통해 구현될 수 있다. 이들 범주가 갖는 기본경제적 의의는 다음과 같다. (1) 기본소득: 보편적 소득 재분배를 통해 삶의 안정성과 선택의 자유를 제공한다. (2) 기본자산: 단기적 복지보다는 생애주기 전반의 역량 형성과 참여 기반의 공공성 재정립이라는 측면에서 정책 설계의 핵심 틀이다. (3) 기본금융: 금융 배제 없는 포용적 자산 형성의 도구이다. (4) 기본서비스: 주거, 돌봄, 의료, 교육 등 필수 인프라의 무상 또는 접근 가능을 보장한다. (5) 사회적경제: 공동체 중심의 생산과 소비, 그리고 윤리적 경제를 실천한다. (6) 지역화폐: 자원의 지역 내 순환을 강화하고, 경제의 자율성과 회복력을 높이는 수단이다. 이 요소들은 개별적으로도 의미

있지만, 통합될 때 시너지 효과를 극대화할 수 있다.[1]

여기서 위의 여섯 가지 범주는 기본사회에 대해서도 적용할 수 있다. 단, 기본사회가 '어떻게 살 것인가'에 대한 공통된 윤리적 기준과 집합적 실천의 구조라는 맥락을 반영하면 된다. (1) 기본소득: 공동체 구성원 모두의 존엄성과 참여 권리를 인정하는 제도이다. (2) 기본자산: 개인이나 공동체가 생애 전반에 걸쳐 활용할 수 있는 물적·관계적·시간적 자산의 총체이다. (3) 기본금융: 삶의 기회를 제한하지 않는 자산화의 도구이다. (4) 기본서비스: 필수 생활을 보장하는 사회적 인프라다. (5) 사회적경제: 협력과 연대에 기반한 자율적 사회구조이다. (6) 지역화폐: 공동체 내부의 신뢰와 자원을 순환시키는 메커니즘이다. 이를 종합해서 기본사회는 궁극적으로 신뢰 회복, 생애 안전망 구축, 공동체 재구성을 목표로 한다고 할 수 있다.

이 책에서의 기본경제와 기본사회의 통합은 구체적으로 이 여섯 가지 범주를 각각 그리고 이들의 패키지 구조로 적용한 통합을 말한다.[2]

기본경제와 기본사회가 실제 삶의 복합성과 맞닿기 위해 통합해서 다룬다고 할 때 통합모델 설계의 핵심 원리를 생각해 볼 수 있다. 이는 크게 세 가지 정도로 압축된다. (1) 기능 통합: 여섯 요소가 독립적으로가 아니라 상호작용하도록 설계한다. (2) 실행 통합: 중앙정부-지방정부-시민사회 간 수직·수평적 거버넌스를 구축한다. (3) 인프라 통합: 디지털 통합 플랫폼, 지역복지 네트워크, 데이터 기반 행정 시스템을 통합한다.

기본경제와 기본사회의 통합은 단일 모델이 아니라 확장 가능한 구조로 설계되어야 한다. 각 지역, 계층, 세대별로 삶의 조건이 다르기 때문에 통합모델은 표준화와 동시에 지역성과 다양성을 수용할 수 있는 유연한 확장성이 요구된다. 그런 만큼 확장을 위한 전략이 필요하다. 그 전략에는 다음과 같은 원리가 내재돼야 한다. (1) 단계적 적용: 모든 지역에 일시에 적용하기보다는 시범지역을 통해 확산한다. (2) 적응적 설계: 지역 여건에 따른 정책 조합의 유연성을 확보한다. (3) 시민 주도 구조: 행정 주도가 아닌 시민·공동체 주도의 실천 모델을 구축한다. (4) 기술 기반: 디지털 인프라를 활용한 참여, 평가, 조정 체계를 확보한다.

먼저 단계별 적용은 아래 표와 같이 크게 3단계로 된 로드맵을 통해 실현될 수 있다.

〈표 3-3〉 통합 모델 적용의 단계별 로드맵

단계	내용	주요 과제
1단계(2025~2028)	시범사업, 정책 프레이밍	법률 개정, 지역실험 설계
2단계(2028~2032)	본격적 제도화	중앙-지방 연계, 지표 구축
3단계(2032~2035)	전국 확산, 국제 연계	지속가능성 확보, 글로벌 협력

* 예시: 돌봄 분야에서 '지역 통합돌봄' → '광역권 기반 통합서비스'로 확장

다음으로 적응적 설계는 정책 모듈화 및 생애주기별 통합으로 나타낼 수 있다. 기본소득,[3] 기본자산, 기본금융, 기본서비스, 사회적경제, 지역화폐는 모듈형 정책으로 분류 가능하며, 이를 생애주기별로 구성할 수 있다. 예를 들어, 청년에게는 기본소득+기본금융+기본자산+지역화폐 중심, 노년층에게는 기본서비스+사회적경제 중심 모델이 유효하다. 이러한 통합은 복지국가의 선별주의를 넘어 삶 전체를 조망하는 구조로 진화할 수 있다. 세 번째인 시민 주도 구조는 이원적 구조 속에서도 '보편성과 자율성'의 조화를 이룰 수 있는 제도 설계가 핵심이다. 중앙-지방의 역할 조정, 재정분권, 법제도 개선이 있어야 한다. 특히, 기본소득, 기본자산, 기본금융, 기본서비스는 국가 차원의 재정 기반을 필요로 하며, 지역화폐와 사회적경제는 지방의 자율적 운용이 강점이다. 마지막으로 기술 기반은 제도의 복잡성으

로 인한 실행력 저하 및 시민의 이해 부족에 의한 참여 미진이나 평가 문제들을 극복하게 해준다.

정책으로 옮기다

1. 기본경제의 정책 실행과 효과

기본경제는 이론적으로 아무리 정교하더라도 현실에서 실행되지 않는다면 사회에 미치는 영향력은 제한적일 수밖에 없다. 따라서 기본경제를 구체화하는 정책들은 실제 사례, 제도 설계 방식, 그리고 실증적 효과를 통해 평가되어야 한다. 여기서는 기본소득, 기본자산, 기본금융, 기본서비스, 사회적경제, 지역화폐라는 여섯 가지 핵심 정책(범주)이 어떻게 상호 유기적으로 작동하며, 어떠한 사회적·경제적 성과를 창출하는지를 살펴본다.[4]

1) 기본소득: 소득 기반 보장과 자율성 확장

기본소득은 모든 시민에게 조건 없이 일정 수준의 소득을 지급하는 제도로, 기본경제를 대표하는 상징적 정책이다. 이 제도는 단순한 소득 이전이 아니라 개인의 선택권과 자율성을 확장시키는 역할을 한다. 핀란드는 2017년부터 2018년까지 실업자 2,000명을 대상으로 월 560유로를 지급하는 기본소득 실험을 실시했다. 그 결과, 실험 참가자의 행복도는 약 15% 증가하고, 건강 상태는 개선됐으며, 스트레스가 감소하는 긍정적인 변화를 보였다. 노동시간 측면에서는 전통적 고용은 소폭 감소했지만 자영업이나 교육활동은 오히려 증가해, 기본소득이 노동 의욕을 전반적으로 약화시키지 않음을 보여주었다.[5]

이와 같은 정책은 빈곤층의 생계를 안정시키고, 교육이나 창업 같은 미래 투자 기회를 확대하는 데 기여한다. 또한 선별적 복지에서 발생하는 행정비용을 절감할 수 있다.

2) 기본서비스: 생애권 보장과 사회적 비용 절감

기본서비스는 의료, 교육, 돌봄, 주거 등 삶의 필수 영역을 공공이 책임지는 시스템으로, 시민의 생애권을 보장하는 핵심 정책이다. 영국의 NHS는 무상 의료를 제공함으로써 건강 형평성을 향상시켜 왔으며, 실제로 NHS 도입 이후 기대수명은 1948년 68세에서 2023년에는 81세로 증가했다. 경제적 측면에서도 의료비로 인한 개인 파산이 미국 등 사적 의료 중심 국가 대비 매우 낮은 수준이다.[6]

스웨덴의 보육서비스 또한 대표적인 예로, 국가가 보육을 책임짐으로써 여성의 경제활동 참가율은 84%로 OECD 국가 중 가장 높았고, 출산율 역시 1.9명으로 EU 평균보다 높게 유지되었다.[7] 이는 기본서비스가 사회의 재생산 구조와 경제참여 확대에 중요한 역할을 함을 의미한다.

기본소득과 기본서비스는 결합될 때 세 가지 주요 효과를 가져온다. 첫째, 가계의 고정지출이 줄어들어 소비 구조가 개선되며, 결과적으로 처분가능소득이 증가한다. 둘째, 공공서비스를 통해 시민들은 사회적 신뢰를 회복하게 되고, 공동체 의식과 연대감이 강화된다. 셋째, 돌봄서비스가 확대되면서 특히 여성의 노동시장 참여가 활성화되고, 이는 전체적인 경제성장으로 이어진다.

3) 기본금융과 기본자산: 포용적 자산 형성의 이중 전략[0]

기본경제는 단지 생계 보장을 넘어서, 자산 형성 기회를 확대하는 전략을 포함한다. 이때 핵심이 되는 것이 기본금융과 기본자산 제도이다. 기본금융의 한 사례로서 한국의 청년도약계좌를 들 수 있다. 이는 만 19세 청년에게 최대 1,000만 원을 적립해주는 제도로, 이를 통해 청년층의 창업이나 주거 비용을 지원한다.[9] 이외에 논란의 대상 사례이긴 하나 방글라데시의 그라민은행도 들 수 있다. 방글라데시에 한해서만큼 이 은행은 800만 명 이상의 빈곤층에게 소액 대출을 제공했고, 이는 국가 전체 빈곤율을 낮추는데 크게 기여했다.[10]

한편, 기본자산의 대표적 예로는 영국의 아동신탁기금(Child Trust Fund)이 있다. 이는 만 18세 청년에게 일괄 지급하려는 의도를 지녔으나 실행되지 않고 출생시 최대 800파운드(빈곤 가정은 더 많음)였고, 5세, 11세, 16세 생일에 250파운드씩 추가 적립되는 방식이었다. 이 기금은 18세가 되어서야 인출 가능하다. 평균 인출 금액은 약 2,200파운드(약 360만 원) 수준이며, 일부 계좌는 3,000파운드(약 5백만 원) 이상의 저축금도 보유하였다. 2010년 이후 재정 부담 등의 이유로 이 사업이 중단되었으나, 청년 자산 형성 지원의 효과는 정책분석가들 사이에서 인정받고 있다.[11] 싱가포르의 주택 보조금 정책 또한 신혼부부를 대상으로 한 주거자산 지원을 통해 주택 보유율을 90%까지 끌어올리는 성과를 냈다.[12]

이와 같이 기본금융은 소득 흐름을 보완하고, 기본자산은 자산 형성의 토대를 제공함으로써 세대 간 자산 격차를 완화하는 데 기여한다.

〈표 3-4〉 기본금융과 기본자산의 효과 비교

정책	대상	지원 내용	효과
기본금융	빈곤층·청년	소액대출·적립금	창업률↑, 자산 격차↓
기본자산	청년·신생가구	자본 지원	계층 이동성↑, 주거 안정화↑

4) 사회적경제: 대안적 생산·소비 구조 창출

사회적경제는 시장경제와 공공경제의 중간 영역에서, 이윤보다 사회적 가치를 우선하는 협동조합, 사회적기업 등을 중심으로 구성된다. 이탈리아 볼로냐의 협동조합은 400개가 넘으며, 이들의 지난해 총매출은 약 23조 원 규모로 지역 경제에서 큰 비중을 차지하고 있다.[13] 한국의 사회적기업은 2023년 기준 약 2,800개에 달하며, 약 15만 개의 일자리를 창출했다.[14]

사회적경제는 첫째, 일반 기업보다 비정규직 비율이 약 20% 낮아(전체 임금 근로자 중 비정규직 비율은 약 37~42% 수준: 2023~2024년 통계청 자료) 고용 안정성 측면에서 유리하며, 둘째, 수익의 상당 부분(70% 이상)을 지역 사회에 재투자함으로써 경제적 순환의 질을 높이고 있다. 이는 경제적 자립뿐만 아니라 지역공동체 회복의 중요한 축이 된다.[15]

5) 지역화폐: 공동체 경제 활성화의 촉매제[16]

지역화폐는 특정 지역 내에서만 사용 가능한 통화로, 지역경제의 내적 순환을 강화하고 공동체의 유대를 촉진하는 수단이다. 앞에서 언급한 대전 온통대전 사례에서 보듯이 역내 소비 전환 효과는 16.8%나 되어 내적 순환을 강화하는 것을 알 수 있다. 독일의 '키움가우어'는 환율을 1유로당 1.1키움가우어로 설정하여 지역 내 자금순환을 가속하고, 소비 연결성을 강화하였다(화폐 회전율 약 2.5배로 유로나 파운드의 1~1.5배보다 월등히 빠름).[17]

지역화폐는 첫째, 자금의 역외 유출을 차단하여 지역경제의 자립성과 지속가능성을 강화하며, 둘째, 주민 간 협업과 신뢰 기반의 프로젝트를 활성화함으로써 공동체의 재구성에 기여한다. 예를 들어, 지역 내 재생에너지 시설 설치와 같은 협업 사업이 증가하는 경향이 나타난다.

다음으로 정책 설계(시스템으로서의 기본경제)를 살펴보도록 한다. 기본경제는 단편적인 정책의 집합이 아니라, 상호 연결된 하나의 시스템으로 설계될 때 그 효과가 극대화된다. 예컨대 기본소득은 소비 기반을 형성하고, 기본서비스는 필수재 공급을 통해 가계 부담을 줄인다. 기본금융과 기본자산은 자산 형성의 기회를 보장하며, 지역화폐는 지역 내 경제 순환을 가속화하고, 사회적경제는 이러한 기반 위에서 지속가능한 일자리를 창출한다.

이를 가능하게 하는 거버넌스는 중앙정부, 지방정부, 시민사회 간 역할 분담을 필요로 한다. 이런 거버넌스 체계 하에서 중앙정부는 재원을 조달하고 법제도를 정비하며, 지방정부는 지역화폐와 기본자산 프로그램을 운영한다. 시민사회는 협동조합과 지역화폐 네트워크를 주도적으로 조직하고 운영하면서 정책효과를 증폭시키게 된다.

기본경제의 성공 여부는 다면적 평가를 통해 판단된다. 다면적 평가는 그 방법론과 구체적 지표 개발에서 다양한 접근을 할 수 있다. 여기서는 하나의 예시를 아래 표와 같이 제시해 볼 수 있다.

〈표 3-5〉 기본경제의 평가 지표 및 측정 방법

평가 영역	주요 지표	측정 방법
경제적	소득불평등 지수, 지역화폐 유통량	지니계수, 지자체 데이터
사회적	신뢰도, 공동체 참여율	설문조사, 참여 관측
자산적	청년 자산 보유율	통계청·금융감독원 자료
환경적	지역 친환경 생산품 소비 비중	환경부·상공회의소 데이터

기본경제는 단순한 정책 묶음이 아니라 사회·경제 시스템의 근본적 전환을 의미한다. 기본소득으로 소득 기반을 마련하고, 기본서비스로 필수 재화를 보장하며, 기본금융·자산으로 기회 평등을 실현한다. 지역화폐는 공동체 경제를 활성화하고, 사회적경제는 지속가능한 생산 구조를 구축한

다. 이 정책들이 유기적으로 결합될 때, 민생 안정과 공동체 회복, 지속 가능한 성장이 동시에 실현된다. 평가와 피드백을 통해 지속적으로 진화하는 기본경제는 불평등 해소와 생태 전환의 청사진이 될 수 있다.

2. 기본사회의 정책 실행과 효과

기본사회는 단순한 이론적 구호가 아니라, 실제 정책 실행과 사회적 효과를 통해 구체적으로 실현되어야 하는 질서이다. 아무리 좋은 이론도 실천이 뒷받침되지 않으면 사회에 미치는 영향이 제한적일 수밖에 없다. 최근 한국에서도 기본사회 정책이 점차 현실화되고 있으며, 그 실행과 효과는 다음과 같이 정리할 수 있다.

1) 기본소득: 시민권 기반의 권리로서의 소득

기본사회에서의 기본소득은 단순한 빈곤 대책이나 경제활성화 수단을 넘어, 시민 모두가 인간다운 삶을 영위할 수 있도록 보장하는 권리 기반의 정책이다. 예를 들어 핀란드 기본소득 실험은 기본소득이 단지 생계 지원을 넘어 사회적 심리 안정과 자율성 확장을 촉진함을 보여주었다. 삶의 질 향상과 스트레스 감소, 자발적 활동 증가라는 결과[18]는 시민의 기본적 존엄을 지키는 토대가 되었으며, 이는 기본사회가 지향하는 인간 중심적 질서와 일치한다. 한국에서도 농어촌수당, 아동수당 확대, 민생회복지원금 등 다양한 기본소득형 정책이 도입되고 있다. 이러한 정책은 무엇보다 선별주의 복지의 낙인효과와 행정비용을 줄이는 데 효과적이며, 시민 간 '권리로서의 평등'을 전제로 공동체 구성원 간의 상호 신뢰와 연대를 가능하게 한다.[19] 이는 정책이 단순한 지원을 넘어 사회 질서를 새롭게 구성하는 방식으로 기능해야 함을 시사한다.

2) 기본서비스: 삶의 필수조건을 공동체가 보장

기본서비스는 의료, 교육, 돌봄, 주거 등 생애 전반에 걸친 필수 서비스를 시장 논리가 아닌 공공과 공동체의 책무로 제공하는 체계다. 영국의 NHS와 북유럽의 보육 서비스는 국가가 시민의 건강과 돌봄을 책임지는 대표 사례로,[20] 기본사회에서는 이러한 서비스가 단순히 무상 제공이 아니라 사회적 연대의 표현으로 기능한다.

스웨덴의 보육 정책은 출산율 제고와 여성의 노동시장 진입을 동시에 달성한 사례이며,[21] 이는 기본사회가 추구하는 돌봄과 재생산의 사회화라는 방향성과 일치한다.

이런 기본서비스는 가계 부담을 줄일 뿐 아니라 시민 간 평등한 기회를 보장하고, 사회적 신뢰를 회복하는 핵심 기제로 작동한다.

3) 공동체 기반 돌봄: 관계 회복과 사회 연대의 실천

기본사회는 개인을 돌봄의 객체로 보는 관점에서 벗어나, 시민 간 상호돌봄과 지역 공동체의 참여를 중심으로 하는 돌봄 시스템을 구축한다. 이러한 돌봄은 단순한 복지 서비스 제공을 넘어 공동체 내부의 관계망을 복원하고, 고립과 단절을 해소하는 데 기여한다. 기본사회에서 돌봄은 관계 중심의 사회를 재구성하는 실천적 정책이자, 사회적 자본을 재형성하는 도구로 작용한다.

일본의 지역 커뮤니티 케어 시스템과 한국의 '동단위 커뮤니티 케어' 정책은 국가와 지방정부, 시민이 협력하여 노인·장애인·아이들을 돌보는 구조를 형성하고 있으며, 이는 돌봄의 공공성과 참여성을 동시에 강화하는 모델로 주목된다. 일본의 지역 포괄 케어시스템은 전국적으로 2005년 시작 후 꾸준히 증가하여 2021년 기준 5,280개소의 센터가 운영 중이다. 이에 따라 고령자 돌봄 서비스의 이용과 돌봄 참여가 지속 확대되고 있다.[22] 한국의 '커뮤니티 케어 선도사업'에서는 1년간 재가복귀율이 62%로 상승하고, 병원 재입원율은 18% 감소한 것으로 나타났다.[23]

4) 포용적 교육: 함께 성장하는 공공성 기반 교육

기본사회는 경쟁과 서열 중심의 교육체계를 넘어서, 모든 시민이 함께 성장하고 삶을 주도할 수 있도록 돕는 교육을 지향한다. 핀란드의 자유진학제, 노르웨이의 기초역량 중심 교육은 학습자의 자율성과 협력적 학습 환경을 중시하며, 이는 기본사회가 추구하는 교육의 공공성과 포용성을 구체적으로 실현하는 모델이다. 한국에서는 혁신학교, 마을교육공동체, 평생학습도시 등 시민사회와 지방정부가 함께 만들어가는 참여형 교육 인프라가 형성되고 있으며, 이는 사회 전반의 배움과 성장 기회를 균등하게 확장시킨다. 포용적 교육은 불평등 해소와 사회이동성 회복의 핵심 전략이다.

핀란드의 자유진학제 도입 이후 학생의 학교 만족도는 90% 이상으로 증가했으며, OECD PISA 평가에서 학업 성취도는 상위권을 유지하면서도 학생 간 격차는 가장 낮은 국가 중 하나로 평가받고 있다.[24] 한국의 혁신학교 사례에서는 학생 자치 활동은 학생의 주체성과 민주적 시민성 함양에 기여하는 것으로 알려져 있다.[25]

5) 생활기반 주거: 안정된 삶의 조건으로서의 주거권

기본사회는 주거를 단순한 시장 상품이 아닌 삶의 권리로 바라본다. 싱가포르의 공공주택은 전체 인구의 약 82%가 HDB(Housing & Development Board) 주택에 거주하며, 주택 소유율은 90%에 달한다[26] 이 모델은 중위소득층 이하를 대상으로 한 장기 저금리 대출, 국고 보조금, 결혼·출산과 연계된 주택 우선 공급 등 다양한 방식으로 주거권을 제도화했다.

한국에서도 사회주택, 지역 주거협동조합, 공공임대의 확대 등 비영리 기반 주거 모델이 점차 확산되고 있으며, 이는 도시 양극화를 완화하고, 지역공동체 형성을 촉진하는 방향으로 작동한다. 주거안정은 기본사회 구축의 기초적 조건이며, 시민의 일상적 삶을 보호하는 핵심 인프라다. 한국의 사회주택은 서울시 기준으로 공공지원 민간임대 포함 1만 호 이상이 공급되었으며, 임대료는 시세 대비 평균 70% 수준으로 책정되고 있다.[27]

6) 사회적 자본 회복: 신뢰, 참여, 공동체의 재구성

기본사회는 경제적 구조만이 아니라, 사회적 관계망과 신뢰 구조의 회복을 중시한다. 지역화폐, 공동체 은행, 마을 협동조합 등은 단순한 경제수단이 아니라 시민 간 교류와 협력의 토대를 마련하는 방식이다. 브리스톨 파운드, 키움가우어, 후레아이 키푸 등의 사례는 화폐를 매개로 신뢰와 참여를 회복시킨 정책이다. 한국에서도 사회적경제 조직, 주민참여예산제, 지역재단 등이 시민의 사회적 참여를 제도화하고 있으며, 이는 공동체 내부의 민주주의를 강화하는 효과를 가져온다. 사회적 자본은 기본사회가 지속가능하게 작동할 수 있도록 지탱하는 토대가 된다.

한편 우리나라에서 기본사회 정책이 점차 구체화되고 있는 것을 볼 수 있다. 예를 들어, 더불어민주당은 생애주기별 기본생활보장 체계를 제안하고 있다. 이는 국민의 기본권을 보장하고, 사회 전체의 역량과 혁신을 높이는 성장 전략으로도 평가받는다.

이처럼 기본사회 정책은 소득, 서비스, 돌봄, 교육, 주거, 사회적 자본 등 다양한 영역에서 구체적으로 실행되고 있으며, 시민의 삶의 질과 사회적 신뢰, 공동체 회복에 실질적인 효과를 내고 있다.

한편 기본사회 정책의 성과는 단순한 경제지표만으로는 설명될 수 없다. 시민의 삶의 질, 신뢰 회복, 공동체 회복력, 환경 지속가능성 등 다면적 성과지표가 통합되어야 한다. 이러한 다면적 성과지표의 예를 제시해 볼 수 있다.

〈표 3-6〉 기본사회 성과평가 지표(예시)

평가 영역	지표	측정 방법
삶의 질	주관적 만족도, 건강, 생활안정도	생활조사, 의료기록 분석
공동체	지역참여율, 신뢰도, 협업 사업수	참여 데이터, 설문조사
교육 기회	교육 접근성, 탈락률, 자율학습 시간	학교통계, 교육청 자료
주거 안정성	자가점유율, 주거비용 비중	통계청, 국토부 데이터
돌봄 역량	공공돌봄 이용률, 고립 예방 수치	사회서비스 기관 연계 통계

3. 기본경제와 기본사회 통합모델 정책 실행과 효과

기본경제와 기본사회는 두 체계가 통합될 때, 우리는 불평등 해소와 연대 재구성, 경제성장과 생태 전환, 기회 제공과 관계 회복을 동시에 추구할 수 있게 된다. 단기적으로는 생계 기반 안정과 관계 회복을, 중장기적으로는 분권형 복지국가, 지속가능한 지역경제, 그리고 연대 기반의 민주주의를 실현할 가능성을 기대할 수 있게 된다.

기본경제는 소득, 서비스, 금융, 자산 등의 '삶의 조건'을 재조직하는 정책군이다. 반면, 기본사회는 돌봄, 교육, 주거, 신뢰 등 '삶의 관계'를 재구성하는 정책군이다. 통합모델은 이 두 축을 연결하여 물질적 기반과 사회적 기반을 균형 있게 재편하는 데 목적을 둔다. 이러한 통합 정책은 선별적·보상적 복지의 한계를 넘어, 권리 기반의 보편적 보장, 지역 중심의 협력적 실천, 그리고 지속가능한 사회경제 구조의 형성으로 이어진다.

여기서는 기본경제와 기본사회가 통합모델로 실행되었을 때 실제로 어떠한 경제적 효과와 사회적 성과를 만들어내는지를 살펴본다. 정책영역별 통합모델 구성은 아래 표와 같이 제시할 수 있다.

〈표 3-7〉 정책영역별 통합모델 구성

정책영역	기본경제	기본사회
소득보장	기본소득	시민권 기반 권리소득
공공서비스	기본서비스(의료·교육 등)	공동체 기반 돌봄, 참여형 교육
자산 형성	기본금융, 기본자산	주거권, 사회적 자산 형성
지역경제	지역화폐, 순환경제	지역공동체 신뢰 회복
생산구조	사회적경제	사회적 연대와 협업 기반의 조직

이제 통합모델로 간주할 수 있는 사례들이 실제 존재하는지 살펴본다. 예를 들어 경기도의 기본소득, 해남군 농민수당과 지역화폐, 프랑스의 사회연대경제 모델 등은 통합 정책의 가능성을 보여주는 사례들이다. 이들을 통해 정책의 유효성을 확인할 수 있으며, 시뮬레이션 연구를 통해 통합정책이 소비, 고용, 지역경제 순환, 신뢰 회복에 미치는 영향을 예측할 수 있다.

실제 경기도에서 기본소득을 지역화폐로 지급한 결과, 소상공인 점포로의 구입처 변경과 추가 소비를 유도하여 매출과 고용 증가로 이어졌다는 연구결과가 있다.[28] 이밖에 지역화폐 도입이 지역경제에 미친 영향에서 소비 승수효과와 소상공인 매출 증가, 고용 창출 효과가 있음을 지적하고 있기도 하다.[29] 이러한 실증 연구들은 통합구조의 타당성을 뒷받침하는 중요한 근거가 된다.

〈표 3-8〉 기본경제와 기본사회의 통합모델 사례

항목	내용
해남군 농민수당과 지역화폐 결합	• 등록 농가에 지역화폐로 지급된 농민수당은 소비의 지역 순환률을 높이고, 공동체 소속감을 강화 • 기본소득과 지역화폐, 지역공동체가 연계된 통합모델의 대표 사례
경기도 기본소득과 사회적경제 연계	• 도민에게 지역화폐로 지급된 기본소득이 사회적경제 조직 소비로 이어져 로컬 고용 및 청년참여 확산
유럽의 사회연대경제 모델	• 프랑스 SCIC, 스페인 MONDRAGON 등은 공공-민간-시민의 공동거버넌스를 통해 사회적 가치와 경제를 결합 • 공동체소득, 사회적금융, 지역화폐가 통합된 구조적 생태계를 구축
실증분석 결과	• 기본소득 + 지역화폐 결합 → 소비 지역 순환률 증가 • 기본서비스 병행 → 수혜자의 삶의 만족도·자율성 증가 • 사회적경제 기반 확대 → 고용 창출 및 신뢰 회복에 기여

이밖에 핀란드의 기본소득 실험, 독일 공유경제 커뮤니티, 그리고 캐나다 마니토바의 민세르 실험 등도 통합모델 적용 관점에서 검토해 볼 만한 사례들이다.

기본경제와 기본사회가 결합된 통합모형의 핵심적인 특징은 크게 네 가지로 요약될 수 있다.

첫째, 보편성과 무조건성이다. 이는 개인의 자산, 소득, 고용 상태에 관계없이 일정 수준의 자원이나 서비스를 모든 시민에게 보장하는 원칙이다.

둘째, 지역성과 공동체 기반이다. 통합모형은 지역 단위에서 자율적이고 지속 가능한 삶의 구조를 만들어가는 것을 지향한다.

셋째, 분산적이고 연계된 시스템 구조를 갖는다. 중앙정부와 지방정부, 시민사회가 상호보완적인 역할을 수행하며 다양한 수단들이 결합된다.

넷째, 생산과 소비의 연계성이 강조된다. 이 모형은 시민을 단순한 복지 수혜자나 소비자가 아닌 경제적 주체로 포지셔닝 한다. 독일의 공유경제 커뮤니티에서는 주민들이 자원을 공유하며 새로운 형태의 생산-소비 관계를 형성했다.

통합모형은 단지 제도 개편에 머무르지 않고, 참여자들의 삶의 모습 자체를 근본적으로 변화시켰다. 다양한 사례에서 공통적으로 관찰된 변화는 다음과 같다.

무엇보다도 가장 큰 변화는 삶의 안정성 향상이다. 핀란드 기본소득 실험에 참여한 이들은 이전보다 훨씬 높은 심리적 안정감을 느꼈으며, 취업에 대한 스트레스가 줄어들면서 오히려 구직 활동이 활발해졌다는 평가가 있었다. 캐나다 마니토바의 민세르 실험에서는 기본소득 도입으로 인해 병원 입원율이 감소하고, 건강 지표가 개선되었으며, 학업 중도 탈락률이 낮아지는 등의 긍정적 변화가 나타났다.

또한, 통합모형은 공동체 소속감과 시민 주체성 회복을 촉진했다. 독일의 공유경제 커뮤니티에서는 시민들은 단지 서비스를 이용하는 것이 아니라, 서로 자원을 공유하고 협력하는 관계를 통해 깊은 사회적 연결망을 형성했다.

경제적 참여 확대 역시 중요한 성과 중 하나다. 경기도에서는 복지수당을 지역화폐로 지급함으로써 저소득층의 소비 여력을 높이는 동시에, 지역 상권의 매출 증가를 이끌어냈다. 이처럼 지역 자산이 지역 안에서 순환하도록 설계된 구조는 지속가능한 경제 생태계의 가능성을 제시했다.

마지막으로, 다양한 사례에서 삶의 질 전반이 개선된 정성적 변화가 관찰됐다. 복지 수혜자의 자살률 감소, 가족 간 돌봄 여건 향상, 주거 안정성 증대 등은 기존의 복지제도에서 흔히 간과되었던 '삶의 전반적인 안정성'이라는 요소에 주목하게 만들었다.

물론 통합모형의 실행은 다양한 난제에 직면했다. 가장 근본적인 문제는 재정의 지속가능성이었다. 기본소득이나 무상 서비스 제공은 필연적으로 막대한 재정 지출을 요구하며, 이는 국가나 지방정부의 예산 운용에 부담을 줄 수 있다. 이를 극복하기 위해 핀란드는 초기 실험을 소규모로 한정하고, 효과 분석을 통해 점진적 확대 여부를 판단했다. 반면 스페인의 몬드라곤 모델에서는 내부 금융기관과 수익 재분배 구조를 통해 자립적 재정 순환을 구현함으로써 지속성을 확보하고자 했다.

다음으로는 사회적 합의 부족이 실행을 저해하는 주요 요인이었다. 특히 기본소득 제도는 '공짜 복지'라는 낙인과 함께 강한 정치적 반대를 마주쳤다. 이를 극복하기 위해 여러 나라에서는 시범사업과 공론화를 통해 점진적인 사회적 수용을 시도했다.

제도 간 연계 부족도 문제로 지적됐다. 성남시의 지역화폐 정책 초기에는 복지 시스템과 화폐 지급 시스템 간의 통합이 제대로 이루어지지 않아 혼선을 빚었다. 이에 시는 전용 앱과 플랫폼을 개발해 사용 편의성과 통합성을 개선했고, 결과적으로 복지 전달 체계와 지역경제 순환이 효과적으로 연결될 수 있었다.

기존 시장과의 충돌 문제도 있었다. 특히 몬드라곤과 같은 협동조합은 경쟁 기반의 자본주의 시장 질서와 다른 방식으로 운영되기 때문에, 외부 기업들과의 관계에서 마찰이 불가피했다. 몬드라곤은 이를 회피하기보다는 자립적 생태계를 강화하고 내부 거래망을 정비하는 방식으로 대응했다.

마지막으로, 시민 참여의 불균형 역시 해결 과제가 되었다. 정보 접근성의 차이, 디지털 격차, 이해 부족 등으로 인해 일부 계층은 제도 활용에서 소외되었기 때문이다. 이에 여러 지역에서는 공공 교육 프로그램 확대, 디지털 플랫폼 보완, 공론장 운영 등으로 시민 참여를 보장하는 조치를 취했다.

이러한 사례들을 종합적으로 평가하면, 기본경제와 기본사회의 통합

모형은 단순한 복지제도나 경제정책이 아니라, 삶의 조건을 재설계하는 실험적이고 구조적인 시도라는 점에서 기존의 정책 접근과는 전혀 다른 위상을 갖는다. 특히 시민이 수혜자가 아니라 제도의 설계자이자 실행자가 되는 구조는 민주주의의 심화를 가능하게 하며, 인간 존엄과 자율성을 회복할 수 있는 기반을 제공한다.

또한, 지역 단위에서 자원과 가치가 순환하도록 하는 구조는 지역 순환 경제의 새로운 가능성을 제시한다. 이는 지역화폐, 참여예산, 협동조합, 공유플랫폼 등 다양한 도구들이 연계될 때 가장 큰 효과를 발휘한다. 한국의 지역소멸 위기와 같은 구조적 문제에 대응하기 위해 이러한 모델은 중요한 대안이 될 수 있다.

물론 자본주의 시장 질서와의 접합 문제, 사회적 신뢰 기반 구축의 어려움, 행정체계와 법제도의 미비 등은 여전히 극복해야 할 과제이다. 그러나 소규모 지역에서부터 시작된 다양한 실험들이 점차 제도화되고, 시민 참여가 활성화되면서 하이브리드 모델로의 진화 가능성도 충분히 열려 있다.

무엇보다 중요한 것은, 이러한 통합모형이 단지 정부의 정책만으로 완성될 수 없다는 점이다. 정치적 상상력, 제도적 창의성, 시민의 적극적인 참여, 기술과 플랫폼의 혁신이 결합될 때 비로소 지속가능한 인간 중심 사회로 나아가는 전환이 가능해진다.

이번에는 통합 모형의 효과에 대한 실증 결과를 살펴본다.

- **기본소득과 공동체 참여의 선순환**: 기본소득과 공동체 참여의 선순환이 일어나는 경우도 있다. 기본소득은 단지 생계를 위한 소득 이전이 아니라, 자율성과 선택권을 강화하고, 그 결과 공동체 참여와 사회적 신뢰 회복을 유도하는 효과를 가진다. 핀란드 실험에서는 월 560유로의 기본소득 지급 후, 전통적 고용에는 변화가 거의 없었지

만, 자영업 활동과 학습 참여는 3% 증가했고, 행복도는 15% 상승했다.[30] 동시에 자율적 사회참여는 공동체 기반 정책 참여율의 상승으로 이어졌다.

- **기본서비스와 생애돌봄의 결합**: 기본서비스와 생애돌봄의 결합의 경우도 있다. 기본서비스는 보편적 의료·교육·돌봄을 국가 또는 지방정부가 보장하는 제도로, 영국 NHS는 무상의료를 통해 기대수명을 81세까지 높이고, 의료비로 인한 파산을 90% 감소시켰다.[31] 여기에 일본과 한국에서 실험 중인 커뮤니티 케어 체계가 접목되면, 의료의 공공성과 돌봄의 사회성이 결합된 모델이 된다.
- **지역경제와 공동체 기반 생태계 재편**: 통합모델은 경제활동을 중앙집중형에서 지역내 순환형 구조로 전환시킨다. 지역화폐는 자금의 역외 유출을 방지하고, 동시에 공동체 간 협력 기반을 재건한다. 경기도 지역화폐, 부산 동백전, 대전 온통대전 등의 사례에서 보듯이 자금의 역외유출 방지효과와 지역공동체 협력 기반 조성 효과가 있음을 알수 있다. 일본 후레아이 키푸는 돌봄 참여자들의 사회적 유대감, 자존감, 신뢰 형성에 긍정적인 영향을 준다고 평가된다.[32]
- **교육과 자산의 포용적 전략**: 기본경제에서는 기본자산(영국 아동신탁기금, 싱가포르 주택 보조금 등)을 통해 경제적 기회를 제공하며, 기본사회에서는 포용적 교육시스템을 통해 시민역량과 사회참여 능력을 키운다. 영국은 청년에게 기본자산을 지급하여 창업·교육 참여율을 향상시켰고,[33] 핀란드는 협력형 교육제도를 통해 학업 만족도 90% 이상, 격차 최소 국가로 평가받는다.[34]

통합모델의 효과는 다음 표와 같은 다면적 지표를 통해 평가될 수 있다. 이는 기존의 단일 경제지표 중심 평가의 한계를 넘어선 것이다. 이 평가체계는 OECD, IMF 등 국제기구에서 권고하는 정책평가 프레임워크(효과성, 효율성, 지속가능성, 영향력 등)와도 일치한다.[35]

〈표 3-9〉 통합모델의 정책효과 평가 지표

평가 영역	주요 지표	측정 방법
경제적 기반	소득 불평등, 지역경제 순환율	지니계수, 지역화폐 유통량
사회적 관계	신뢰도, 공동체 참여율	설문조사, 협업 프로젝트 수
삶의 조건	주거안정, 돌봄 접근성, 교육기회	주거비 비율, 공공 돌봄 이용율, 교육통계
생태 지속성	지역소비비율, 탄소 배출량	지역생산소비율

기본경제-기본사회 통합모델은 경제적 안정성과 사회적 연대의 동시 추구를 가능하게 한다. 핀란드, 영국, 독일, 일본, 한국 등 다양한 사례와 실증 연구, 그리고 국제기구(OECD, IMF)의 평가체계와 경제학적 분석 기준이 이 모델의 효과와 타당성을 뒷받침한다. 통합정책은 단순한 복지 제공을 넘어, 사회전환과 지속가능한 성장의 핵심 동력으로 기능할 수 있다.

4. 기본경제-기본사회 통합모델과 주요 사회문제 해결

여기서는 통합모델을 우리나라 주요 사회문제에 적용했을 때, 문제 해결에 얼마나 유용한지를 살펴본다. 주요 사회문제는 보는 사람에 따라 다양하게 제시될 수 있으나 여기서는 크게 여섯 개로 정해 본다. 그것은 (1) 민생회복과 기본구조, (2) 저성장 극복과 통합전략, (3) 불평등 완화와 사회통합, (4) 기후위기 대응과 지속가능성, (5) 수도권 집중과 지역균형발전, (6) 지정학적 위기와 경제안보이다.

1) 민생 회복과 기본구조

기본경제와 기본사회 통합모델은 민생 기반을 다지는 데 핵심 역할을 한다. 특히 기본소득, 기본서비스, 지역화폐, 공동체 돌봄 등은 소득 안정, 생활비 절감, 소비 진작, 관계 회복을 함께 이끌어낸다. 핀란드의 기본소득 실험은 수혜자의 삶의 만족도와 심리적 안정성을 높였고, 가계의 경제적 불확실성을 완화했다는 것을 보여준다. 한국 내 지역화폐 사업(예: 경기지역화폐)은 상권 매출 증가에 긍정적인 효과가 있었다. 특히, 소상공인 점포 수는 2020년 상반기 44만 7,259개에서 2024년 49만 3,413개로 증가했으며, 소상공인의 폐업 및 재기 지원, 경제 활성화에 '1석 2조' 효과를 가져왔다고 평가되고 있다.[36, 37] 또한 2021년 서울시 '돌봄SOS센터'의 이용자 70% 이상이 서비스에 만족하며, "생활의 질이 향상되었다"고 응답한 바 있다.[38]

- **민생 회복과 기본구조 정책 적용 효과**
  - 가계 실질소득 증가 및 고정지출 감소
  - 행정비용 절감 및 접근성 강화
  - 지역 내 소비 순환으로 소상공인 회복 기여

2) 저성장 극복과 통합 전략

한국 경제가 저성장에 붙잡혀있는 것은 내수 침체, 노동시장 이중구조, 저출생 고령화 등 다층적 요인에 기인한다. 통합모델은 기본서비스 확대를 통한 사회적 생산성 향상, 돌봄·보육 분야 여성 노동참여 확대, 사회적경제 기반의 내수 생태계 조성을 통해 구조적 저성장을 타개할 수 있다.

예를 들어, 스웨덴은 보육 및 돌봄 정책을 강화한 결과 여성 고용률 80% 이상을 유지하며 경제활동인구 감소 문제를 극복해왔다.[39] 사회적경제 조직의 확대는 2016년 기준 시민사회 부문이 GDP의 3.1%를 구성한다.[40] 이는 지속 가능한 고용을 유지하는 주요 수단으로 기능하고 있다.

- **저성장 극복 통합 전략 효과**
  - 보육·돌봄 분야 일자리 창출 → 경제활동인구 확장
  - 사회적경제로 인한 생산·소비 순환 구조 강화

3) 불평등 완화와 사회통합

소득과 자산의 불평등, 교육·주거 격차, 사회적 단절은 한국 사회의 주요 위기 현상에 해당한다. 통합모델은 기본소득과 기본자산을 통한 하위계층 기회 제공, 포용적 교육을 통한 교육격차 해소, 공공임대·사회주택 확충을 통한 주거 안정 등을 실현할 수 있다.

영국의 아동신탁기금은 모든 아동이 성인의 삶을 시작할 때 금융자산을 확보하도록 지원하는 제도로, 청년의 자산 보유, 인생 설계, 건강, 고용, 소득, 결혼 안정성 등에 긍정적 영향을 끼쳤다.[41] 싱가포르의 공공주택 정책으로 신혼부부의 주택 소유율을 90%까지 끌어올리는 성과를 거뒀다.[42] 한국의 서울형 혁신교육지구 사례에서는 2016년 기준 전체 학생 참여율이 60.7%이었는데 1단계(2015-2018) 및 2단계(2019-2020) 종합평가 보고서 및 정책 8년 성과보고 등에서 학부모와 마을주민의 참여가 확대되고, 지역사회 거버넌스가 강화된 것으로 나타났다.[43]

- **불평등 완화와 사회통합 기대효과**
  - 청년층 자산 형성 기반 제공
  - 주거 불안 완화로 사회이동성 개선
  - 공공교육 참여 확대로 계층 간 격차 완화
  - 사회적 신뢰와 공동체 의식 재건

4) 기후위기 대응과 지속가능성

기본사회와 기본경제 통합은 단지 인간 중심 질서 구축뿐 아니라 생태 전환의 정책 프레임으로도 기능한다. 지역화폐를 통해 지역 내 소비가 촉진되면 물류 이동량이 감소하고 탄소 배출도 줄어든다. 또한, 사회적경제 기반의 에너지 협동조합은 유럽과 한국에서 재생에너지 수용성을 높이고, 분산형 생산체계 전환을 촉진해왔다. 서울시 등에서 에너지 자립마을 사업이 2012년 7개에서 2018년 100개로 확대되었으며, 에너지 소비 저감 효과가 뚜렷하게 나타났다.[44]

- **기후위기 대응과 지속가능성 정책 효과**
  - 지역소비 중심 → 탄소 배출량 감소
  - 협동조합형 재생에너지 생산 확대
  - 시민참여 기반 탄소중립 거버넌스 실현

5) 지역균형발전

한국 사회의 수도권 집중 문제는 단지 인구 분포나 도시 성장의 차원에 머무르지 않는다. 지역의 산업 기반 약화, 청년 유출, 공동체 해체, 교육·보건 등 필수 서비스의 열악화로 이어진다. 장기적으로 국가 전체의 불균형과 사회적 비용을 증폭시키는 구조적 문제이다. 기본경제와 기본사회 통합모델은 이러한 불균형을 해소하는 데 필수적인 도구가 된다.

기본소득과 지역화폐의 결합은 지역 내 소비를 촉진하고, 공동체 기반의 사회적경제 조직 활성화는 지역 주민의 고용을 창출한다. 기본서비스의 확충은 의료·돌봄·교육 등 필수생활권을 안정적으로 공급할 수 있게 한다. 이와 같은 전략은 지방소멸 위기를 막는 동시에 지역의 지속가능성을 높이는 핵심축이 된다. 예컨대, 경상북도 의성군의 '이웃사촌 청년시범마을' 프로젝트는 청년 유입 및 정착 지원 정책의 좋은 실험 사례에 해당한다. 기본소득 개념을 반영한 주거비·창업비 지원, 사회적기업 참여 확대, 마을단위 돌봄서비스 도입 등은 농촌 청년층의 자립 기반을 강화하고 있다. 2023년 기준, 귀촌 청년의 정착률은 해당 지역 평균 대비 약 1.5배 높은 것으로 나타났다.[45]

또한 전라북도의 '농촌형 기본서비스 센터' 구축사업은 의료·돌봄·교통 서비스를 통합 제공함으로써 고령 인구 비율이 높은 농촌의 생활 접근성을 크게 개선했다. 2022년 기준 30개 시군에서 실시된 이 사업의 만족도 조사 결과, 응답자의 82%가 "서비스 접근성이 좋아졌고, 이사나 도시 이동 의사가 줄어들었다"고 응답했다.[46]

이처럼 기본경제-기본사회 통합모델은 단순한 재정 이전이나 기반시설 확충을 넘어, 지역 내부에서의 사회적 생산과 소비의 선순환 생태계를 복원하고 지속 가능한 인구 구조와 지역공동체 회복을 촉진한다. 핵심은 각 지역이 스스로 자생력과 회복력을 갖출 수 있는 기반을 갖는 데 있으며, 이는 통합모델의 구조적 강점이다.

- 지역균형발전을 위한 통합정책 효과
  - 기본소득 및 지역화폐를 통한 지역 내 소비 유도
  - 기본서비스 확충으로 농촌 및 지방의 생활 인프라 강화
  - 지역기반 사회적경제 활성화 → 청년 정착 유인 및 고용 창출
  - 공동체 기반 복원 → 지방소멸 위기 대응 및 지속가능성 확보

6) 지정학적 위기와 경제안보

글로벌 공급망 교란, 식량·에너지 위기, 기술안보 문제가 심화되는 상황에서 통합모델은 지역기반 자립경제, 사회적 생산조직 활성화, 기본 인프라

의 공공적 재구조화를 통해 탄력성을 제공할 수 있다.

예컨대, 2020년 이후 유럽에서는 커뮤니티 농업(CSA)과 지역순환 농식품 체계가 공급망 교란 속에서도 안정적으로 식량을 공급해 지역 식량안보의 핵심 수단으로 자리잡고 있다.[47] 한국도 '로컬푸드 직매장' 확산을 통해 2022년 기준 2천억 원 이상의 매출을 올렸으며,[48] 이는 수입 농산물 의존도를 낮추고 지역농민의 소득을 안정시키는 효과를 가져왔다.

- 경제안보 관점의 통합효과
  - 식량·에너지 자립률 향상
  - 전략 산업의 지역기반 생산 확대
  - 커뮤니티 기반의 공급망 복원력 강화

기본경제와 기본사회 통합모델은 경제·사회·생태·안보적 위기를 통합적으로 대응할 수 있는 정책 생태계이다. 실증사례와 시뮬레이션 결과는 아직 제한적이나, 해외 사례와 국내 실험적 도입 결과는 그 효과 가능성을 강하게 시사한다. 향후에는 이 통합모델을 기반으로 한 정량적 평가모형 개발과 지역 단위 실험 확대가 더욱 중요해질 것이다.

새로운 사회계약

21세기 한국 사회는 민주주의의 피로, 경제적 불안, 공동체 해체, 기후위기 등 복합적인 도전에 직면해 있다. 이런 위기는 단순한 경제정책이나 복지 확대로는 해결이 어렵고, 사회 구성원 모두의 책임과 권리, 참여와 분배, 연대와 자율의 관계를 새롭게 설정하는 '사회계약의 재구성'을 요구한다. 기본경제와 기본사회가 지향하는 핵심도 바로 이 새로운 사회계약의 틀을 마련하는 데 있다. 따라서 여기서는 기본 패러다임을 바탕으로 한 사회계약의 의미를 탐색하고, 그 제도화 및 참여 기반 거버넌스 전략을 살펴보고자 한다.

과거의 사회계약은 국가와 개인 사이의 일방적인 관계, 즉 국가는 복지와 공공재를 제공하고 국민은 세금과 복종으로 응답하는 수직적 구조에 머물렀다. 그러나 디지털 시대, 지역 기반 사회, 정보의 탈중앙화가 진행된 오늘날에는 이런 단순한 구조로는 현실의 복잡성을 담아내기 어렵다.

기본소득은 단순한 소득 이전이 아니라, 구성원 전체가 최소한의 존엄을 공유하는 새로운 권리계약이다. 기본서비스는 필수재의 공공성을 확대함으로써 사회 구성원이 동등하게 출발선에 설 수 있는 조건을 만든다. 기본자산은 모든 사람이 평생에 걸쳐 안정적인 삶의 기반을 마련할 수 있도록 자산 형성의 기회를 보장하는 제도적 장치이다. 기본금융은 금융 접근성의 불평등을 해소하여 개인이 주체적으로 삶을 계획할 수 있도록 한다. 사회적경제는 이익을 넘어서 공동의 가치를 창출하고, 지역화폐는 지역 내 경제순환을 촉진하여 지역경제의 자생력을 강화하고 공동체의 결속을 높인다. 이처럼 기본경제와 기본사회는 국민의 삶을 국가가 구조적으로 책임지는 새로운 사회모델을 제시하며, 국가의 역할, 시장의 기능, 복지의 범위를 전면적으로 재설계하는 사회구조 개편 프로젝트이다.[49]

새로운 사회계약은 국가와 국민만이 아니라 다양한 주체들이 참여하는 다층적인 구조를 필요로 한다. 먼저 국가는 전체적인 제도 설계를 담당하고, 기본 인프라와 재정을 지원함으로써 중심축 역할을 수행한다. 지방정부는 시민들과 가장 가까운 행정 주체로서 지역 기반에서 정책을 실제로 실행하는 핵심 단위가 된다. 공동체는 구성원 간의 신뢰를 바탕으로 실천적 행동이 이루어지는 플랫폼이며, 단순한 관찰자가 아니라 변화의 실천자이기도 하다. 시민은 이제 더 이상 수동적인 수혜자가 아니라, 제도 설계 과정에 직접 참여하고 결과를 평가하는 공동 설계자이자 평가자의 지위를 지닌다. 마지막으로 민간기업과 사회적경제 조직은 공공성과 혁신을 동시에 추구하는 실천 주체로, 서비스 제공과 제도 실행의 중요한 동반자가 된다. 이처럼 각 주체가 적극적으로 참여함으로써, 권한이 분산될 뿐 아니라 사회계약의 정당성과 실효성이 높아진다.

- **사회계약 주체들의 구조 및 역할**
  - 국가: 기본 인프라와 재정 지원, 제도 설계의 중심
  - 지방정부: 지역 기반 실행의 중심, 시민에 가장 가까운 단위
  - 공동체: 신뢰와 실천의 플랫폼
  - 시민: 제도의 수혜자가 아니라 공동 설계자이자 평가자
  - 민간기업 및 사회적경제 조직: 서비스 공급 및 혁신의 실천자

기본경제와 기본사회가 추구하는 새로운 사회계약이 실질적으로 작동하기 위해서는 이를 뒷받침할 견고한 법적·제도적 기반이 필수적이다. 이를 위해서는 우선, 모든 국민에게 조건 없이 지급되는 소득을 법적으로 보장하는 기본소득법의 제정이 필요하다. 이와 함께 자산 형성과 금융 접근의 기회를 평등하게 보장하기 위한 기본자산법과 기본금융법이 마련되어야 한다. 공공성이 강조되는 보편적 서비스를 제도화하려면 보건, 교육, 돌봄 등 필수 공공서비스의 범위와 질, 접근성을 명확히 규정한 기본서비스법도 요구된다. 사회적 가치를 추구하는 조직과 기업의 법적 지위를 명확히 하고 지원 체계를 정립하기 위한 사회적경제기본법 역시 필요하다. 더불어, 금융 포용성을 높이고 지역경제를 순환시키기 위해 공공금융법과 지역화폐법의 제정도 중요하다.

이러한 여러 법과 제도를 아우르기 위해, 각각의 요소를 종합적으로 설계하고 조정할 수 있는 상위 체계로서 기본경제기본법, 기본사회기본법 또는 기본경제·사회통합조정법의 제정이 요구된다. 이 법들은 단지 개별 정책의 근거가 아니라, 사회 운영의 철학과 기본 원리를 제도적으로 구현하는 틀이 되어야 한다.

■ 제도화 전략
- 기본소득법 제정: 보편성과 무조건성을 담보하는 법률
- 기본자산·금융법: 자산 형성과 금융 접근성을 동등하게 누릴 수 있도록 보장
- 기본서비스법: 보편적 공공서비스의 범위, 질, 접근성 보장
- 사회적경제기본법: 사회적 목적을 추구하는 조직과 기업의 법적 지위 명확화
- 공공금융법 및 지역화폐법: 금융 포용성과 지역 순환경제 강화 기반 마련
- 기본경제기본법, 기본사회기본법 또는 기본경제·사회통합조정법 제정: 위의 모든 요소를 조화롭게 설계하고 조정하는 상위 법체계

새로운 사회계약의 핵심은 시민참여를 기반으로 한 거버넌스 구조를 제도 설계와 실행의 전 과정에 통합하는 것이다. 이를 위해 중앙에 대통령 직속 '기본경제·사회위원회'를 구성하고, 이어서 지역마다 '지역 기본경제·사회위원회'를 구성하여 주민, 행정 담당자, 전문가, 그리고 사회적경제 주체들이 협치하는 구조를 마련해야 한다. 시민들은 단순히 정책의 수혜자 역할을 넘어, '기본경제와 기본사회'의 통합 운영을 평가하는 시민평가단의 일원으로 참여함으로써 정책의 방향성과 질을 함께 결정하는 주체가 되어야 한다. 또한 예산 편성, 서비스 모니터링, 정책 제안 등 민주적 참여를 실현할 수 있도록 디지털 기반의 온라인 거버넌스 플랫폼을 도입하고 활성화해야 한다.

- **거버넌스 전략**
  - 중앙·지역 기본경제·사회 위원회 설립: 주민, 행정, 전문가, 사회적경제 주체가 참여하는 협치 구조
  - 기본경제·기본사회 시민평가단 운영: 수혜자이자 평가자로서 시민의 역할 부여
  - 디지털 기반 거버넌스 플랫폼: 예산참여, 서비스 모니터링, 정책 제안 등을 위한 온라인 기반 마련
  - 지역화폐 운영과 커뮤니티 기금: 주민이 직접 설계하고 집행하는 소규모 재정 운영 모델 도입

지역화폐의 운영과 커뮤니티 기금의 조성 또한 중요한 전략이다. 이는 주민들이 직접 소규모 재정을 설계하고 집행함으로써 지역 내 경제와 공동체 활동을 주도적으로 이끌 수 있는 기반이 된다. 이러한 참여형 전략은 시민의 신뢰 회복뿐 아니라 제도의 실행력 강화와 사회적 학습 확대에도 기여한다.

사회계약은 단지 법과 제도로만 작동하지 않는다. 그것이 제대로 작동하기 위해서는 신뢰와 책임이라는 문화적 토대가 필요하다. 이를 위해 지역과 사회 곳곳에 다양한 공론장을 열고, 시민들이 함께 논의하고 숙의하는 기회를 제공하는 사회교육이 활성화되어야 한다. 학교 교육에서는 단순한 지식 전달을 넘어 책임 있는 시민을 형성하기 위한 교양 교육이 강화되어야 한다. 이는 민주주의의 지속가능성을 뒷받침하는 기반이 된다. 또한 공익 미디어와 지역 언론은 사회적 신뢰를 구축하는 중요한 매개체로 기능하며, 시민과 제도 사이의 간극을 좁히는 역할을 하여야 한다. 나아가, 돌봄과 협동, 상호지원의 가치를 중심으로 한 연대와 자조의 문화가 일상생활 속에서 복원되어야 한다. 이런 문화적 실천은 사회계약이 단기적 제도 설계가 아니라, 삶의 방식과 공동체 문화를 포괄적으로 재편하는 노력임을 보여줄 것이다.

- **사회계약의 문화적 기반**
  - 공론장 운영과 사회교육: 시민 토론, 생활 속 민주주의
  - 학교 교육과 시민 교양: 책임 있는 시민 형성
  - 공익 미디어 및 지역 언론: 신뢰 형성 매개체
  - 연대와 자조의 문화 복원: 돌봄, 협동, 상호지원의 삶의 방식

가능한 통합사회

오늘날 한국 사회는 한 번도 경험하지 못한 복합적인 위기 속에 놓여 있다. 경제적 불평등, 고용 불안, 환경 문제, 인구 감소와 고령화, 그리고 지역 소멸 같은 구조적 문제들이 동시에 일어나고 있다. 이런 문제들은 기존처럼 각각 따로따로 정책을 내놓는 방식으로는 해결이 어렵다. 이런 상황에서 '기본'이라는 개념이 새롭게 주목받고 있다. '기본'은 삶의 토대를 다시 묻고, 사회적 계약을 새롭게 만들며, 경제와 사회 구조를 전환하기 위한 새로운 공통 언어가 되고 있다.

'기본경제'는 소득, 서비스, 금융, 노동 등 인간이 살아가는 데 꼭 필요한 기반을 누구에게나 조건 없이 보장하는 것을 목표로 한다. 이를 통해 경제적 안정뿐 아니라, 개인의 자율성과 사회적 연대가 가능해진다. 반면 '기본사회'는 신뢰, 참여, 공동체, 돌봄처럼 비물질적이고 관계 중심의 가치를 중시한다. 사회적 자본을 회복하고, 민주적 거버넌스를 실현하는 틀로 작동한다. 이 두 가지는 서로를 보완한다. 즉, 기본경제와 기본사회가 통합될 때 비로소 한 사람의 삶을 전방위적으로 지탱할 수 있는 튼튼한 구조가 만들어진다.

이 통합모델이 제대로 작동하려면 몇 가지 중요한 조건이 필요하다.

- **서로 연결된 생태계로 설계하기**: 기본경제와 기본사회는 각각 따로 움직이는 정책이 아니라, 서로 연결된 하나의 생태계처럼 설계되어야 한다. 예를 들어, 기본소득이 단순한 재정 지원에 그치지 않고, 지역 공동체 활동과 자연스럽게 연결되어야 하며, 기본서비스도 시민의 참여와 의견이 반영되는 방식으로 설계되어야 한다.
- **시민 중심의 참여형 거버넌스**: 정책 실행 방식이 기술이나 관료 중심이 아니라, 시민이 주도적으로 참여하는 구조로 바뀌어야 한다. '기본'은 국가가 일방적으로 제공하는 것이 아니라, 시민이 함께 만들고 운영하는 것이 되어야 하며, 그 과정 자체가 민주주의를 배우는 학교가 되어야 한다.
- **법과 제도의 통합 조정**: 기본경제기본법이나 기본사회기본법처럼, 기존의 여러 제도를 하나로 묶어주는 상위 법체계가 필요하다. 그래야만 정책의 통합성과 지속가능성을 확보할 수 있다.

이런 통합 구조는 단순히 여러 정책을 모아놓은 것이 아니다. 과거의 사회계약이 '복지와 복종'이라는 일방적인 교환에 머물렀다면, 이제는 '존엄과 참여', '기본과 연대'가 사회계약의 핵심 원리가 되어야 한다. 기본경제는 누구도 소외되지 않는 물질적 토대를 제공하고, 기본사회는 함께 살아가는 방식을 새롭게 만든다. 이 두 가지가 결합될 때, 우리는 단순한 복지를 넘어서 '연결된 사회(connected society)'라는 새로운 질서로 나아갈 수 있다.

결국, 기본경제와 기본사회의 통합은 단순한 정책의 혁신이 아니라, 사회 전체의 구조와 문화를 바꾸는 대전환이다. 이 변화는 기술이나 제도만으로는 완성되지 않는다. 시민의 적극적인 참여, 공공의 상상력, 지역공동체의 자율성, 그리고 서로에 대한 신뢰가 함께 어우러질 때만 가능해진다.

'기본'은 우리 모두를 똑같이 만드는 것이 아니라, 각기 다른 조건 속에서도 함께 살아갈 수 있도록 연결해주는 다리이다. 우리는 그 다리를 함께 설계하고, 함께 건너가야 한다. 이것이 바로 기본경제와 기본사회가 통합된 사회가 가능한 길이다.

"오래된 약속"

"다음 달까지만 기다려 주세요"

서울 은평구 구산동. 지하철역에서 한참 떨어진 골목길 끝, 철문이 녹슨 2층짜리 빌라에서 68세 김영숙은 혼자 살고 있었다. 다리가 아파 돌봄이 필요했지만, 국가에서 받는 기초생활보장금으로는 방문요양 서비스조차 엄두가 나지 않았다. 딸은 10년 전 미국으로 시집가 연락이 끊겼고, 아들은 코로나 때 다니던 공장에서 해고된 뒤 연락이 두절되었다.

전기료가 밀려 단전 위기를 맞은 날, 영숙은 동주민센터를 찾아가 이렇게 말했다.

"다음 달까지만 기다려 주세요. 제가 다리만 좀 나으면… 요양보호사 알바라도 알아볼게요…."

담당 공무원은 아무 말 없이 조용히 커피 한 잔을 내밀었다. 그리고 봉투 하나를 건넸다. '지역기본통합지원 서비스 안내서'였다.

통합모델이 찾아온 날

그날 이후, 놀라운 일이 벌어졌다. 영숙이 받은 첫 도움은 '돌봄지역통합지원난'의 긴급 돌봄이었다. 사원봉사사들과 지역 커뮤니티 간호사가 일주일에 세 번 집을 찾았다. 단순한 간호가 아니라, 말벗

이 되어 주고 필요한 물품도 함께 구입해주는 돌봄 기반 생활지원이었다.

"돈도 없는데 이런 서비스를 어떻게…"라는 그녀의 말에, 간호사는 이렇게 답했다.

"이건 기본사회가 주는 권리에요. 선생님은 받으셔야 해요. 이게 국가와 지역이 함께 맺은 새로운 약속이에요."

영숙은 몰랐다. 그녀의 동네가 '기본경제-기본사회 통합모델'의 시범지역으로 선정되었다는 걸. 그 모델은 지역화폐, 기본소득, 기본금융, 커뮤니티 돌봄, 사회적경제 기업이 하나의 통합 구조로 작동하며, 행정과 민간이 함께 운영하는 새로운 시스템이었다.

통장 대신 희망이 쥐어지다

다음 주, 그녀는 '구산지역화폐'로 전기료를 내고, 동네 반찬가게에서 따뜻한 국 한 그릇을 사 먹을 수 있었다. 반찬가게는 구산협동조합이 운영하는 '사회적경제형 가게'로, 기본경제 생태계 안에서 지원받고 있었다.

구산지역화폐는 단순한 쿠폰이 아니었다. 이 화폐를 쓰면 지역 내 상점과 사람들 간 순환이 일어나고, 공동체가 유지되며, 가게들도 일정 매출 이상을 벌면 협동조합 수익으로 돌려주는 방식이었다. 영숙은 "지금 내 돈이 누군가를 살릴 수 있다"는 기분을 처음 느꼈다.

그리고 그다음 달, 작은 봉투가 우편함에 도착했다. 월 30만 원의 '기본소득'이었다. 조건은 없었다. '삶을 지속할 수 있도록 모두가 함께 만든 약속'이라는 안내 문구만 적혀 있었다.

그날, 그녀는 웃었다

일요일 오후, 구산커뮤니티센터에서는 '기본의 날'이라는 이름으로 마을잔치가 열렸다. 사회적기업에서 만든 국수, 지역 초등학생들이 참여한 벼룩시장, 그리고 기본경제 이야기를 공유하는 마을토크쇼.

영숙은 평생 처음으로 마을 사람들 앞에서 무대에 올랐다. 떨리는 목소리로 말했다.

"사실 전, 그냥 조용히 죽고 싶었어요. 폐 끼치기 싫어서요. 근데 돌봄을 받으면서, 그게 나 혼자 짊어질 짐이 아니라는 걸 알게 됐어요. 이 사회가 나를 잊지 않았다는 걸 느꼈고, 무언가 나도 다시 해볼 수 있겠단 생각이…."

울컥하며 말을 잇지 못하자, 관중석에서 중학생 한 명이 종이 비행기를 날렸다. "할머니, 고맙습니다. 우리 반에서 지역화폐로 인터뷰했을 때, 할머니 이야기 들었어요. 저희 부모님도 힘들지만, 저도 할머니처럼 어른이 되면 이렇게 살고 싶어요."

그날, 그녀는 웃었다. 아주 오래간만이었다.

"나도 누군가의 기본이 되고 싶어요"

두 달 후, 그녀는 동네에서 '돌봄동행단'에 등록했다. 외부 활동이 어렵기에 전화 돌봄만 가능했지만, 하루 세 번, 혼자 사는 어르신들에게 안부 전화를 돌렸다. 그러자 동네 주민들이 그녀를 '이웃센터 1호 상담가'라고 불렀다.

구산마을은 그 후 '기본통합도시 시범지구'로 전국에 소개되었다. 단순한 정책 실행이 아니라, 사회의 각 층위에서 연결된 '기본의 약속'이 살아있는 실험이었다.

이 모델은 단순한 돌봄, 복지의 확대가 아니었다. '기본경제의 자립 구조'와 '기본사회의 관계망'이 결합돼, 누군가를 살리고, 다시 그 사람이 사회의 구성원이자 돌봄자가 되어주는 선순환이었다.

그녀는 마지막으로 이렇게 말했다.

"예전엔 내가 그냥 잉여인간이라 생각했어요. 근데 지금은 나도 누군가의 '기본'이 된 것 같아요. 살아 있어서 고마워요. 우리가 서로의 기본이 되어주니까요."

"여기, 우리 삶을 바꾸는 사람들이 있어요"

봄이 깊어지던 4월 어느 날, 구산마을에는 또 한 번의 변화가 찾아왔다. '기본생활 실천학교'가 지역 커뮤니티센터에 개설된 것이다. 이 프로그램은 주민 누구나 신청할 수 있었고, 내용은 다양했다. '기본금융 이해하기', '지역화폐로 가계부 쓰기', '마을 돌봄 활동가 입문 과정' 등, 이 모든 교육은 기본소득의 일부로 자동 신청이 가능했다.

영숙은 조심스레 '전화상담의 기술' 과목을 신청했다. 생각보다 많은 어르신들이 참여하고 있었다. 어떤 이는 퇴직 후 허무함에 괴로워하다가 이 수업을 통해 제2의 인생을 시작했고, 어떤 이는 남편과 사별한 뒤 처음으로 사회에 나와 이야기를 나누는 기회를 얻었다고 했다.

그중에는 30대 초반의 청년, 정우진도 있었다. 그는 비정규직 계약직을 전전하다가 구산마을의 '사회적주택-공유형 주거지'에 입주하게 된 청년이었다. "누군가와 함께 밥을 먹고, 누군가를 걱정하게 되는 삶을 처음 살아봐요"라던 그의 말에 영숙은 왠지 모를 뭉클함을 느꼈다.

　세대도, 삶의 궤적도 다른 사람들이 '기본'이라는 하나의 약속 아래에서 서로를 이어가고 있었다.

　"이게 말로만 듣던 사회적 연대인 거지?"

　그녀는 작은 웃음과 함께 혼잣말을 흘렸다.

기본의 힘은 관계에서부터

시간이 흐르면서 영숙은 점점 자신을 '누군가의 일원'으로 느끼기 시작했다. 반찬가게 이모는 이젠 그녀가 들어오면 자동으로 "된장찌개 두부 많이"라고 외쳤고, 구산서점의 사장은 영숙의 전화로 받은 '기초 글쓰기 프로그램 문의'를 기억하고 직접 홍보지를 집까지 가져다주었다.

　무엇보다 놀라운 건, 그녀가 도움을 받는 입장에서 누군가에게 도움을 주는 사람으로 변화하고 있다는 사실이었다. 돌봄전화단 활동이 어느덧 2개월째를 맞으며, 영숙은 '할머니'에서 '상담 선생님'이 되어가고 있었다.

　하루는 혼자 사는 시각장애 어르신에게 전화를 걸었다. 무뚝뚝한 말투의 어르신은 처음엔 경계했지만, 몇 번의 대화 끝에 이렇게 말했다.

　"나, 요즘 이 시간만 기다려. 아무도 내 안부를 물어주는 사람이 없거든."

　그 말을 들은 날, 영숙은 베란다 의자에 앉아 아주 오래 울었다.

　그리고 마음속으로 생각했다.

　'내가 받은 것들을, 천천히, 다시 돌려줄 수 있으면 좋겠다. 누가

나를 살려줬으니까, 이젠 내가 누군가를 붙잡아야지.'

구산마을에서 대한민국으로

6개월이 지난 후, 구산마을은 전국적인 관심을 받는 지역으로 떠올랐다. 각종 언론과 연구기관, 시민단체들이 찾아와 기본경제-기본사회 통합모델의 작동 원리를 취재하고 배워가기 시작했다.

서울시는 이 모델을 '서울형 기본도시' 전략의 핵심으로 채택했고, 몇몇 지자체에서는 구산마을 주민들을 '정책 자문단'으로 초청해 의견을 구하기도 했다. 그 자리에서 영숙은 용기를 내어 말했다.

"이건 단지 예산의 문제가 아니에요. 사람을 보느냐 마느냐, 사회가 우리를 끝까지 품을 마음이 있느냐의 문제예요."

그녀의 말은 정책보고서 첫 장에 인용되었다.

"기본이란, 가장 먼저 지켜야 할 것이자, 가장 나중까지 지켜져야 할 것이다."

'오래된 약속'을 다시 꺼내며

구산마을 주민들은 이제 서로를 이름보다 '기본친구', '함께사는 사람들'이라고 부르기 시작했다. 이 말은 단순한 수사가 아니라, 관계의 방식이었다. 경쟁이 아니라 연대, 속도가 아니라 지속, 자격이 아니라 권리로 묶인 공동체.

어느 날, 마을회관 앞 벽면에 커다란 문구가 붙었다.

"우리는 서로의 기본이 되어준다. 이것은 오래된 약속이다."

영숙은 그 문구를 바라보며 생각했다.

그 오래된 약속은 사실 아주 새로운 사회를 만드는 길이었다. 죽음을 기다리던 삶에서, 누군가의 하루를 응원하는 삶으로. 혼자였던 사람이, 함께 살아가는 마을의 이름이 되어가는 변화. 그 변화의 시작은 거창한 혁명도, 엄청난 예산도 아니었다. 단지 한 사람에게, "기다리지 마세요. 이건 당신의 권리예요"라고 말해주는 것에서 시작되었다.

토론_ 함께 가는 기본경제와 기본사회

1. 기본경제와 기본사회 통합의 필요성에 대한 평가

   두 체계가 별도로 존재할 수 없는 이유는 무엇이며, 어떤 문제를 통합이 해결하는가?

2. 통합 모델에서 거버넌스의 바람직한 형태

   중앙정부, 지방정부, 시민사회가 어떻게 협력할 수 있으며, 권한과 책임은 어떻게 배분해야 하는가?

3. 6대 범주의 통합 설계가 현실에서 충돌할 가능성

   기본소득과 사회적경제가 자원 배분 면에서 경쟁할 경우, 어떻게 조율할 것인가?

4. 국내외 통합사례의 교훈과 적용 가능성

   경기도 청년기본소득이나 프랑스 사회연대경제 사례는 한국 사회 전체에 어떤 방식으로 확산 가능한가?

5. '기본' 중심 사회계약의 윤리적·철학적 기반

   '기본'이라는 개념이 사회적 합의가 될 수 있는 정당성과 설득력을 갖추려면 어떤 기준이 필요한가?

제4장

―

실천
기본경제와 기본사회의 구체적 실현

이 장은 앞선 이론들을 현실에서 어떻게 구현할 것인지 구체적인 전략을 제시한다. 여섯 가지 실천 범주(기본소득, 기본자산, 기본금융, 기본서비스, 사회적경제, 지역화폐)를 중심으로 총괄전략 및 개별 전략이 제안된다. 주요 전략사업으로는 청년기본자산제, 국민기본대출, 통합돌봄 네트워크, 지역순환 특구 조성 등이 있으며, 이를 통해 자립 기반과 공동체 신뢰를 강화하고자 한다. 이 모든 전략은 '통합경제 특구'와 같은 거버넌스 플랫폼에서 종합적으로 연계되어 실천된다. 궁극적으로는 모든 사람이 '기본'을 누릴 수 있는 사회, 즉 기본경제·기본사회가 유기적으로 작동하는 구조를 통해 진정한 성장과 분배, 연대의 사회를 실현하려는 구체적 청사진을 담고 있다.

●

"기본"은 단순한 이론이나 멋진 구호에 머물러서는 안 된다. 기본경제와 기본사회가 진짜 힘을 가지려면, 우리의 실제 삶을 어떻게 바꿀 수 있는지 구체적으로 보여줘야 한다. 앞에서 살펴본 것처럼, 기본경제는 모두에게 최소한의 삶의 기반을 보장하는 구조이고, 기본사회는 신뢰와 연대를 회복하는 공동체적 질서를 지향한다. 하지만 이런 구조도 실제로 사회 각 분야에서 실천 전략으로 구체화될 때 비로소 진정한 의미를 가진다.

이 장에서는 기본경제와 기본사회를 실제로 어떻게 실현할 수 있는지 살펴본다. 구체적으로, 기본경제와 기본사회의 통합모델은 여섯 가지 범주를 중심으로 실현된다. 그 실현 전략이 무엇인지 살펴볼 것이다.

삶을 바꾸는 소득: 기본소득

1. 기본인식

기본소득은 한편으로는 경제의 효율성과 회복력 제고를 위한 소득 기반 확대 수단으로, 또 다른 한편으로는 사회 구성원 모두에게 조건 없이 삶의 기초를 보장하는 사회적 권리 실현 도구로 해석된다. 이는 곧 기본소득이 기본경제적 의미와 기본사회적 의미 모두를 내포한다는 것을 의미한다.

기본경제는 인간의 삶에 필수적인 재화와 서비스의 안정적 생산과 공급을 중시하는 경제 질서이다. 이 관점에서 기본소득은 경제시스템 내 구조적 불균형을 완충하고, 총수요를 안정적으로 유지할 수 있는 장치로 이해된다.[1] 예컨대 경기 침체기에는 소비여력을 유지해 내수 기반을 떠받치는 역할을 하며, 노동소득의 불균형을 일정 부분 완화해 분배구조의 왜곡을 줄인다. 또한 기본소득은 시장 참여를 보장하는 수단으로 간주된다. 경제활동의 유무와 무관하게 모든 개인에게 일정 소득을 보장함으로써, 기초소비와 자발적 노동의 유인을 동시에 창출한다. 이는 전통적 복지와 달리 근로 의욕을 저해하지 않는다는 점에서 차별성이 있다. 특히 자동화와 인공지능 발전으로 일자리 구조가 급변하는 상황에서, 노동 외 소득의 비중을 높이는 전략으로 기본소득이 기본경제에 기여할 수 있다.

기본사회는 인간의 존엄성과 상호 신뢰, 공동체적 연대를 중심 가치로 삼는 사회 체계이다. 이러한 관점에서 기본소득은 삶의 존엄을 조건 없이 인정하는 제도적 구현이며, 시민 개개인이 불안과 경쟁의 굴레에서 벗어나 자기 삶의 방향을 설계할 수 있는 토대를 제공한다. 기본사회적 맥락에서 기본소득은 단순한 소득이 아니라, 사회적 소속감을 회복하는 신뢰 장치로 작용한다. 사람들은 제도나 국가가 자신을 조건 없이 인정할 때 공동체의 일원으로서 책임을 지고 참여할 동기를 갖는다. 즉 기본소득은 경제적 수단이면서 동시에 공동체 회복의 실천적 매개인 것이다. 또한 기본소득은 돌봄노동, 자원봉사, 문화활동, 지역공동체 참여와 같은 시장 외 활동의 가치를 제도적으로 인정하게 되는 출발점이 된다. 기존의 시장경제가 경제활동의 범위를 유급노동 중심으로 제한해 왔다면, 기본소득은 이 틀을 넘어서 사회적 가치의 재구성을 가능하게 한다.

기본경제적 관점에서의 기본소득은 그 재원조달의 지속 가능성과 경제 순환에 미치는 효과가 중심이다. 재정의 중립성, 소비 증대, 노동 유인, 인플레이션 통제 등 거시경제적 조정이 강조된다. 따라서 기본소득의 규모, 도입 방식(보편적 vs 선별적), 기존 복지와의 관계 등은 정책 효과성과 효율성의 기준에서 평가된다. 반면 기본사회적 관점은 정책의 정의로움, 보편성, 시민권적 기초에 초점을 둔다. 일부 대상만이 아니라 모든 사람에게 조건 없이 지급되는 것이 제도의 핵심이며, 그 과정에서 신뢰와 연대가 회복된다. 따라서 정책 설계에서도 소득수준보다 관계의 회복이 더 중요한 지표로 간주된다.

기본경제 관점의 기본소득은 경제정책 중 하나로서, 일자리 창출이나 경기부양 효과를 입증해 낼수 있다.[2] 이 때문에 기술 기반 스타트업, 일부 보수 경제학자, 자유주의 시장 옹호자들에게조차도 지지를 받을 수 있다. 특히 기존 복지제도의 비효율성과 행정비용을 줄일 수 있다는 점이 강조된다. 하지만 기본사회 관점에서는 기본소득이야말로 사회계약의 재구성이자, 시민권의 보장이다. 이는 진보적 담론과 깊이 연결되며, 복지국가의 확장, 인간 중심 제도, 상호돌봄 공동체라는 사회적 비전 속에서 지지받는다. 즉 동일한 정책이라 하더라도 수용되는 정치적·철학적 맥락은 완전히 다를 수 있다.

기본소득이 실제 제도로 안착하기 위해서는 경제성과 사회성을 동시에 고려하는 통합적 접근이 필요하다. 재정 문제에만 초점을 맞추면 사회적 공감대 형성에 실패할 수 있고, 반대로 정의론만 강조하면 실현 가능성이 떨어질 수 있다. 즉, 기본경제의 실용성과 기본사회의 윤리성을 아우르는 균형 설계가 핵심이다.

정책 도입 초기에는 규모를 제한하고 일부 지역 또는 계층을 대상으로 시행하되, 점진적으로 보편화하면서 사회적 신뢰를 축적해가는 방식이 현실적이다. 이 과정에서 시민참여형 거버넌스, 재정투명성, 정책평가 체계 등이 함께 작동해야 한다.

2. 실천전략

기본소득을 핵심 수단으로 삼아 기본경제와 기본사회의 통합모형을 실현하는 전략은 크게 총괄전략과 개별전략으로 구분해 볼 수 있다. 또한 법·제도, 평가 지표, 중앙-지방 연계 등 실행 프레임워크를 설계해 정책 효과성을 확보하는 것도 고려해야할 사항이다.

1) 총괄전략

총괄전략으로 통합정책 체계의 거버넌스, 단계별 이행 로드맵, 재정 확보 방안, 시민 참여 구조를 제시할 수 있다.

- **거버넌스 체계 구축**: 국가전담기구를 설치해 기본사회 비전과 목표를 수립·조정한다. 예컨대 대통령 직속으로 '기본경제·사회위원회'를 만들고 기본소득 및 유관 핵심 과제 실천을 총괄하도록 한다. 이와 별도로 부처 간 협업 메커니즘을 만들고, 지방정부 대표 및 시민·사회단체가 참여하는 거버넌스 틀을 마련한다. 민간기업·시민단체·사회적경제조직·협동조합 등과 협력체계를 구축해 정책 효과를 높이고 재정 부담을 분담한다. 공공재원(공유부)인 데이터·토지·자원 등에 과세하여 생긴 세수는 전액 무조건적·보편적·개별적으로 국민에게 이전하는 재정원칙을 법제화한다. 이는 거둔 세입을 그대로 기본소득 형태로 돌려주는 선분배 모델이다.

- **단계별 로드맵**: 3단계 이행 계획을 수립한다. (1) 준비 단계: 시범사업 실시 및 기반 정비. 선도 지자체(농어촌 기본소득, 디지털 바우처 지급 등)와 소규모 실험을 통해 제도 설계와 부작용을 검증한다. 중앙정부는 기본소득·기본사회 법률 초안을 마련하고 예비타당성 조사를 실시하며, 관련 인프라(데이터베이스·지급 시스템 등)를 구축한다. (2) 확대 단계: 중장기 예산과 재원 마련 방안을 확정하고 전국에 확대 시행한다. 보편적 성격의 기본소득을 전국에 확대 시행하기 이전에 부분기본소득이나 범주기본소득 등을 다양하게 설계하고 시행해볼 수 있다. 경기도 연천군에서 실행하고 있는 농촌기본소득은 좋은 예이다. 중앙정부는 전담 부서 설치, 기본소득 재정계정 편성, 재원 확보 방안을 마련한다. (3) 완성 단계: 정책 성과를 평가해 제도화·법제 개편. 생계비·주거·돌봄 등의 복지제도를 재조정(중복 제거)하고, 기본소득 규모를 지속 조정한다. 또한 평가 지표를 통해 빈곤율 감소, 소득격차 완화, 지역경제 활성화, 시민 삶의 질 개선 여부를 점검한다.

- **재정 확보**: 기존 복지예산 재배치 및 신규 재원 발굴을 병행한다. 비과세감면 등을 전면 검토한다. 예산 효율화를 도모한다. 예를 들어 경기도 재난기본소득 지급 사례처럼 지역화폐로 현금성 지원을 하면, 지역 상권 활성화와 함께 결제수수료를 절감할 수 있다. 공유재원(dividend)[3] 활용 방안도 모색한다. 예컨대 전남 신안군은 태양광·풍력 발전사업 배당금으로 주민에게 '햇빛연금·바람연금(기본소득)'을 지급했고, 이 과정에서 지방정부 재정 부담 없이 주민소득을 늘렸다. 정부 차원에서는 공유부인 인터넷·AI·데이터 활용수익을 환수하는 데이터세를 도입하거나, 환경세·토지세 인상으로 재원을 마련할 수도 있다. 모든 세입은 특별회계(예: 기본사회 특별회계)로 전입해 기본소득 예산과 엄격히 연결하고, 관련 법적 장치를 마련한다.

- **시민 참여**: 기본소득 제도를 참여 민주주의 및 사회연대를 강화하는 기회로 삼는다. 주민참여예산·지역사회협의체 등을 활용해 기본소득 범위와 대상, 지역화폐 사용처 등을 함께 결정한다. 지역공동체가 운영하는 일자리 창출 사업, 마을기업, 사회적경제 활동과 연계해 수혜자를 안내·모니터링하게 함으로써 자발적 협력 구조를 구축한다. 예를 들어 사회적경제 법제 정비 및 협동조합 지원 확대를 통해 민간 주도의 복지 네트워크를 강화하면 정책 효과가 커진다. 또한 기본소득 지급 자체가 시민의 '기본권 보장'을 체감케 하여 사회적 신뢰를 높이는 계기가 되도록, 투명한 집행과 평가 결과 공개를 통해 신뢰를 구축해야 한다.

2) 개별 실천전략

개별전략 차원에서 청년·노년·지역공동체·디지털 기반·사회적경제 연계 등 하위 영역별 전략과, 지역화폐 결합형·생애주기 차등형·참여조건부 강화형 등 다양한 기본소득 실천 방식을 제시할 수 있다. 여기서는 기본소득 제도가 국민 각 계층과 영역에서 기본권을 보장하고 공동체 성장을 촉진하도록, 주요 대상별·영역별 세부 전략을 제안한다.

- **청년층**: 청년의 미래 소득 불안을 해소하기 위해 생애주기별 소득 보장체계를 도입한다. 예컨대 아동·청소년에게는 기본소득과 별개로 지급하는 아동수당을 확대한다. 아니면 출생기본소득이란 이름으로 확대형 아동수당을 기본소득 속에 포괄해서 다룬다. 특히 청년 창업·사회적경제 진출을 활성화하기 위해 기본소득 일부를 창업 바우처 또는 사회적 투자 펀드로 연계시킨다.
- **노년층**: 고령자의 소득 안정화를 위해 일정 연령 이후 추가로 지급하

는 생애기본소득을 도입한다. 이때 건강·간병비 지원 등 돌봄 연계 프로그램을 포함시키면 생활 안정성이 높아진다.

- **지역공동체**: 지역 단위 경제 활성화와 공동체 회복을 위해, 지역화폐와 연계한 기본소득 모델을 적극 도입한다. 화폐의 지역 내부 순환을 늘리기 위해 기본소득의 일부를 지역화폐 형태로 지급하고, 이를 전통시장·소상공인 가맹점에서 사용하도록 유도한다. 도시 재개발이나 고용 취약지역에는 취약기본소득(범주기본소득)과 같은 중간소득층 지원 프로그램을 만들어 적용한다. 공동체 주거 프로젝트(청년+노인 통합주택 등)에 기본소득 바우처를 연결하여 세대통합 커뮤니티를 육성할 수도 있다.

- **디지털 기반**: 급변하는 디지털 시대에 대응하기 위해 디지털 기본소득 시행 방안을 검토한다. 중앙은행 디지털화폐(CBDC) 기반으로 기본소득을 지급하면, 기존 현금·카드 방식보다 전달비용과 중개수수료를 크게 절감할 수 있다. CBDC 지급 시 소비 기한을 설정하거나 블록체인 투명성을 활용하여 지원금의 목적 외 사용을 방지할 수 있다. 금융 소외 계층도 휴대폰만 있으면 별도 계좌·인증 없이 기본소득을 받을 수 있게 되어 포용성이 커진다. 이러한 방식을 시험 적용해 기술적·제도적 과제를 검증하고, 디지털 문맹 방지를 위한 교육·인프라 지원을 병행해야 한다. 또한 디지털 노마드·플랫폼 노동자 등 새로운 근로 양태에 대응해 일정 시간 근로 시 보조금을 주는 디지털 참여기반 기본소득 모델도 검토할 수 있다.

- **사회적경제 연계**: 기본소득과 사회적경제(협동조합·사회적기업·마을기업 등)를 상호 보완한다. 기본소득 수급자를 위한 지역사회 일자리 프로그램을 사회적기업과 연계하면, 참여 의무 부여형 기본소득(참여소득)으로 운영할 수도 있다. 예를 들어 실업자가 교육, 자원봉사, 지

역 공익사업에 참여하면 기본소득을 받을 수 있게 함으로써 사회적 자본 형성에 기여하게 할 수 있다. 이처럼 지역사회 활동 참여와 연계된 기본소득을 통해 고립을 방지하고 공동체 유대를 강화할 수 있다.

3) 실행 프레임워크

효과적인 정책 집행을 위해서는 제도적 기반과 평가체계를 마련해야 한다.

- **법·제도 정비**: '기본경제·사회법' 제정을 추진하고, 사회보장제도 및 조세제도를 재설계한다. 예를 들어, 기본소득 재원을 위한 특별법을 제정해 공유부 과세 수익을 기본소득 특별회계로 직접 편입하도록 규정해야 한다. 또한, 일자리·돌봄·교육 관련 법령도 개정하여 연계 프로그램(청년예금, 돌봄서비스 등)을 체계화한다. 중앙-지방 재정 조정 교부금 제도를 활용해 시범사업에 대한 재정을 공유하고, 지방정부는 현장 수요에 따라 추가 재원을 배분할 수 있게 한다.
- **평가 지표**: 구체적인 성과 관리 체계를 도입한다. 빈곤율·상대적 소득격차·고용률·주거안정률 등 경제적 기본권 지표와, 지역상권 활성화·공동체 참여율·사회신뢰도·삶의 질 조사 결과 등을 활용한다. 매년 기본경제·사회위원회에서 이들 지표 변화를 분석하여 정책 효과를 점검하고, 필요시 보완 방안을 마련한다. 이 과정에서 지역·부처별 성과 사례를 공유하고, 우수 정책을 확산한다.
- **중앙-지방 연계**: 중앙과 지방의 역할을 명확히 분담한다. 중앙정부는 법·예산·시스템 구축을 책임지고, 지방정부는 지역 실정에 맞는 지급 방식(지역화폐 결합, 대상 확대 등)을 담당한다. 예를 들어 한국의 지역화폐는 정부·광역·기초자치단체가 협력해 발행되는데, 중앙은 재정지원과 법령 정비를 하고, 광역·기초는 할인율·사용처 관리를

맡는 구조로 유기적으로 운영되고 있다. 기본소득 정책에도 이와 유사한 '이해관계자 협의체'를 구성하여 집행 과정을 조율하게 한다.
- **단계별 실행 계획**: 제안된 정책을 연차별·분야별 로드맵으로 구체화한다. 예를 들어 1단계(1\~2년): 전략 수립 및 시범사업 수행, 법률안 제출. 2단계(3\~5년): 예산 확보 및 전국 시행 확대, 평가체계 마련. 3단계(이후): 제도 정비 및 영구화. 각 단계별로 재정투입 규모와 목표를 명시하고, 관련 부처 업무 지침을 제정해 이행력을 높인다.

미래를 선물하는 경제: 기본자산

1. 기본인식

21세기 들어 자산의 불평등은 소득 불평등보다 더 깊고 지속적인 영향을 미치고 있다.[4] 기본자산은 삶의 기초가 되는 자산을 사회적으로 보장하려는 시도로, 청년, 노년, 저소득층 등에게 최소한의 자산을 제공하여 사회적 참여와 경제적 자립의 기반을 형성하려는 접근이다.[5] 이러한 기본자산 개념은 점점 더 많은 정책 담론과 실험에서 중심 요소로 자리잡고 있다. 이는 단순한 재산이 아니라 삶의 기초 인프라로서, 사회 참여와 경제적 자립을 위한 '토대 자원'이라는 의미를 갖는다.

기본경제란 모든 개인이 생존과 존엄을 유지할 수 있는 최소한의 경제적 기반을 사회적으로 보장하는 체계를 말한다. 이 관점에서 기본자산은 시장경제에 대한 대안을 구성하는 자립 기반으로 작용하며, 특히 자산 형성 초기 단계에서 자산 격차가 커지는 현상에 대응하는 실질적 정책 수단이다. 이를 통해 자산 재분배를 통해 소비 안정, 자영 기반 확대, 시장 의존도 완화 등의 효과를 기대할 수 있다. 기본자산은 생산보다 생존과 순환을 위한 자원이다.

기본사회는 인간의 존엄성과 공동체적 관계 회복을 중심으로 하는 사회적 틀이다. 그런 만큼 기본자산은 단지 개인의 생존 기반일 뿐 아니라, 공동체 구성원으로서의 사회적 인정을 표현하는 수단이 된다. 이러한 자산은 단순히 경제적 가치로서가 아니라, 인간 관계와 사회 참여의 출발점으로 기능한다.[6]

기본자산은 사회적 소속감과 참여 기회를 균등하게 보장하는 '사회적 기반'이다.[7] 이는 개인의 권리이자 공동체의 신뢰 표현으로 기능하며, 청년, 노년, 장애인 등 사회적 약자의 포용을 위한 제도적 장치가 된다.

기본자산에 대한 수용성과 지지는 정치적 입장에 따라 다르게 나타난다. 보수적 경제진영은 자립 유도와 비용 효율성의 측면에서 기본자산을 지지하고, 진보적 진영은 사회정의와 기회 평등의 관점에서 이를 추진한다. 두 관점을 종합하는 통합적 프레임이 필요하다.

기본자산의 제도화는 재정 기반, 정책 설계, 거버넌스 구조의 통합이 동시에 필요하다. 특히 참여형 정책 설계와 투명한 운영, 중앙-지방-시민사회의 협력이 핵심이다.

기본자산은 특정 계층에만 국한되지 않고, 유년기 교육자산, 중년기 창업자산, 노년기 돌봄자산 등 생애주기 전반으로 확장될 수 있다.[8] 이는 세대 간 연대와 사회적 지속가능성을 높이는 핵심 전략이 된다.

기본자산은 미래 세대를 위한 사회적 투자이자, 새로운 사회계약의 중심축이다. 이는 기본경제가 실현하려는 자립과 기본사회가 추구하는 신뢰를 동시에 담고 있으며, 공정하고 지속가능한 사회로 나아가기 위한 핵심 수단이다. 이는 경제적 효율성과 사회적 연대를 동시에 지향하는 '기본경제·기본사회 통합'의 중요한 제도라 할 수 있다.

2. 실천전략

기본자산을 핵심 수단으로 삼아 기본경제와 기본사회의 통합모형을 실현하는 전략은 아래와 같이 제시할 수 있다.

1) 총괄전략
종합전략으로 개념적 통합과 정책연계 전략을 제시할 수 있다.

- **개념적 통합**: '기본사회'는 헌법적 행복추구권과 인권에 기반해 국가가 모든 국민의 기본적 삶(소득·의료·돌봄·주거 등)을 보장하는 체계다. 여기에 '기본경제' 개념을 결합하면, 모든 국민이 경제활동의 기본권과 기본자산을 확보하여 혁신적 경제활동에 참여할 수 있도록 보장하는 경제구조를 뜻한다. 이를 위해 생애주기별(신생아·청년·장년·노년)로 기본자산을 제공하여 경제적 출발선의 평등을 구현하고, 나아가 복지서비스(기본사회)와 연계함으로써 통합적 안전망을 구축한다. 기본자산은 소득불평등뿐 아니라 자산격차가 낳는 구조적 불평등까지 변화시킬 잠재력이 있으므로, 이를 핵심축으로 삼아 제도적 틀을 설계해야 한다.
- **정책연계 전략**: ① 국민기본자산제도와 기본소득·기본서비스의 연계. 예컨대 아동·청년 단계에 목돈 형태의 기본자산과 정기적 소득보장을 함께 실시하여 이중 안전망을 갖춘다. ② 재원조달과 과세정책. 상속·증여세, 금융거래세, 탄소세 등 고소득·고자산층에 대한 증세로 기금을 조성하고, 이 기금을 국민기본자산펀드(SWF)로 운용하여 자산배당수당 형태로 환원한다. ③ 거버넌스 체계. 대통령 직속 '기본경제·사회위원회' 등 통합조직을 통해 중앙정부·지자체·시민

사회·기업이 역할을 분담하고 민관 협업구조를 구축한다. ④ 생애주기별 맞춤 전략. 예를 들어 신생아기본자산(출생기금),[9] 청년기초자산(교육·취업자금),[10] 중장년 은퇴자산 등의 단계별 프로그램을 순차적으로 도입한다. ⑤ 법제·제도 정비. 기본자산 제도의 법적 기반을 마련하고, 기본자산의 양도·담보·부채상환 금지, 생산적 활용 조항 등 설계원칙을 채택하여 실효성을 높인다.

이상의 전략을 통해 경제적 기본권과 사회적 기본권이 상호보완되도록 설계한다. 예를 들어, 신생아기본자산으로는 교육·주거자산 기회를 제공하고, 기본서비스(무상보육·기초의료 등)를 통해 생활안정성을 보장한다. 기본자산 지급 재원은 사회적 상속제도 강화, 공유지 분배, 공공재 배당 확대 등을 통해 마련하며, 이렇게 마련된 재원은 국민 사회적 자산펀드에 적립해 장기적으로 운용한다. 종합적으로는 모든 국민이 "동등한 출발선에 설 기회"를 보장받아 구조적 불평등을 해소하는 사회 경제체제 구축을 목표로 삼는다.

2) 개별 실천전략

대표적인 실천전략 사업으로 다섯 가지를 제시할 수 있다.

- **신생아·청년 기본자산제도(기초자산 지원)**: 출생·성년 진입 단계에 목돈(출생 시 2천만~3천만 원, 성년 시 5천만 원 등)을 지급하여 교육·주거·창업 등에 활용하게 하는 제도이다. 영국의 아동신탁기금처럼, 정부가 출생 시 계좌를 개설해 목돈을 적립하며, 모든 아동이 성인이 될 때 자산을 가지도록 한다.

- **공공주택 연계 자산지원(국민자산주택제도)**[11]: 장기공공임대주택 건설 및 LH(한국토지주택공사) 등을 통한 주거자산 기금을 마련해, 청

년·노년층에게 거주권 또는 자산분배를 한다. 예를 들어 LH에 주거기금을 신탁하여 성년 시 공공주택 분양권을 지급하는 방식이다.[12]
- **기본금융·기본대출 프로그램**[13]: 청년·소상공인 대상 무이자·저리 대출, 사회적 금융지원을 확대하여 창업·자산 형성을 지원한다. 민간은행과 협력한 기본저축계좌·청년대출 상품 도입, 신용보증 및 정책금융 확대 등이 해당된다.
- **국민기본자산펀드(SWF) 및 배당**[14]: 기금 조성(개발이익 환수, 상속·증여세, 탄소세, 금융거래세 등 수입) 후 주식·부동산 등에 투자하여 사회적 자산펀드로 운용하고, 그 수익을 국민배당 형태로 지급한다. 이는 각 시민에게 균등한 펀드 지분을 부여하고 수익을 배분하는 방식이다.
- **생애주기별 교육·돌봄 자산 지원**: 청년 적금·학자금 지원 프로그램, 중장년 재교육 계좌, 고령층 돌봄 저축계좌 등을 도입하여 인적자본과 돌봄자산을 뒷받침한다. 예를 들어 학자금 대출 상환 대신 적립금으로 활용하는 '학자금적립계좌'의 창설, 평생교육 지원금 제도 등이 그것이다.[15]

각 사업은 정책 영역과 실행 방식이 다르므로, 예산(기본자산 조성 예산·기금) 마련 방안과 관련 법령 정비를 병행하여야 한다. 이들 전략사업을 통해 기본자산이 각 계층에 적시 지급되고, 경제적 기회 확대 및 불평등 감소 효과를 창출하도록 설계하여야 한다.

3) 대표 전략사업 검토

대표 전략사업인 신생아기본자산·공공주택 연계 자산지원을 조금 더 심도 있게 검토해 볼 수 있다.

- **배경**: 한국은 자산불평등과 저출산 문제, 주거불안이 심각하다. 전체 가구 부채 규모 증가와 더불어 자산 양극화가 고착화되면서, 부모 소득격차가 대물림되는 구조적 불평등이 심화되고 있다. 이런 상황에서 모든 신생아에게 기본자산을 제공하면 평등한 출발선을 보장하고, 자산격차가 세대 전환과정에서 완화될 수 있다. 특히, 급격한 주택가격 상승으로 주거불안이 커진 현실에서, 출생 단계부터 향후 주거자산 확보를 지원하는 것은 사회적 안정망 강화에도 기여한다.

- **목표**: 출생 가정의 경제력과 관계없이 모든 아이가 성년 시점에 일정 수준의 자산(예: 5천만 원)을 확보하여 주거·교육·창업 등에 투자할 수 있도록 한다. 이를 통해 자산 상속 격차를 완화하고, 청년층의 주거안정과 사회적 이동성을 제고한다.

- **주요 내용**: 출생 시 국가 기금으로 기초자산계좌를 개설하여 일정 금액(예: 2천만 원)을 신탁 형태로 적립한다. 계좌는 정부가 운용하며, 연 3% 수준의 이자를 준수하여 18세에 목돈(예: 5천만 원 수준)이 되도록 한다. 이 자산은 어린이 교육·의료비나, 18세 이후 주택 구입·전세자금, 창업자금 등으로 활용할 수 있게 한다. 동시에, 만 18세 청년에게는 성년이벤트로 기본자산과 연계한 공공주택 분양권(또는 전세보증금 대체권)을 부여한다. 예를 들어, LH에 별도 주거기금을 신탁하여 청년이 성인 시 공공임대주택 입주권을 얻도록 하는 형태이다.

- **기대효과**: 모든 가정 출신 청년에게 '금융적 지분'을 보장함으로써 사회참여 기반이 확충된다. 구체적으로 학자금·주거비 부담이 완화되고, 초기 자본으로 창업이나 투자 기회가 주어진다. 이는 고소득층 부모의 우대에서 벗어나 공정한 출발선을 제공하고, 자산 불평등 완화와 사회통합에 기여할 것으로 기대된다. 또한, 공공주택 분양권

연계 시 청년 주거불안을 줄이고, 초기 가계부채 축소에도 도움이 된다.

- **추진단계**: ① 법제화 및 기금설립. 관련 법률(「국민기본자산법」 등)을 제정하고, 출산연령 계좌 개설 및 자금 적립 절차를 마련한다. ② 시범사업. 일부 지자체에서 출생기금 시범운영(예: 산모수당 연계 계좌) 후 효과를 검증한다. ③ 전국확대. 예산 확보(상속세 강화 등으로 재원 마련) 및 행정연계(출생신고 시 계좌 생성) 체계를 구축하여 전 국민으로 확대한다. ④ 평가·조정. 재원 소요와 수급 효과를 분석해 기탁액 규모, 수령 시점, 활용 범위 등을 최적화한다.

4) 전략사업별 실행 주체·도구·거버넌스 및 기대효과

전략사업별 실행 주체·도구·거버넌스 및 기대효과는 아래와 같이 제시할 수 있다.

- **신생아기본자산제**(대표사업)
    - **주체**: 보건복지부·기획재정부 등 중앙정부가 법 제정과 기금 운용을 주도하며, 지자체는 출생인구 관리·지원, 시민사회(복지단체)는 홍보·모니터링 역할을 담당한다.
    - **내용**: 「국민기본자산법」 제정, 기초자산신탁펀드 조성(상속세·국고 출연 등), 은행관리형 계좌를 개설한다.
    - **방법**: 대통령 직속 기본경제·사회위원회 산하 기금운용위원회를 구성하고, 재무·금융 전문가가 자산운용사를 선발·감독한다. 전자정부 시스템으로 출생신고와 계좌 개설을 연계하고, 교육청·LH 등과 협업해 사용처(학자금·주택 등)를 안내한다.
    - **기대효과**: 이로 인해 낙후계층 자산 형성 지원, 교육·주거 불평등

완화, 소비·경제활동 증진, 세대 간 부의 재분배 효과가 기대된다.

- **국민자산주택제도**
  - **주체**: 국토교통부·LH 등 공공기관이 토지·주택 공급을 담당하고, 지방자치단체가 거주자 선정과 지원을 관리한다. 시민사회(주택협동조합·시민단체)는 거버넌스 참여와 운영 감시에 기여한다.
  - **내용**: 토지공공기금 설립, 저리융자 또는 출자금 제도(청년·신혼부부 등), 임대주택 건설·운영한다.
  - **방법**: 지역별 공공주택 5천호 공급 계획 수립, 분양 시기와 분납 조건을 정하고, 기초자산계좌와 연계하여 전환 기회를 보장한다.
  - **기대효과**: 이로 인해 공공주택을 통한 주거 안정성 확보 및 자산 형성 지원, 주택 시장 불안 완화, 지역경제 활성화 및 공동체 복원(커뮤니티 주택) 등이 기대된다.

- **청년기본자산제**
  - **주체**: 교육부·고용노동부 주도로 청년예산 편성, 지자체 청년센터 및 청년단체 협업을 추진한다.
  - **내용**: 청년기본저축계좌(적립식 예·적금), 장학금·창업자금 지원 프로그램을 만든다.
  - **방법**: 만 20~24세 청년 대상, 분기별 자동적립 방식으로 예치금을 지급하고, 입출금내역을 모바일 앱으로 관리한다. 세제혜택(청년소득공제)과 연계하여 자산 형성을 유인한다.
  - **기대효과**: 이로 인해 청년의 경제적 자립 강화, 취업과 결혼장려, 소비 활성화, 향후 중산층 전환 촉진 등의 효과가 기대된다.

- **기본금융 프로그램**
  - **주체**: 기획재정부·금융위원회가 정책기금 조성·감독, 지방은행·신협 등 준공공 금융기관에서 대출을 집행한다.

- **내용**: 청년·사회적기업·소상공인 대상 무담보·저금리 대출 상품, 신용평가 완화 정책, 금융교육 지원 등을 실행한다.
- **방법**: 신용정보·부채관리 앱 연계, 일정 소득 이하 및 신용등급 기준 완화, 국고보증을 제공한다.
- **기대효과**: 이로 인해 금융접근성 향상 및 경제활동 기회 확대, 서민·영세기업 부채부담 경감, 자영업 활성화 등이 기대된다.

- 사회적 자산펀드
    - **주체**: 기획재정부·환경부(탄소세) 등이 공동기금(예: 녹색기본자산펀드)을 설립, 기재부 산하 공공투자회사에서 운용하고, 시민·노동·기업 대표가 참여하는 거버넌스 의결기구를 구성한다.
    - **내용**: 탄소배출권거래제 수익·금융세 수익·국채발행 수익 등을 기금에 배정한다.
    - **방법**: 연기금처럼 국내외 주식·인프라 자산에 투자하여 수익을 창출하고, 매년 국민배당금 형태로 보편적 기본소득과 연계 지급한다.
    - **기대효과**: 세대 간 '공동상속' 효과(소득이 아닌 자산 자체의 균등 공유), 재정의 안정적 장기 조달, 경제·환경 목표 동시달성(녹색투자 수익 활용) 등에 기여한다.

각 사업마다 중앙정부가 재정조달 및 제도 설계를, 지자체와 시민사회가 실행과 모니터링을 담당한다. 이러한 협업체계로 모든 국민이 혜택을 받도록 거버넌스를 구축함으로써, 기본자산 정책이 사회 전반에 공정한 기회 제공과 사회통합의 효과를 낼 수 있을 것이다.

사람을 살리는 금융: 기본금융

1. 기본인식

금융은 현대 자본주의 체제의 핵심 인프라다. 자금의 흐름을 통해 자산이 형성되고, 투자와 소비가 연결되며, 미래에 대한 계획이 수립된다. 그러나 21세기 금융은 흔히 이윤 극대화를 우선시하는 방식으로 운용되며, 사회적 책임이나 공공성은 일정 부분 배제되어 왔다. 이 가운데 기본금융은 단지 저금리 대출이나 금융 접근성 확대를 의미하는 것이 아니라, 경제적 기반을 사회적 필요에 맞게 재조정하는 제도적 발상으로 이해되어야 한다. 이러한 시각에서 기본금융은 기본경제와 기본사회 양자 모두에 영향을 미치며, 그 목표와 기능, 제도적 기반은 상이하게 구성된다.

기본경제의 목적은 개인과 공동체가 일상에서 필요로 하는 재화와 서비스를 안정적으로 제공받을 수 있는 경제구조를 만드는 것이다. 이 맥락에서 금융은 생산 기반을 뒷받침하고 자본이 순환되도록 하는 핵심 수단이다. 기본경제에서의 기본금융은 단순한 대출이 아닌, 지역사회 기반의 경제적 자생력을 키우기 위한 자금 조달 장치로 이해되어야 한다.

예컨대 중소기업, 사회적기업, 자영업자 등에게 제공되는 저리의 공공금융은 이들이 시장에서 생존하고 지역경제의 고용과 생산을 유지할 수 있게 해준다. 이는 자본의 공급이 특정 대기업이나 투기성 자산에만 집중되지 않도록 균형을 유지하게 하는 역할을 하며, 자원의 편중을 방지하는 기능을 한다.

기본경제에서의 금융은 이윤 창출보다는 재분배와 순환, 공공 목적의 실현을 우선한다. 공공은행이나 지역금융기관은 민간은행과 달리 투자 수익보다는 장기적 회복력과 사회적 안정성을 목표로 한다. 따라서 기본금융은 '지속가능한 투자', '포용적 성장'이라는 관점에서 매우 중요한 역할을 담당한다.

기본사회는 인간의 삶을 구성하는 관계성, 안정성, 신뢰에 기반한다. 이 관점에서 금융은 단지 돈을 빌리고 갚는 행위가 아니라, 삶의 기본 조건을 조성하는 제도적 장치다. 기본사회적 기본금융은 모두에게 금융 접근권(financial access as a right)을 보장하는 것을 출발점으로 한다. 예를 들어 신용등급이 낮거나 소득이 없다는 이유로 금융 시스템에서 배제되는 사람들이 많다. 이는 단지 경제활동의 제약을 넘어서, 사회적 낙인과 차별, 미래 설계의 불가능성으로 이어지며, 공동체 내부의 신뢰를 붕괴시킨다. 기본사회적 기본금융은 이러한 배제를 해소하고, 누구나 자율적인 삶의 계획을 세울 수 있는 여건을 제도적으로 지원한다.

또한 여성, 청년, 고령자, 이주민 등 금융 취약계층에게는 맞춤형 금융복지가 필요하다. 이는 사회의 돌봄 책임을 국가가 금융을 통해 분담하는 구조이며, 공동체 전체의 회복력을 키우는 방식이다. 따라서 기본사회는 금융을 경제적 수단이기보다 사회적 기초권 보장 수단으로 간주한다.

기본경제는 금융의 효율성과 지속가능성을 강조한다. 이 경우 금융상품의 설계는 상환 능력, 담보 요건, 위험 관리에 초점을 맞추며, 제도 설계는 실용성과 수익성의 균형을 고려한다. 대표적인 예는 정책금융기관이 특정 산업군에 자금을 배분하는 방식이며, 이는 산업정책과 연계되어 지역경제를 활성화하거나 새로운 시장을 창출하는 효과를 지닌다. 반면 기본사회는 신뢰 기반, 공정한 접근, 공동체 가치를 중심으로 금융을 설계한다. 상환 능력이 낮더라도 특정 사회적 필요(청년 주거, 돌봄 노동, 장애인의 자립 등)에 기반한 금융지원은 정당한 것으로 여겨진다. 이 과정에서는 금융의 사회적 책무성이 정책 우선순위로 부각되며, '사회적 성과'를 성과지표로 삼는다.

기본금융은 금융정의(financial justice)를 실현하는 수단이기도 하다. 오늘날 금융은 종종 양극화와 불평등을 심화시키는 장치로 작용한다.[16] 부유한 개인과 기업은 저금리 자금을 레버리지로 활용해 자산을 증식할 수 있지만, 저소득층은 고금리 대출에 의존하거나 아예 금융 접근 자체가 불가능한 경우가 많다. 기본경제의 기본금융은 이 격차를 줄이는 쪽에 초점을 맞춘다. 반면 기본사회는 아예 그 격차가 존재해서는 안 된다는 전제 하에 제도적 개입을 요구한다. 즉, 기본경제가 수단의 평등을 지향한다면, 기본사회는 결과의 존엄을 지향한다.

핀테크, 블록체인, 모바일 뱅킹 등 새로운 금융 기술은 기본금융의 확장 가능성을 높이는 기회이기도 하다.[17] 디지털 ID를 활용한 금융접근 확대, 지역화폐 기반 결제 시스템, 사회적 데이터에 기반한 신용평가 모형 개발 등은 미래의 기본금융이 추구할 방향이다. 기본경제적 디지털 금융은 자원의 효율적 분배와 경제 활성화를, 기본사회적 디지털 금융은 금융 인권과 포용을 강조한다. 이 두 방향이 기술 인프라 위에서 통합될 때, 진정한 의미의 포용 금융체제가 구축될 수 있다.

기본금융은 단순히 대출을 더 쉽게 받게 하는 것을 넘어선다. 이는 금융의 목적과 역할, 평가 기준을 근본적으로 재설계하는 문제이다. 기본경제는 이를 통해 생산 기반의 회복과 경제의 지속가능성을 추구하며, 기본사회는 이를 통해 사회적 배제 없는 삶의 조건을 실현하고자 한다. 이 두 관점을 모두 포괄할 때, 기본금융은 사회적 혁신의 토대가 되며, 금융이 다시 공동체를 위한 공공재로 자리잡을 수 있다. 앞으로는 중앙정부뿐 아니라 지방정부, 지역공동체, 시민사회가 함께 이 구조를 설계하고 실천해 나가야 할 것이다.

2. 실천전략

1) 총괄전략

기본금융을 핵심 수단으로 삼아 기본경제와 기본사회의 통합모형을 실현하는 전략은 아래와 같이 제시할 수 있다.

- **포용적 금융시스템 구축**[18]: 모든 국민이 보편적 수준의 금융서비스에 접근하도록 기본대출·기본저축 등 제도를 확립한다. 이는 금융배제 없는 자산 형성의 도구로서, 금융 취약계층의 자산 축적과 소비·투자 기반을 마련한다. 예컨대 전국민 기본대출을 도입해 청년·서민에게 연 3%대 장기저리 대출(기본대출권)을 보장하고, 기본저축계좌를 통해 저소득층의 저축액에 정부 매칭(예: 10만 원 저축 시 30만 원 지원) 등을 제공하여 자산 형성을 돕는다.
- **공공성 강화**[19]: 국가·지방정부가 참여하는 공적 금융기관을 육성하여 시장 실패를 보완한다. 예를 들어 기본금융은행(공공예금은행) 설립 또는 지방금융 공공기금을 조성하여, 정책금융·신용보증을 확대하고 고금리 대부 시장을 대체한다. 이를 통해 금융영역의 공익성을 회복하고 정책의 신뢰성을 높인다.
- **지역·사회 기반 금융 활성화**: 신용협동조합·새마을금고 등 협동조합금융과 지역화폐, 사회적금융을 적극 활용하여 금융의 관계성을 강화한다. 지역신협·협동조합을 지원해 지역 순환경제를 촉진하고 공동체 자본을 조성한다. 이와 함께 임팩트 투자, P2P 금융 등 사회적금융을 활성화하여 사회혁신 기업과 서민·영세업자를 지원한다.[20] 사회적금융은 서민 보호와 지역경제 활성화를 중시하므로, 지역화폐·지역금융을 통한 순환경제 모델은 일자리 창출과 소상공인 매출

증대로 이어질 수 있다.
- **금융 접근성 및 교육 강화**: 디지털 기반 금융포용 정책을 추진한다. 저신용·고령·비경제활동층이 금융시스템에 편리하게 접근하도록 모바일 뱅킹, 간편송금, 블록체인 기반 지갑 등을 도입한다. 또한 기본금융 이용자 대상 금융교육을 확대하여 재무 건전성을 높이고, 상호부조 협동조합 설립·운영 역량을 강화한다. 이를 통해 금융 이용에 대한 정보 격차를 해소하고, 공동체 신뢰를 바탕으로 한 '상생 금융문화'를 확산시킨다.
- **타 정책 연계**: 기본주거·기본소득·기본자산 등 다른 기본정책과 금융정책을 긴밀히 연계한다. 예컨대 기본주택 구입 자금으로 기본대출을 활용하거나, 기본소득 수급자가 기본저축에 가입하면 추가혜택을 주는 방식 등으로 자원 활용을 극대화한다. 이러한 다각적 융합을 통해 기본경제(물적 토대)와 기본사회(관계 기반)가 상호보완되는 '통합 시스템'을 구현할 수 있다.

2) 개별 실천전략

위 총괄전략을 실행하기 위한 구체적 실천전략(프로그램)을 제안해 볼 수 있다. 각 사업은 기본금융을 통해 개인의 자산 형성과 함께 사회적 연대를 강화하는 기능을 강조한다.

- **기본대출 프로그램**[21]: 청년·서민 대상의 저리·장기 대출을 지원한다. 예컨대 「국민기본대출」 제도로 연 3%대 이자율로 최대 1,000만 원을 10~20년 동안 대출해주며, 은행이 심사·관리하고 국가는 이자보전과 신용보증을 맡는다. 이를 통해 교육·주거·창업 등 자산 형성에 필요한 자금을 지원하고, 서민의 금융 접근성을 대폭 제고한다.

- **기본저축 적립계좌 제도**[22]: 저소득층·청년의 저축 의욕을 높이기 위해 정부 매칭 지원을 제공하는 저축계좌를 신설한다. 예를 들어 현행 희망저축계좌처럼 매월 일정액 이상 저축 시 정부가 1~3배를 추가 적립하여 최종적으로 자산을 형성하게 한다. 가입 대상은 생계·의료급여 수급가구, 차상위, 청년 등으로 제한할 수 있으며, 장기적인 자산 축적을 유도한다.

- **기본금융공공은행 설립**[23]: 공공성을 강화한 정책 금융기관을 창립하거나 확대한다. 특정 금융회사가 아닌 '국민은행' 또는 재정 출연으로 설립된 공공은행을 통해 서민금융·중소기업금융을 전담한다. 이 은행은 정부 출자·감독 하에 대출·예금·보증 업무를 수행하며, 지역별 분점망을 갖춰 전국민의 금융 접근성을 높인다. 정부는 출자·예탁금 형태로 자금을 지원하고, 은행법 개정 등을 통해 독자적 권한을 부여한다.

- **지역 협동조합·지역화폐 금융사업**[24]: 신용협동조합과 마을금고를 확대 육성하고, 이들과 연계한 지역화폐 발행을 지원한다. 예를 들어 지역 신협에 청년·서민 전용 출자예탁금을 조성해 공동사업 대출을 활성화하고, 지역화폐는 기본금융 대출 상환·적립에 활용하도록 유도한다. 이러한 지역 중심 금융 생태계는 커뮤니티를 활성화하고, 주민 간 연대를 강화하는 사회적 기반 역할을 한다.

- **디지털 금융포용 플랫폼**[25]: 금융기술을 활용하여 접근성을 높인다. 스마트폰 앱을 통해 기본대출 신청·관리, 기본저축 계좌 개설을 간소화하고, 핀테크 기반 마이크로대출·P2P 대출 서비스를 확충한다. 고령층을 위한 상담콜센터 운영, 동사무소·복지관 연계 금융상담 등도 병행한다. 디지털·오프라인 통합 채널을 구축해 모든 계층이 손쉽게 금융서비스에 참여할 수 있게 지원한다.

- **금융교육 및 사회연대 캠페인**[26]: 기본금융 정책 취지와 활용법을 안내하고, 금융 윤리·상호부조 문화를 확산한다. 예컨대 학교·지역사회에서 금융리터러시 교육을 강화하고, 협동조합 방식의 금융학습모임을 지원한다. 또한 금융 소비자보호를 위해 채무조정·신용관리 교육, 고금리 대출 피해 예방 캠페인을 실시한다. 이와 같은 교육·홍보는 시민의 금융 이해도를 높이고 신뢰 기반의 연대감 형성에 기여하게 된다.

3) 대표 전략사업 검토

대표 전략사업인 "국민 기본대출 프로그램"을 조금 더 심도 있게 검토해 볼 수 있다.

- **설계**: 대표사업으로 「국민 기본대출 프로그램」을 선정하여 구체적으로 설계한다. 이 사업의 목표는 청년·서민 등 금융소외계층에게 1인당 최대 1,000만 원까지 저리(연 2~3% 내외)로 장기 자금을 빌려주는 것이다. 대출 대상은 만 19~39세 청년층(2030년대)과 저신용·저소득 계층으로 시작하여 점진적으로 전 국민으로 확대한다. 기존 은행 시스템을 활용하되, 정부는 이자보전과 신용보증 역할을 맡아 민간 금융회사의 리스크를 낮춘다. 구체적 추진방식은 다음과 같다.
- **대상·규모**: 당초 청년층 중심으로 시작하여 5년 내 전 연령대 확산을 목표로 한다. 사업 초기에는 연 5만 명(5천억 원 규모) 정도로 출발하고, 단계적으로 확대한다. 대출 한도 1인당 1,000만 원(최장 20년 분할 상환), 이자율은 시중금리보다 낮은 연 2~3% 수준(예금금리+α)로 설정한다.
- **추진 체계**: 기획재정부·금융위원회 등 중앙정부가 기본재원을 예

산 또는 기금(예: 금융기금)을 통해 조성하고, 행정안전부·지방자치단체도 지역 캠퍼스·복지센터에서 홍보·지원 역할을 담당한다. 금융감독원은 참여 금융기관을 관리 감독하고, 은행법 개정을 통해 이 프로그램 운용기구(예: 「기본금융진흥원」)를 설립할 수 있다. 실제 대출 심사·집행·상환 관리는 은행과 지방 신협 등 서민금융기관이 맡는다.

- **예산·재원**: 최초 운용 자금으로 5년간 약 10조 원 이상을 책정할 수 있다. 예를 들어 초반 1조 원(재정출연)을 출자해 초과 회수가 가능한 범위 내에서 재원이 확대되는 구조로 설계한다. 이자지원 비용은 연 0.5~1조 원 내외가 예상되며, 이는 소비활성화와 세수증가로 부분 충당 가능하다. 상환 연체 시에는 공공 신용보증을 통한 채무조정 기능을 가동하여 부실을 최소화한다.

- **기대효과**: 청년과 저소득가구의 교육비·주거비·창업자금 등을 지원하여 자산 형성과 삶의 기반을 마련해준다. 이는 소비를 평탄화하고 내수진작을 유도하며, 장기적으로는 금융이자 부담 완화로 가계부채 안정을 도모하게 된다. 금융권의 대출 리스크는 정부·공적기금이 일부 분담하여 금융시장 안정성을 제고하는 한편, 국민 전체의 금융포용성을 높인다. 이로써 기본금융의 '권리 보장' 취지에 따라 모두가 금융으로부터 소외되지 않는 사회를 구현할 수 있다.

4) 전략사업별 실행 주체·도구·거버넌스 및 기대효과

전략사업별 실행구조 및 기대효과는 아래와 같이 제시할 수 있다.

- **국민 기본대출 프로그램**: 중앙정부는 기획재정부·금융위원회 주도로 법령 개정 및 예산조달을 담당하고, 한국은행·금융감독원이 감독

체계를 운영한다. 참여 은행 및 신용협동조합은 대출 상품을 운영하며, 지방자치단체는 지역 안내·상담을 지원한다. 이 사업을 통해 청년·서민의 자산 기반(학자금·주택·영업자본 등)이 확대되어 소비 회복과 경제 활력이 증대될 수 있다. 또한 금융 접근성 확대는 가계의 재무적 완충능력을 높여 경기변동에 대한 위험을 완화하게 된다. 금융권의 신용위험 부담은 정부 보증과 국책자금을 통해 부분 경감되므로 금융시장 안정성에도 긍정적이다.

- **기본저축 적립계좌**: 중앙정부(보건복지부·기획재정부)는 해당 프로그램 예산을 확충하고 참여 은행에 인센티브를 제공한다. 은행·우체국 등 금융기관은 적립계좌 상품을 출시·관리하며, 지방정부와 복지기관은 저소득가구를 발굴·홍보한다. 기대 효과로는 저소득 가구의 자산 축적이 가속화되고, 장기 저축을 통한 경제적 자립도가 향상될 수 있다. 정부 매칭 지원을 통해 소비여력을 늘리면서도 저축을 유도해 가계 재정 건전성을 높일 수 있다. 이 과정에서 자립 유인이 커져 단순 복지의존을 줄이고, 지역사회 내 부(富)의 순환도 강화될 수 있다.

- **기본금융공공은행**: 중앙정부가 지분(전액 출자)을 보유하고 은행법에 따라 독립 법인을 설립한다. 한국은행과 금융위는 정책적 감독을 맡고, 지자체와 협의해 지역별 지점을 개설한다. 공공은행은 기본금융 대출·저축 뿐 아니라 재생에너지·사회적경제 기업 지원 등의 임팩트 금융을 운영한다. 이를 통해 공공성 있는 금융 서비스가 제공되어 금융시장의 불균형이 해소될 수 있다. 특히 위기 시 자금공급창구 역할을 하여 금융 불안정성을 낮추고, 지속가능한 지역금융 생태계가 조성될 것이다.

- **지역신협·마을금고 사업**: 정부는 신협·협동조합기금에 출자를 확대하고, 세제혜택·기술지원을 제공한다. 지방정부는 지역화폐 도입과

연계한 대출·상환 인센티브를 설계하고, 시민사회는 금융교육·조합원 모집을 주도한다. 이로써 지역 순환경제가 실현되어 소상공인 매출과 고용이 늘어난다. 예를 들어 지역화폐는 거래를 지역 내에 머무르게 하여 소비 승수효과를 극대화하고, 신협 대출은 주민 공동사업을 활성화하여 지역 경제 기반을 튼튼히 하게 된다. 또한 협동조합 구조는 공동체 신뢰를 강화하고 자율적 협력을 촉진하게 될 것이다.

- **디지털 금융포용 플랫폼**: 정부와 핀테크 기업, 금융회사 등이 공동 펀드를 조성해 플랫폼 개발·운영을 맡는다. 특히 금융당국은 규제 샌드박스를 통해 혁신 서비스를 지원하고, 개인정보 보호 및 금융안전망을 구축한다. 기대효과로는 금융 소외계층(농어촌, 장애인, 외국인노동자 등)의 편의가 크게 향상되고, 금융서비스 참여가 촉진될 수 있다. 디지털 신기술 기반 금융거래가 활성화되어 비용절감과 금융 효율성이 높아지며, 이로 인해 국내 금융산업의 경쟁력도 강화될 것이다.

- **금융교육·사회연대 캠페인**: 중앙정부는 교육부·금융감독원·시민단체와 협력해 콘텐츠를 개발하고 예산을 지원한다. 지자체와 학교는 교육과정을 편성·운영하며, 언론과 SNS를 통해 대중홍보를 실시한다. 이 사업의 사회적 효과는 금융 이해도 제고로 금융 포용성이 높아지는 것이다. 시민들이 자기주도적 재무관리를 하게 되어 과도한 부채 위험이 줄고, 금융활동에 대한 자기책임이 강화될 수 있다. 또한 협동조합 및 시민금융 운동이 확산되면서 사회적 신뢰와 연대감이 회복될 수 있다. 이처럼 금융교육과 연대 프로그램은 공동체 구성원 간 신뢰를 높이고, 전체 사회의 민생 안정과 복지 확대에 기여하게 된다.

위의 전략과 사업들을 유기적으로 추진함으로써, 기본경제(물적 기반 강화)와 기본사회(사회적 연대) 사이의 시너지를 극대화할 수 있다. 예를 들어 기본대출로 마련한 자금이 지역신협이나 사회적금융을 통해 이용되고, 기본저축을 통해 마련된 자산이 지역화폐로 재순환되는 과정은 "생산→소비→재투자" 선순환을 형성한다. 이를 통해 소득격차와 자산격차를 줄이고, 지역경제 활성화와 지속가능한 성장을 동시에 도모할 수 있을 것이다.

돌봄·교육·의료·주거 권리의 재구성: 기본서비스

1. 기본인식

현대사회에서 '기본서비스'는 주거, 의료, 교육, 돌봄, 교통, 에너지 등 인간이 인간답게 살아가기 위해 반드시 필요한 공공재들을 포괄한다. 하지만 이 기본서비스를 바라보는 관점은 크게 두 가지로 나뉜다. 하나는 이들을 경제적 자원 또는 비용으로 보는 입장이며, 다른 하나는 이들을 인간의 존엄을 위한 보편적 권리로 여기는 관점이다. 이 대립은 단순한 철학적 차이가 아니라, 서비스 제공 방식, 재정 설계, 정책 우선순위, 사회적 수용성과도 깊은 연관을 맺고 있다. 기본서비스는 바로 이러한 두 지평 ― 기본경제와 기본사회 ― 를 교차하는 핵심 영역이다.

　기본경제는 사람들의 일상적 삶에 필수적인 서비스와 재화가 안정적으로 제공되어야 한다는 전제를 기반으로 한다. 이때 기본서비스는 단순한 복지가 아닌, 경제시스템을 지속가능하게 만드는 재생산 인프라다. 예컨대 질 높은 공공보건 체계는 노동생산성을 유지하고, 공공교육은 숙련 노동력을 양성하며, 대중교통은 경제활동의 연결망을 형성한다. 기본서비스는 또

다른 측면에서 민간시장 실패에 대응하는 국가 또는 공공부문의 보완 행위로 간주된다. 시장은 가격 체계를 통해 효율성을 추구하지만, 이는 수익성이 낮은 분야에서 공급 공백을 초래한다. 따라서 기본경제 관점에서의 기본서비스는 공공투자를 통한 효율 보완 메커니즘이 된다. 또한 기본서비스는 소득보전의 간접 수단이 되기도 한다. 즉 현금 소득을 직접 지급하지 않더라도, 공공의료나 무상교육 등을 통해 가계의 실질소득을 높이는 방식이다. 이와 같은 구조는 저소득층뿐 아니라 중산층에게도 안정적인 경제기반을 제공하는 효과를 지닌다.

기본사회는 인간의 존엄을 최우선의 가치로 삼는다. 이때 기본서비스는 국가나 공동체가 조건 없이 보장해야 할 생존권적 기초로 인식된다. 의료, 교육, 주거, 돌봄 등의 서비스는 누구에게나 주어져야 하는 사회적 권리이며, 이는 경제적 능력의 유무에 따라 달라질 수 없는 것이다. 기본사회 관점에서의 기본서비스는 '이용자'가 아니라 '권리 주체'로서의 시민을 전제로 한다. 예컨대 건강보험의 보장성이 불충분하여 사적 의료보험이 필수가 되는 사회는 기본사회적 원리와 충돌한다. 이러한 사회에서는 의료는 치료의 수단이 아니라 소비의 대상이 되며, 결국 사회 구성원 간의 격차가 심화된다. 돌봄 역시 기본사회적 맥락에서는 시장화되기보다는 공공성과 상호돌봄의 윤리 속에서 작동해야 한다. 이는 특히 노년층, 장애인, 아동 등 돌봄 수요가 높은 계층의 사회적 배제 방지를 위한 핵심 요소이다.

기본경제적 접근은 혼합체계 또는 공공-민간 협력모델을 선호한다. 즉, 서비스의 공급은 반드시 국가가 직접 할 필요는 없으며, 공공성과 효율성을 균형 있게 확보할 수 있다면 민간의 참여도 가능하다는 입장이다. 이 경우 정부는 규제자이자 조정자로서 작동하며, 서비스의 품질과 형평성은 계약과 평가 시스템을 통해 확보된다. 반면, 기본사회는 공공 직접 제공 방식을 선호한다. 이는 시장 메커니즘이 인간의 삶의 필수 요소를 '상품화'하지 않도록 방지하기 위한 제도적 장치이며, 공공의 책임을 명확히 하기 위한 방식이다. 국가나 지방자치단체는 단순한 조정자가 아닌 서비스의 주요 제공자이자 책임자로 간주된다.

기본경제에서 서비스 정책은 재정 효율성, 수혜자 수, 단가 대비 효과성 등의 경제적 지표로 평가된다. 이는 정책의 지속가능성과 제도적 설득력을 확보하기 위한 중요한 기준이 된다. 특히 인구 고령화와 재정 여력이 문제가 되는 사회에서는 이런 측면의 분석이 정책 채택 여부를 결정짓는 요소가 되기도 한다. 반면 기본사회에서는 서비스 접근의 공정성, 제도에 대한 신뢰, 시민의 만족도 같은 정성적 지표가 중요하다. 예를 들어 동일한 병원에 누구든지 갈 수 있다는 제도적 인식은 사회 전체에 신뢰를 구축하고, 구성원 간의 상호 돌봄 가능성을 증대시킨다. 즉 기본경제가 '얼마나 많은 사람에게 얼마만큼 서비스를 제공했는가'를 본다면, 기본사회는 '그 서비스가 사람의 삶을 어떻게 변화시켰는가'를 평가한다.

기본경제와 기본사회는 각기 다른 원리와 가치에 기반을 두고 있으나, 실제 정책 영역에 적용될 때는 상호보완적이며 구조적으로 연결된다. 특히 보건의료, 주거, 교육, 돌봄 등 일상과 직결되는 필수서비스 분야에서 그 차이와 접점이 뚜렷하게 드러난다.

먼저 보건의료 영역에서 기본경제는 주로 건강보험의 보장성을 높이는 방식으로 접근한다. 이는 민간 의료비의 부담을 줄이고 의료 접근성을 향상시키기 위한 경제적 장치로 기능한다. 국민건강보험을 통한 재정 지원과 보장 확대는 의료 소비자 입장에서 실질적인 비용 감소로 이어지며, 전체 국민의 건강 수준 향상에 기여할 수 있다. 반면 기본사회는 단지 비용 문제가 아니라, 누구나 질 높은 의료 서비스를 평등하게 누릴 수 있어야 한다는 윤리적 기준을 중시한다. 이에 따라 국공립병원의 확충, 필수의료 분야의 공공성 강화, 의료 공백 지역 해소 등을 핵심 과제로 삼는다. 즉, 보건의료에 대한 기본사회의 접근은 '누구에게나 동등한 생명권'을 실현하는 방향으로 초점을 맞춘다.

주거 영역에서도 두 관점의 차이는 분명하다. 기본경제는 공공임대주택 확대, 주택보조금 지급, 주택금융 지원 등의 수단을 통해 주거비 부담을 경감시키는 정책에 중점을 둔다. 이는 주거 안정성을 향상시키는 동시에, 경제적 불평등으로 인한 주거 격차를 해소하는 기능을 한다. 반면, 기본사회는 주거를 단순한 소비재나 시장재가 아닌 인간의 기본적 생존권으로 간주한다. 적정 수준의 주거환경은 사회 전체가 보장해야 할 공공재이며, 이는 시민의 존엄성과 직결된다는 입장에서, 일정 수준 이상의 주거 질을 '사회가 보장해야 할 기준'으로 설정한다. 따라서 기본사회는 주거 문제를 보다 권리 중심적, 윤리적 차원에서 접근한다.

교육 분야에서는 기본경제가 인적자본 형성이라는 경제적 목적을 중심에 둔다. 무상교육의 확대, 장학금 제도 강화, 학습 인프라 확충 등을 통해 개인의 생산성을 높이고, 장기적으로 국가경쟁력을 강화하는 것을 목표로 삼는다. 이와 달리 기본사회는 교육을 사회통합과 계층 이동의 핵심 수단으로 바라본다. 따라서 모든 아이가 차별 없이 교육받을 수 있는 보편적 접근성을 보장하고, 지역, 계층, 성별에 따른 교육격차를 해소하는 데 더 큰 가치를 둔다. 교육을 통한 자아실현과 사회적 연대 형성을 우선하는 점에서 기본사회는 교육의 질뿐 아니라 형평성과 공공성에 더욱 큰 비중을 둔다.

마지막으로 돌봄 영역에서 기본경제는 사회서비스 시장을 활성화하고 민간 기관에 돌봄을 위탁하는 구조를 선호한다. 이는 일자리 창출과 서비스의 다양성 확보라는 이점을 함께 추구하는 방향이다. 그러나 기본사회는 돌봄을 가족이나 시장의 책임으로 떠넘기지 않고, 사회 전체의 공동 책임으로 인식한다. 돌봄은 모든 구성원이 삶의 어느 시점에 필요로 하는 보편적 서비스이며, 따라서 국가와 지역사회가 주체가 되어 공공 돌봄 체계를 강화해야 한다고 본다. 공공성 중심의 돌봄은 서비스의 질적 안정성과 보편적 접근성을 동시에 담보한다는 점에서, 시장 기반의 돌봄 정책과는 다른 철학을 기반으로 한다.

이처럼 각 영역에서 기본경제는 제도적 장치와 재정적 지원을 통해 삶의 기반을 물질적으로 보장하는 데 초점을 두고, 기본사회는 공동체의 연대, 윤리, 책임을 중심으로 삶의 질과 관계망을 구성한다. 두 접근은 상충이 아니라 상호보완이며, 균형 있게 결합될 때 지속가능하고 포용적인 사회 시스템이 가능해진다.

〈표 4-1〉 영역별 적용 사례 비교(기본경제 vs. 기본사회)

영역	기본경제	기본사회
보건의료	• 국민건강보험 도입으로 의료비 부담 감소, 평균수명 증가 • 공공의료기관 확대 필요성 대두	• 의료 접근성 보장을 위한 필수 의료 공공성 강화 • 의료 사각지대 해소 정책(지역거점공공병원 확충 등)
주거	• 공공임대주택 확대 • 주택보조금 지급	• 주거권 보장 입법화 논의 • 적정 주거 기준
교육	• 무상교육 확대(유아·초중고 무상교육 단계적 확대) • 장학금 지원	• 교육격차 완화 • 공교육 신뢰회복 및 사교육비 감축
돌봄	• 사회서비스 시장 활성화(일자리 창출, 서비스 다양성) • 돌봄 공공화 논의	• 공공 돌봄 체계 강화(지역사회 통합돌봄센터 확대) • 돌봄 노동자 권리 보호(최저임금 적용 등)

특히 네 가지 핵심 영역 — 보건, 주거, 교육, 돌봄 — 은 모든 시민이 삶에서 반드시 마주하는 공통된 과제들이며, 이들 영역에서의 불평등과 배제는 곧 사회 전체의 분열과 해체로 이어질 수 있다. 따라서 이 분야에서의

기본 실현은 단순히 복지를 확장하는 수준을 넘어, '사회적 권리의 재구성'과 '사회계약의 재정립'이라는 더 큰 전환의 출발점이 된다.

또한 이 사례들은 정책 간 통합과 조정의 중요성도 함께 시사한다. 각 부문별 정책이 고립적으로 존재할 경우, 복지의 사각지대와 행정의 중복이 발생하기 쉽다. 그러나 기본경제와 기본사회의 관점에서 접근할 경우, 모든 정책이 '기본적 삶의 보장'이라는 동일한 가치 지향을 공유하게 되므로, 자연스럽게 통합적 정책 설계와 실행 구조를 갖추게 된다. 이는 행정 효율성뿐 아니라 정책 정합성, 시민 수용성, 지속가능성의 측면에서도 유리한 조건을 제공한다.

무엇보다 중요한 점은, 이러한 기본의 실현이 시민의 참여와 공동의 실천을 전제로 한다는 점이다. 의료·주거·교육·돌봄이라는 영역은 모두 개인의 삶과 깊이 맞닿아 있는 문제들이며, 이 문제들의 해결은 단지 정부의 역할만으로는 가능하지 않다. 지역 공동체, 사회적경제 주체, 시민사회, 전문가 집단이 함께 협력하고, 시민 스스로가 수혜자가 아닌 공공의 설계자와 실행 주체로 참여할 때, 비로소 기본이 사회 전체의 구조로 자리 잡을 수 있다.

2. 실천전략

우리 사회의 기본경제·기본사회 통합 모델은 헌법 제10조가 보장하는 인간의 존엄과 행복추구권을 실질적 삶의 조건으로 구현하는 새로운 사회계약 구상이다. 이를 위해 정부는 교육·의료·돌봄·교통·통신 등 보편적 필수 서비스(기본서비스) 강화를 추진해야 한다. 기존 복지제도가 생애주기·계층·부처별로 분절된 문제를 극복하고, 모든 국민에게 기본적 권리가 연속적으로 보장되는 체계로 전환해야 한다. 이를 위한 기본서비스를 핵심 수단으로 삼아 기본경제와 기본사회의 통합모형을 실현하는 총괄전략은 아래와 같이 제시할 수 있다.

1) 총괄전략

- **정책 통합과 연계 강화**: 부처 칸막이를 없애고 지역기반의 전달체계와 디지털 행정을 정비하여 서비스 전달의 일원화·유기화를 추진한다.
- **생활밀착형 서비스 확대**: 의료·돌봄·주거·교통·통신 등 필수생활 영역에서 공공서비스를 획기적으로 확충한다. 예를 들어, 파주시는 긴급에너지 생활안정지원금(기본에너지), 지역화폐 인센티브(기본소득), 학생 통학버스 '파프리카'(기본교통) 등 다양한 기본서비스를 도입하여 시민 삶의 안정과 지역경제 활성화를 동시에 추구하고 있다.
- **민·관 협력과 사회적경제 동원**: 사회서비스원·사회적기업·협동조합 등 공공·민간 자원을 연계하여 서비스 공급력을 높인다. 중앙정부는 법·제도 개혁을 통해 재원을 확보(세제개편, 신세원 발굴 등)하고, 지방정부와 지역사회는 지역케어회의 등 거버넌스를 구축하여 맞춤형 서비스를 제공한다. 이와 같은 통합전략은 고령화·저출산 등 급격한 사회변화에 대응하고, 국민의 기본권이 연계된 권리로 보장되는 지속가능한 복지체계로의 전환을 가능하게 한다.

2) 개별 실천전략

위 총괄전략을 실행하기 위한 구체적 실천사업(프로그램)을 제안해 볼 수 있다.

- **전국민 통합돌봄 네트워크 구축**[27]: 노인·장애인·아동 등 돌봄이 필요한 모든 계층을 대상으로 지역사회 중심 통합돌봄 서비스를 제공한다(거점 종합재가센터 설치, 방문 의료·돌봄 통합지원 등)
- **보편적 공공의료서비스 강화**[28]: 공공병원·지역의료원을 확충하고, 예방·재택의료를 강화하여 응급의료 및 필수의료 접근성을 높인다(거점 공공병원 증설, 모바일 헬스케어 시스템 구축 등)
- **기본주거 보장 확대**[29]: 국민의 주거안정을 위해 공공임대주택 공급을 확대하고 주거급여를 대폭 강화한다(신혼·청년·고령층 맞춤형 주거 신설, 기존 노후주택 리모델링 지원 등)
- **대중교통 무상·저비용화**[30]: 모두가 기본 이동권을 누리도록 광역버스·지하철 등 대중교통비를 무상 또는 대폭 할인한다(전 연령층 무료 환승제, 농어촌 버스 증편 등)
- **기본디지털 연결망 구축**[31]: 국민 누구나 인터넷·통신서비스를 누리도록 국가 주도의 광대역망 구축과 디지털 역량강화 교육을 추진한다(공공 와이파이 존 확대, 디지털 기기 무상 보급 등)
- **공교육·평생학습 확대**[32]: 무상보육·무상교육을 넘어 평생학습기회와 직업훈련을 무상 또는 저비용으로 제공하여 교육권을 기본서비스로 강화한다(지역 평생교육원 확대, 직업훈련 장학금 확대 등)

3) 대표 전략사업 검토

대표 전략사업인 전국민 통합돌봄 네트워크 구축을 조금 더 심도 있게 검토해 볼 수 있다.

- **사업 목적**: 급속한 고령화로 2045년경 전체 인구의 40%가 65세 이상이 되고 그중 75세 이상이 크게 증가할 것으로 예상되며, 돌봄 수

요가 폭발적으로 늘어날 전망이다. 가족·시설 중심의 한계를 넘어 재가·지역사회 중심 통합돌봄 체계를 마련하여, 대상자가 살던 곳에서 자립적 생활을 영위하도록 지원한다. 이를 통해 가족부양 부담을 경감하고 노인의 삶의 질을 높이며, 돌봄 노동시장의 일자리 창출도 기대할 수 있다.

- **추진 체계**: 중앙정부(복지부·국토부·행안부 등)는 법적·제도적 기반을 마련하고 예산을 지원한다. 지자체(시·군·구)는 지역 케어센터(종합재가센터)를 설치·운영하며, 사회서비스원을 활용하여 양질의 돌봄인력을 양성한다. 읍면동 단위의 케어 안내창구를 설치하여 대상자와 가족에게 필요한 서비스를 One-Stop 연계하고, 지역케어회의를 통해 민·관 협업 모델을 발굴·확산한다. 국제적 사례에 걸맞도록 보건·복지·고용 부처 협업체계를 구축하고, 노인장기요양보험, 건강보험, 공공의료체계를 연계한다.

- **실행 방안**: (1) 시범사업 운영(2026년까지). 선진모델 실증을 위해 광역단위 또는 대표지역(서울·부산·경기 등)에서 통합돌봄 선도사업을 확대한다. (2) 종합재가센터 확충. 2027년까지 전국 시군구별 최소 1개 이상 종합재가센터를 설치한다. 이 센터에서는 방문간호·목욕·식사배달·가사서비스 등을 통합 제공하며, '종합재가서비스업' 신설을 통해 사회적기업·협동조합 등 민간역량도 활용한다. (3) 통합관리플랫폼 구축. 대상자별 수요를 한눈에 파악할 수 있는 디지털 플랫폼을 개발하여, 의료·돌봄·복지 서비스 이용 이력을 공유하고 맞춤형 매칭을 지원한다. (4) 인력양성. 직영 돌봄센터(사회서비스원)와 대학 연계 프로그램을 통해 전문 돌봄인력(요양보호사·방문간호사 등)을 양성하고, '명예사회복지공무원' 제도와 자원봉사 조직을 활성화하여 인적자원을 보충한다. (5) 확대 단계(2030년까지). 전국 단위로

시스템을 확대하며, 생활지원 서비스(안전·이동·영양 지원 등)와 연계하여 완전 통합을 목표로 한다.

- **재원 조달**: 기존 노인복지·장기요양 예산을 활용하고, 사회보험료와 재정을 병행 투입한다. 기본적으로 장기요양보험 기금을 증액하여 2027년까지 적용률을 OECD 수준(≒11%)으로 확대한다. 중앙정부와 지방정부가 비용을 분담하며(현재 50:50), 추가로 지방세와 사회기여금을 활용한 재원을 마련한다. 한편, 디지털 플랫폼 등 인프라 구축에는 재정투자와 함께 공공·민간 파트너십(PPP)을 추진한다.

- **위험 요소 및 대응**: (1) 인력 부족. 돌봄 인력 수급난을 완화하기 위해 인센티브(근로조건 개선, 급여 인상)를 제공하고, 사회서비스원을 통한 고용 창출과 기술(케어 로봇·원격의료) 도입으로 생산성을 높인다. (2) 정책 칸막이. 복지·의료·주거·교통 부처 간 정책 연계를 저해하는 법·제도상의 장애물을 조속히 정비하여 통합예산 편성과 집행이 가능하도록 한다. (3) 수요예측 오류. 고령자 특성에 맞는 유연한 서비스 모델 개발(선도사업 시범운영)로 현장 피드백을 반영한다. (4) 재정 불안. 재정 지속가능성 확보를 위해 범사회적 합의를 거쳐 증세를 병행하고, 공공부조·사회보험 등의 재원 조달 구조를 재편한다.

4) 전략사업별 실행 주체·도구·거버넌스 및 기대효과

전략사업별 추진 주체·방법 및 기대 효과는 아래와 같이 제시할 수 있다.

- **전국민 통합돌봄 네트워크**: 주체는 정부(보건복지부 주관)·지자체·사회서비스원 등이며, 내용은 통합재가센터 운영, 방문의료·간병·가사서비스 연계 제공, 케어 안내창구 설치 등이다. 방법은 예산 배정·지방예산 매칭으로 추진하며, 국공립 사회서비스원 및 민간 협동조

합과 협력한다. 기대효과로 가족 돌봄 부담 감소, 재택복귀율 상승, 지역 일자리 창출(고령친화산업) 등을 들 수 있다.

- **보편적 공공의료 확대**: 주체는 보건복지부·질병관리청·지자체 보건소·공공의료기관 등이며, 내용은 공공병원 신축·증원, 응급의료 체계 강화, 재택의료 및 예방사업 확대 등을 포함한다. 방법은 공공의료 투자증액과 전담조직 설치(예: 공공보건의료 지원단), 공공보험 수가인상 등을 통해 구현한다. 기대효과로는 응급대응력 향상, 의료 사각지대 해소, 의료비 경감 등이 있다.
- **기본주거 보장**: 주체는 국토교통부·지자체·LH공사 등이며, 내용은 공공임대주택 추가 공급(예: 무주택 저소득자용 영구임대), 주거급여 상향, 주거 취약층 맞춤 지원(전세 임대 확대) 등이다. 방법으로 사회주택 활성화, 국토 세제 개편 등으로 추진하며, 재정은 국비·지방비·공기업 출자를 연계한다. 기대효과는 주거비 부담 완화, 빈곤층 주거 안정, 주택시장 안정 및 청년층 주거 사다리 복원 등을 들 수 있다.
- **기본교통 제공**: 주체는 국토부·지자체·교통공사·지방공기업 등이며, 내용은 광역·도시 대중교통 무임 및 환승 요금 면제, 취약지역 버스 증편, 대중교통 애플리케이션 통합 등을 포함한다. 방법은 교통 예산 확대, 민자사업 표준화, 지자체 간 협력을 통해 시내버스·지하철 운임을 조정한다. 기대효과로 취약계층 이동권 확대, 도시 활성화(교통이용 증대로 지역 상권 유입 증가), 탄소배출 저감 등을 들 수 있다.
- **기본디지털망 구축**: 주체는 과학기술정보통신부·지자체·이동통신사 등이며, 내용은 공공 광대역망 구축, 정보격차 해소용 단말기 배포, 디지털 역량 교육 등이다. 방법은 정부 재정 지원(PPP 도입 가능), 통신요금 규제 강화, 공공와이파이 확대 등이 있다. 기대효과로 정보

접근권 강화, 원격의료·원격교육 확산 지원, 디지털 신산업 활성화 등을 들 수 있다.
- **평생교육·돌봄 통합서비스**: 주체는 교육부·여성가족부·지자체·지역아동센터 등이며, 내용은 무상보육·공공어린이집 확대, 지역 평생교육센터 운영, 교육급여 확대 등을 포함한다. 방법은 학부모 수당제 도입, 평생교육법 개정 및 지자체 주도 교육 프로그램 운영으로 추진한다. 기대효과로 출산·양육 부담 경감, 교육 격차 축소, 노동시장 적응력 제고 등이 예상된다.

각 사업은 중앙-지방 협력체계 아래 추진되며, 입법·예산·조직 정비를 통해 실현 가능성을 높인다. 또한 사회적경제와 시민참여를 결합하여 지역 거버넌스를 강화함으로써 실효성을 담보한다. 통합돌봄과 보건·교육·교통 등 각 서비스가 유기적으로 연계되면, 국민의 기본생활 안정과 경제 활력 제고라는 두 마리 토끼를 동시에 잡을 수 있다.

이윤보다 사람이 먼저다: 사회적경제

1. 기본인식

자본주의가 심화됨에 따라 시장과 국가 이외의 대안적 경제 형태에 대한 관심이 높아졌다. 그 중 대표적인 것이 사회적경제(Social Economy)다. 사회적경제는 이윤 중심의 민간경제와 행정 중심의 공공경제 사이에서, 사람 중심, 공동체 중심의 경제를 실현하려는 제3의 경제 질서로 간주된다. 이는 기본경제와 기본사회 모두와 깊은 연관을 갖는다. 기본경제는 사회적경제를 지속가능한 경제순환의 실천 수단으로, 기본사회는 공동체와 연대의 제도적 장치로 본다.

기본경제는 시장경제가 다루지 못하는 생활기반 영역(주거, 돌봄, 식량 등)을 재구성하는 구조적 접근이다. 이 맥락에서 사회적경제는 이러한 영역에서 지역 단위의 자립과 생산-분배-소비의 순환구조를 실현하는 도구이다. 예컨대 농촌 협동조합, 마을 식당, 지역화폐를 활용한 로컬 마켓 등은 기본경제적 자립성과 회복력을 뒷받침하는 실천적 모델이다. 사회적경제는 또한 시장화되지 않는 영역에서의 노동 기회와 고용 안정성을 제공한다. 공공영역의 부담을 완화하면서도 사회적 가치에 기반한 수요-공급 체계를 가능하게 하며, 장기적으로 민간경제와 공공경제를 보완하는 균형 메커니즘으로 기능한다. 기본경제는 이러한 사회적경제를 정책의 한 축으로 명확히 제도화하고, 공공조달, 재정 지원, 세제 혜택, 기술 지원 등을 통해 지속가능성을 보장하려 한다.

기본사회는 신뢰와 연대, 상호의존을 기반으로 사회를 재구성하려는 시도이며, 이때 사회적경제는 공동체 가치의 제도화된 표현으로 간주된다. 개인의 이윤 추구가 아닌 공동체의 필요와 문제 해결을 우선시하는 조직으로서 인간 중심의 사회 질서 복원에 핵심적인 역할을 한다. 기본사회 관점에서 사회적경제는 단지 경제적 효율을 높이기 위한 수단이 아니라, 공동체 구성원 간의 관계를 회복하고 자율적인 참여를 가능케 하는 민주적 장치다. 예를 들어 마을기업이나 협동조합은 이윤보다 공동체 유지와 신뢰 회복에 중심을 두고, '함께 사는 삶'의 구조를 구체화한다. 또한 사회적경제는 비물질적 가치—예컨대 돌봄, 신뢰, 환경, 문화 등—를 교환하는 경제 질서를 제도화하는 방식이다. 이는 사회적 자본의 형성과 확산에 직접적으로 기여하며, 고립과 분절화가 심화되는 현대 사회에서 관계망 재구축의 기반이 된다.

기본경제에서 사회적경제의 핵심 가치는 지속가능성, 지역 자립, 재분배에 있다. 구조 전환을 위한 실천적 전략으로 간주되기 때문에, 효율성과 운영성과, 제도 설계의 재정적 지속가능성 등에 집중한다. 이는 사회적경제의 실용화와 제도화를 촉진하는 한편, 때로는 민간경제와의 경계를 흐리게 하기도 한다. 반면 기본사회에서는 참여, 신뢰, 민주성, 형평성이 핵심 가치로 작동한다. 사회적경제의 존재 이유는 더 나은 공동체, 더 정의로운 사회를 만드는 데 있으며, 이를 위해 형식적 수익성보다 실질적 관계성과 공동체의 질이 중요시된다. 이 경우 양적 성장보다 질적 변화가 중요한 평가 기준이 된다.

기본경제적 정책은 사회적경제를 산업정책 또는 일자리정책의 하위 영역으로 배치하는 경향이 있다. 고용창출, 지역경제 활성화, 사회서비스 시장 확대 등의 측면에서 사회적경제를 보완적 경제주체로 활용하며, 재정적 인센티브와 성과지표 중심의 평가체계를 통해 운영한다. 반면 기본사회적 접근은 사회적경제를 지역 거버넌스와 시민 주권 실현의 매개로 활용한다. 즉 공공기관, 시민단체, 주민, 기업이 공동으로 지역문제를 해결하는 협치 거버넌스 체계의 중심에 사회적경제를 둔다. 이 경우 성과는 '재무제표'가 아닌 '사회적 관계망의 확장'과 '주민 참여도', '신뢰지수' 등으로 측정된다.

기본경제와 기본사회가 하나의 구조로 통합되기 위해서는, 그 연결을 실질적으로 매개할 수 있는 실천 주체가 필요하다. 이 점에서 사회적경제는 단순한 제3섹터를 넘어, 두 관점을 연결하는 교량이자 실현의 플랫폼으로 주목받는다. 사회적경제는 시장의 효율성과 국가의 공공성을 동시에 고려하면서도, 공동체 중심의 관계성과 시민참여라는 기본사회의 원리를 내포하고 있다. 그러나 그만큼 이중의 가치-성과와 관계, 제도와 자율, 효율과 신뢰-를 어떻게 조율할 것인가라는 과제를 안고 있다. 따라서 사회적경제가 기본경제와 기본사회를 통합하는 핵심구조로 자리매김하기 위해서는 다음과 같은 실천적 방향이 필요하다.

첫째, 사회적 성과 평가체계의 개발이 필수적이다. 현재까지의 사회적 경제 평가는 주로 재무적 지속가능성이나 사업 성과에 집중되어 있었으나, 이제는 이를 넘어 공동체에 미치는 사회적 영향과 관계적 가치까지 포함하는 다층적 성과 측정 체계가 요구된다. 단순한 수익률이나 일자리 수 외에도, 협동의 질, 신뢰의 확산, 지역 내 자산의 축적 등과 같은 정성적·정량적 지표를 통합한 평가 모델이 필요하다. 이러한 지표는 사회적경제가 단순한 기업의 대안이 아니라, 사회를 재구성하는 실질적 기제로 작동하고 있음을 보여줄 수 있어야 한다.

둘째, 공공과 민간의 다층적 파트너십 구조가 형성되어야 한다. 이는 정부 주도나 민간 자율이라는 이분법을 넘어서, 시민사회, 공공기관, 사회적기업, 지역공동체가 공동의 목표를 설정하고 그 실행 과정에서 역할을 분담하는 협치 체계를 의미한다. 특히 지역 단위에서는 자원 배분, 정책 설계, 실행 및 평가 과정에 이들 주체가 동등하게 참여하는 협력적 생태계가 구성되어야 하며, 이는 단순한 협약이나 위탁관계를 넘어서는 신뢰 기반의 연합 모델이어야 한다. 이러한 파트너십은 정책의 정합성과 시민 수용성을 동시에 확보할 수 있는 효과적인 방식이기도 하다.

셋째, 시민교육과 인식 전환이 장기적으로 매우 중요하다. 사회적경제는 여전히 '특수한 기업 형태' 또는 '취약계층 지원사업' 정도로 협소하게 인식되고 있는 현실이다. 그러나 사회적경제는 이윤 극대화를 넘어서 사회적 가치를 중심에 둔 경제활동이며, 공동체의 문제를 스스로 해결하는 민주적 실천의 장이다. 따라서 이를 경제·사회구조 전반을 재편하는 제도적 실험으로 이해할 수 있도록, 청소년 교육, 시민대학, 공익 미디어 등을 통한 지속적 교육과 담론 확산이 필요하다. 사회적경제가 '삶의 방식'으로 인식될 수 있을 때, 그 통합적 잠재력은 비로소 현실화된다.

마지막으로, 기초 단위 공동체의 실질적 자율성과 운영 권한이 확대되어야 한다. 기본경제와 기본사회가 일상 속에서 구현되기 위해서는, 행정 중심이 아니라 생활권 단위의 주민 자치와 참여 구조가 핵심이다. 마을, 동네, 지역 단위에서 시민들이 직접 기획하고 실행하는 사회적경제 조직과 활동은, 실질적 삶의 질 개선과 사회적 신뢰 회복의 출발점이 된다. 이를 위해서는 권한과 자원이 지역에 실질적으로 이전되어야 하며, 지역 정부와 시민 간의 수평적 협력 모델이 제도적으로 뒷받침되어야 한다. 이러한 풀뿌리 민주주의의 강화는 단지 정책 실행의 효율성 문제가 아니라, 새로운 사회계약의 실천이라는 측면에서도 매우 중요한 의미를 가진다.

결과적으로, 사회적경제는 기본경제와 기본사회의 철학을 실제 제도와 일상에 녹여내는 핵심 경로이자, 통합의 접점에서 작동하는 살아있는 구조이다. 이중적 가치 조율을 위한 위의 과제들이 충실히 실현될 때, 사회적경제는 단지 하나의 정책 대상이 아니라, 지속가능하고 포용적인 사회로의 전환을 견인하는 중심축이 될 수 있다.

사회적경제는 그 자체로 기본경제의 실천 전략이며, 동시에 기본사회의 윤리적 토대이다. 전자가 구조와 기능에 주목한다면, 후자는 가치와 관계성에 주목한다. 이 두 지평이 충돌하지 않고 상호보완적일 때, 사회적경제는 자본주의의 대안을 넘어서 지속가능한 삶의 조건과 질서를 복원하는 핵심 장치가 될 수 있다.

2. 실천전략

1) 총괄전략

기본경제는 인간의 기본적 삶을 보장하는 경제체제이며, 기본사회는 돌봄·연대·신뢰를 기반으로 한 공동체 구조를 말한다. 이 둘의 통합모형은 비시장적, 비국가적인 영역을 복원하고, 공공성과 자율성의 균형을 추구하는 데서 실현된다. 이 과정에서 핵심적 구현 장치가 바로 '사회적경제'이다. 따라서 사회적경제를 핵심 수단으로 통합모형을 실현할 총괄 전략은 "사회적경제를 기본경제·기본사회의 융합 플랫폼으로 전환"[33]이 적절해 보인다. 이는 "지역순환 기반 사회적경제 특구 조성 사업"으로 보다 구체화 되어 나타날 것이다.

이 전략은 지역 단위에서 자율성과 돌봄이 가능하도록, 협동조합·사회적기업·마을기업·자활기업 등의 사회적경제 주체들을 기본경제의 유통, 생산, 복지, 돌봄 주체로 전환하는 구조를 마련하는 것이다.

2) 개별 실천전략

기본경제와 기본사회 통합모델을 사회적경제 영역에서 실현하기 위한, 다섯 가지 주요 실행 전략을 제안할 수 있다.

- **자립형 공동체경제 모델 확산**[34]: 사회적경제 조직이 지역 기반의 자립경제 주체로 성장할 수 있도록 정책적·금융적 지원을 강화하는 것을 골자로 한다. 특히 로컬푸드, 지역에너지, 사회주택, 커뮤니티케어 등 지역 특화 분야 중심으로 다양한 모델을 개발하고 확산함으로써, 주민의 삶과 밀접하게 연결된 자립형 경제 생태계를 구축한다.
- **사회서비스의 공공화·탈시장화**[35]: 이는 돌봄, 교육, 복지 등 주요 사회서비스를 단순 민간 공급의 영역이 아니라 공공재로서 간주하고, 이를 사회적기업이나 협동조합과 같은 사회적경제 조직이 제공하도록 함으로써 공공성을 강화하는 접근이다. 특히 지자체와의 위탁협약 체결을 통해 서비스 표준화와 지속 가능성을 확보하고, 서비스 제공자에 대한 제도적 지원을 함께 강화하는 것이 핵심이다.

- **사회적경제 생태계의 민주적 거버넌스 구축**[36]: 중간지원조직이나 연대협동조합과 같은 조직 간 연합체를 활성화하여 수평적 연대 구조를 형성하는 것이다. 이와 더불어 지역 주민이 거버넌스 구조에 실질적으로 참여할 수 있도록 주민 참여형 의사결정 메커니즘을 강화하여 민주성과 책임성을 함께 확보하는 것이다.
- **지역통화 기반의 지역순환경제 조성**[37]: 지역 내 생산-소비-돌봄 활동을 연결하는 수단으로서 지역화폐 또는 디지털 지역통화를 활용하는 방식이다. 지역통화의 설계와 유통 과정에 사회적경제 조직을 핵심 주체로 참여시켜, 지역 내 경제 순환을 활성화하고 외부로의 자본 유출을 억제할 수 있도록 한다.
- **사회적가치 기반의 사회투자**[38]: 사회적경제 조직의 공공성과 사회적 가치를 측정 가능한 지표로 정량화하고, 이에 기반한 사회적 금융을 조성하는 방안이다. 특히 ESG나 임팩트 투자와의 연계를 통해 지속 가능한 자본 유입을 유도하고, 재무적 지속 가능성과 사회적 효과를 동시에 추구하는 투자 생태계를 구축하는 것을 목표로 한다.

3) 대표 전략사업 검토

대표 전략사업인 "지역순환 기반 사회적경제 특구 조성 사업"[39]을 조금 더 심도 있게 검토해 볼 수 있다.

이 사업은 기본경제와 기본사회의 통합 모델을 지역 단위에서 실험하고 정착시키기 위한 플랫폼 특구를 조성하는 것을 목표로 한다. 즉, 지역화폐, 돌봄, 생산, 유통, 소비, 금융이 하나의 생태계로 통합되어 운영되는 자립형 지역경제 모델을 실현하고자 한다.

핵심적인 실행 내용으로는, 첫째, 지역화폐를 운영하여 특구 내 상점, 복지기관, 생산자 간 거래를 지역화폐 기반으로 수행함으로써 지역경제의 내재적 순환을 유도한다. 둘째, 참여 기업 및 조직 간 연합체를 구성하여 공동 마케팅, 회계, 물류 등 통합 서비스를 제공하고, 사회적경제의 효율성과 협업 체계를 강화한다. 셋째, 지역의 사회서비스나 돌봄, 교육과 같은 공공서비스를 사회적경제 조직에 위탁하여 공공성과 혁신성을 동시에 확보한다. 넷째, 지역 주민의 자발적 참여를 유도하기 위해 지역화폐 포인트 적립이나 자원봉사 시간과 연계한 보상 체계를 제공하며, 마지막으로 지자체 차원에서는 특구 지정에 필요한 조례 제정, 세제 감면, 공간 지원 등의 제도적 기반을 마련한다.

이 사업의 실행 주체로는 지자체가 특구 지정 및 예산 확보, 공공기관 연계의 책임을 지고, 사회적경제 조직은 생산·유통·복지 등의 실질적 서비스 운영을 담당한다. 중간지원조직은 조직 간 연계와 플랫폼 설계를 맡으며, 주민협의체는 지역 통합 거버넌스의 주체로 참여하게 된다. 기대효과로는 지역 내 자본 유출의 억제, 주민 삶의 질 향상, 지속가능한 일자리 창출, 비시장적 돌봄과 공동체 연대 회복 등이 있다.

4) 전략사업별 추진 주체·방법 및 기대 효과

전략사업별 추진 주체·방법 및 기대 효과는 아래와 같이 제시할 수 있다.

각 전략사업은 실행 주체 간의 유기적 협력을 바탕으로 실행되며, 지역경제의 자립과 사회적 연대, 공공서비스의 질적 향상을 동시에 추구하는 것을 목표로 한다.

첫 번째로, '지역순환 특구' 사업[40]은 지자체, 사회적경제 조직, 중간지원기관이 주체가 되어 추진된다. 이 사업은 지자체가 특구 지정을 위한 조례를 제정하고, 공동 플랫폼을 구축하며, 주민참여 협의체를 구성·운영함으로써 실행된다. 이를 통해 지역경제의 자립을 실현하고, 지역 기반의 사회서비스를 공공적으로 운영할 수 있는 체계를 갖추는 것이 주요 기대효과이다.

두 번째로, '기본돌봄 연합체' 사업[41]은 돌봄조직, 협동조합, 주민조직이 주체가 되어 연합회를 설립하고, 돌봄서비스를 통합 운영하는 방식으로 추진된다. 이 과정에서 지역 내 고용과 연계하여 일자리 창출을 도모하며, 그 결과로 돌봄 노동자의 권리를 보호하고, 돌봄서비스의 질을 전반적으로 향상시키는 효과를 기대할 수 있다.

세 번째로, '지역유통망 구축' 사업[42]은 생산자협동조합, 생협, 중소상인이 공동으로 참여하는 구조로 운영된다. 이들은 공동 물류 시스템을 구축하고, 지역 온라인몰과의 연계를 통해 유통 구조를 개선한다. 이를 통해 유통비를 절감하고, 소상공인의 생존 기반을 보호하는 효과가 기대된다.

네 번째로, '사회적조달 활성화' 사업[43]은 공공기관과 사회적기업이 협력하여 추진된다. 공공기관은 공공입찰 기준을 사회적경제 조직에 맞게 개정하고, 사회적기업을 위한 맞춤형 컨설팅을 제공함으로써, 사회적경제 조직이 공공시장에 보다 쉽게 진입할 수 있도록 한다. 이로써 공공 조달 시장의 사회적가치 기반 전환이 가능해질 것으로 보인다.

다섯 번째로, '지역통화 플랫폼 운영'[44] 사업은 지자체와 핀테크 기업, 그리고 사회적경제 조직이 함께 수행한다. 디지털 기반의 지역통화를 설계하고, 결제 시스템을 보급하여 지역 내 소비를 유도하고 거래의 신뢰를 구축한다. 이는 지역경제 활성화의 핵심 기반이 될 수 있다.

마지막으로, '사회적가치펀드 조성' 사업[45]은 시민, 지자체, 민간재단 등이 공동으로 참여하여 사회적가치를 측정하는 지표를 개발하고, 투자자와의 연결(IR 매칭)을 통해 사회적경제 조직에 자금을 유입하는 구조를 만든다.

이를 통해 민간 및 공공 부문의 지속가능한 재원을 확보하고, 사회적경제에 대한 투자 기반을 넓히는 효과가 기대된다. 이들은 상호 보완적으로 작용하여 지역단위의 사회적경제 생태계를 활성화하고, 기본경제와 기본사회 통합 모델의 지속가능한 실현을 가능하게 할 것이다.

순환경제의 동네: 지역화폐

1. 기본인식

화폐는 단순한 교환의 수단이 아니라 사회구조와 경제질서를 반영하는 매개체이다. 우리는 너무 오랫동안 중앙화된 법정통화와 시장 중심 거래에 익숙해져 왔지만, 화폐는 본래 공동체 내부의 신뢰와 교환, 돌봄과 연대의 표현이었다. 최근 다양한 지역에서 실험되고 있는 지역화폐(Local Currency)는 이 점에서 매우 중요한 사회경제적 전환의 단초로 주목된다.

지역화폐는 단순히 '돈의 지역 순환'을 의미하지 않는다. 그것은 지역 주민, 생산자, 소비자, 사회적 조직 간의 경제적 연결망을 복원하고 사회적 관계를 회복하는 도구다.

지역화폐는 일정한 지역 안에서만 사용 가능한 통화이며, 보통 중앙정부가 발행한 법정통화와는 독립적으로 운영된다. 통상 지방정부나 시민단체, 협동조합 등이 주체가 되어 지역 내 소비와 생산을 연결하고, 지역경제의 내생성을 강화하기 위해 도입된다. 대표적인 사례로 독일의 킴가우어(Kimgauer), 한국의 경기지역화폐 등이 있다.

이러한 제도는 소비의 외부 유출을 줄이고, 자금의 지역순환을 촉진하며, 공동체 기반의 경제활동을 강화하려는 목적에서 시작되었다. 특히 코로나19 팬데믹 이후 재난지원금과 연계된 지역화폐 정책은 민생회복과 사회 연결을 동시에 달성할 수 있는 가능성으로 주목받았다.

기본경제는 사람들의 생존과 생활을 위한 필수재 생산과 공급이 안정적으로 이루어지는 구조를 지향한다. 이때 지역화폐는 지역 기반 생산과 소비의 연결 고리를 강화함으로써 생활경제의 내재화를 가능하게 한다. 지역화폐는 다음과 같은 방식으로 기본경제에 기여한다. (1) 지역 자금이 외부 대기업이나 투기 자본으로 빠져나가지 않고 지역 내 자영업자, 농민, 사회적경제 조직을 통해 재순환되도록 유도함으로써 지역의 총소득을 증가시킨다. (2) 재정 지출의 효율성과 파급력을 높인다. 예를 들어 지방정부가 지역화폐로 복지급여나 청년수당을 지급하면 그 돈은 다시 지역상권, 지역 일자리, 지역 생산자에게 돌아가게 된다. 이는 단일 재정 지출의 다중 효과(multiplying effect)를 만들어낸다. (3) 공공성과 경제성을 함께 담보한다. 지역화폐는 사용처 제한을 통해 소득의 지출 방향을 지역공동체에 유리하도록 조정할 수 있어, 재정정책이 기본경제를 실현하는 직접적 도구가 될 수 있다.

기본사회는 인간관계와 공동체의 신뢰를 핵심으로 하는 사회구조이다. 이 관점에서 지역화폐는 단지 '지역에서 쓰는 돈'이 아니라, 사회적 소속감과 관계 맺기의 새로운 형식으로 해석된다. (1) 지역화폐는 '지역 주민'이라는 정체성을 강화한다. 법정화폐는 국경 안에서는 누구나 동일한 기능을 갖지만, 지역화폐는 지역 구성원 간의 연대와 협력을 전제할 때만 의미가 생긴다. 따라서 이는 지역 내부의 상호 신뢰와 공동체 소속감을 증진시킨다. (2) 거래 자체가 관계로 이어진다. 지역화폐는 지역 상점, 로컬푸드 마켓, 협동조합 등을 중심으로 유통되며, 단골-이웃-공동체 구성원으로서의 관계를 강화하게 된다. 이는 사회적 고립과 무연고의 시대에 중요한 '사회적 자본의 회복' 수단이다. (3) 시장경제에 익숙하지 않은 취약계층에게도 참여의 문을 열어준다. 노년층, 청년, 이주민 등이 지역화폐를 통해 지역 활동에 참여하고, 가치를 창출할 수 있게 된다. 이때 거래는 단순한 경제 행위가 아니라 관계 회복과 삶의 통합이라는 의미를 지닌다.

기본경제는 지역화폐를 지역경제 활성화와 내생성 강화, 유동성 조절, 고용 유지 같은 거시경제적 효과 측면에서 평가한다. 따라서 지역화폐의 발행 규모, 할인율, 회전율, 소득 대비 효과성 등 수치 기반의 정책 설계와 평가가 중심이다. 반면, 기본사회는 지역화폐의 사회적 관계 형성 기능, 신뢰도 향상, 참여 공동체 형성이라는 정성적 가치를 더 중시한다. 이 경우 제도는 유통 구조보다 운영 주체와 거버넌스, 시민참여 방식, 주민 만족도 등 사회적 효과의 지속가능성을 중심으로 설계된다. 이러한 차이를 조율하기 위해서는 양자의 관점을 결합한 다층적 지표체계와 혼합적 거버넌스 구조가 필요하다.

지역화폐의 미래 가능성을 현실화하기 위해서는 몇 가지 중요한 과제를 동시에 해결해야 한다. 무엇보다 중요한 것은 첫째로 중앙정부와 지방정부 간의 정책 정렬이다. 현재 다수의 지역화폐는 지방정부의 독립적인 정책 의지에 의해 운영되고 있으나, 장기적 제도화와 재정적 지속가능성을 확보하기 위해서는 중앙정부의 법적 제도화와 재정 지원이 필수적이다. 지방이 자율성을 갖고 운영하되, 중앙이 정책적 기반과 재정적으로 지방을 제공하는 협력 구조가 구축되어야 한다.

둘째로, 디지털 인프라 구축은 지역화폐의 접근성과 관리 효율성을 동시에 높이는 핵심 요건이다. 종이형 지역화폐는 한계가 뚜렷하며, 모바일 기반 플랫폼으로의 전환은 사용자 편의성과 실시간 데이터 분석, 부정사용 방지 등 다층적 효과를 제공한다. 디지털 전환은 지역화폐의 운영 투명성과 정책 정합성 강화를 위한 필수 기반이기도 하다.

셋째, 지속가능성 확보 역시 핵심 과제다. 지역화폐가 일회성 할인이나 이벤트성 지급에 머물 경우, 장기적 효과를 담보할 수 없으며 오히려 소비자의 기대 왜곡을 초래할 수 있다. 따라서 공동체 기반의 운영 주체, 예컨대 사회적경제 조직이나 주민협의체 등이 제도 운영에 참여하도록 하여, 지역화폐가 지역사회의 실질적 필요와 연계된 지속 가능한 시스템으로 정착할 수 있도록 해야 한다.

마지막으로, 사회적 신뢰의 구축과 거버넌스의 정당성 확보가 필요하다. 이는 단지 부정사용을 막는 기술적 문제를 넘어서, 시민이 제도의 운영 원리와 가치를 이해하고 주체로 참여할 수 있는 조건을 만들어가는 과정이다. 공정성 있는 설계, 정보의 투명성, 참여 기회의 보장은 지역화폐가 '공동체적 화폐'로 인정받기 위한 핵심 요소이다.

결국, 지역화폐는 경제적 수단을 넘어서 사회적 신뢰와 공동체 회복을 매개하는 새로운 공공 제도로 발전할 가능성을 지니고 있다. 기본경제와 기본사회가 구체적 현실에서 접점을 이루는 장으로서, 지역화폐는 앞으로도 중요한 전략적 실천의 장이 될 수 있다.

지역화폐는 단순한 통화의 대체재가 아니다. 그것은 경제의 구조적 전환 수단이자, 사회적 관계 회복의 기제이다. 기본경제는 이를 통해 생산과 소비의 지역순환을 실현하고, 기본사회는 이를 통해 공동체의 신뢰와 소속감을 재구축한다.

앞으로의 정책 설계는 지역화폐를 재정 수단이나 마케팅 도구로 한정하지 말고, 기본경제와 기본사회라는 큰 틀 속에서 하나의 구조로 통합하는 작업이 되어야 한다. 그렇게 될 때, 지역화폐는 단지 돈이 아니라 함께 사는 삶의 형식이 될 수 있다.

2. 실천전략

1) 총괄전략

총괄전략으로는 지역화폐의 지역 기반 통합 플랫폼화를 들 수 있다. 즉, 지역화폐를 단순한 결제 수단이 아니라 생산-소비-돌봄-복지-참여가 선순환하는 지역 기반 통합 플랫폼으로 재정의하고, 이를 통해 기본경제(비시장적 교환, 상호부조 기반 경제)와 기본사회(시민참여, 공동체 돌봄 기반 복지)가 실질적으로 구현될 수 있는 제도적 장치로 전환한다.

이러한 전략을 통해 지역 내 자원과 인적 네트워크를 연결하고, 사회적 경제 조직 및 주민주체들이 협력할 수 있는 구조를 설계함으로써, 분산된 경제 주체의 통합, 공동체 기반의 자립 생태계 형성, 공공성과 연대 기반 복지 실현이라는 세 가지 목표를 동시에 달성하고자 한다.

2) 개별 실천전략

기본경제와 기본사회의 통합모형을 실현하기 위해서는, 지역화폐가 단순한 유통 수단을 넘어 사회적 가치의 흐름을 매개하는 복합적 플랫폼으로 기능해야 한다. 이러한 목적을 달성하기 위한 핵심 개별 실천전략은 다음과 같다.

　첫째, 통합형 디지털 지역화폐 플랫폼 구축 전략이다. 이 전략은 디지털 기반의 지역통화를 설계하여 지역 주민의 돌봄, 소비, 노동, 자원봉사, 사회참여 등 모든 활동이 하나의 지역화폐 체계 내에서 연결되도록 구성하는 것이다. 이러한 시스템은 지역 내 자원의 순환을 강화하고, 각 활동의 사회적 가치를 가시화하며 경제적 가치로 전환할 수 있게 한다.

　둘째, 지역화폐 연계 사회서비스 통합 전략이다. 이는 돌봄, 복지, 교육 등의 사회서비스에 지역화폐를 결제 수단으로 도입하고, 사회적경제 조직과 연계하여 서비스의 품질과 지속 가능성을 확보하는 것을 목표로 한다. 이는 시장에서 배제되기 쉬운 사회서비스를 지역 내부에서 지속 가능하게 재구성하는 방향이다.

　셋째, 지역화폐 기반 생산·유통 생태계 재편 전략은 로컬푸드, 공정무역, 생협 등 지역 생산자와 소비자를 직접 연결하는 유통망에 지역화폐를 적극 활용하여, 경제의 지역 순환성과 자립성을 높이는 전략이다. 이를 통해 대외 의존도를 줄이고 지역 내 경제 기반을 강화할 수 있다.

　넷째, 참여형 지역화폐 보상 전략이다. 이 전략은 주민의 자발적인 공공참여 활동(자원봉사, 주민계획 수립, 교육 참여 등)에 대해 지역화폐로 보상하고, 보상된 화폐가 다시 지역 내 사회서비스와 연결되도록 하는 구조를 제안한다. 이로써 주민의 참여를 지속 가능하게 만들고, 공동체 기반을 강화할 수 있다.

마지막으로, 지방정부와 사회적경제의 전략적 협력 모델 구축 전략이다. 이는 지자체가 제도적·재정적·공간적 기반을 제공하고, 사회적경제 조직이 실질적인 운영 주체로서 역할을 수행하는 공동 거버넌스를 설계하는 것이다. 이는 행정과 시민사회 간의 새로운 협력 모델로서 기능한다.

위와 같은 전략을 실행에 옮기기 위해, 지역화폐를 중심으로 기본경제와 기본사회 통합을 실현하는 다음과 같은 실천 전략사업을 제안한다.

- 첫째, 지역순환 기반 사회적경제 특구 조성 사업[46]
- 둘째, 기본돌봄 통합 플랫폼 구축 사업[47]
- 셋째, 지역사회 기여활동 보상 사업(참여경제화폐제)[48]
- 넷째, 로컬푸드·사회적 유통 통합 시스템 구축 사업[49]
- 다섯째, 사회적가치 기반 지역화폐 유통 촉진 사업[50]

이들 사업은 지역사회에서 경제와 복지, 자원과 노동이 선순환하도록 설계된 실천 실험들로서, 기존의 시장 중심적 통화 시스템이 외면해 온 비시장적 가치와 관계 중심의 경제 시스템을 복원하고 재조직하는 데 목적이 있다.

3) 대표 전략사업 검토

"지역순환 기반 사회적경제 특구 조성 사업"을 대표적인 전략사업으로 삼고 이에 대해 자세히 검토해 본다.

이 사업은 기본경제와 기본사회의 통합모형을 생활권 단위에서 통합적으로 실험하고 제도화하는 전략적 모델이다. 특정 지역을 '사회적경제 특구'로 지정하여, 지역화폐를 중심으로 생산-소비-복지-돌봄-금융이 선순환하는 자립형 생태계를 구현하는 것을 목표로 한다.

핵심적인 내용으로는 다음과 같은 요소들이 포함된다.

- **통합형 지역화폐 운영**: 특구 내 모든 상점, 돌봄·복지기관, 교육기관 등에서 지역화폐를 기본 결제 수단으로 사용하고, 일부는 자원봉사 시간이나 주민 참여 활동과 연동하여 발행한다.
- **사회적경제 네트워크 조직화**: 참여 기업 및 조직이 연합체를 구성하여 공동 마케팅, 공동 회계, 공동 물류 등 협력 구조를 운영하여 조직의 지속 가능성을 강화한다.
- **공공서비스의 사회적경제 위탁**: 지역의 복지, 교육, 돌봄 서비스 등을 사회적경제 조직에 위탁하여 주민 중심의 서비스 전달 체계를 구축하고, 품질 관리에는 주민이 참여할 수 있는 구조를 마련한다.
- **주민 인센티브 제공**: 주민이 자원봉사나 공공참여 활동을 하면 지역화폐로 포인트가 적립되며, 이는 지역 상점이나 공공서비스 이용에 사용할 수 있다.
- **지자체 제도 기반 마련**: 특구 지정을 위한 조례 제정, 세제 혜택 부여, 공공시설 공간 제공, 공공조달 연계 등 제도적 기반을 마련하여 사업의 지속성과 안정성을 확보한다.

4) 전략사업별 추진 주체·방법 및 기대 효과

- **지역순환 특구 조성 사업**: 이 사업은 지역 내에서 경제와 복지가 선순환하는 통합 생태계를 조성하는 것을 목표로 한다. 이를 위해 지방자치단체, 사회적경제 조직, 그리고 중간지원기관이 공동으로 실행

주체가 되어 협력한다. 주요 실행 방법으로는 관련 조례 제정, 디지털 기반의 공동 플랫폼 구축, 주민 참여형 거버넌스 운영체계 마련이 있다. 이러한 방식을 통해 지역 내 생산·소비·복지·돌봄이 순환하는 구조를 제도화하고, 주민이 실질적으로 주체가 되는 참여형 경제 시스템을 실현한다. 기대효과로서 지역 자본의 외부 유출을 막고 지역 내 자원이 순환함으로써 지역경제의 자립 기반이 강화되며, 동시에 돌봄과 복지 서비스의 공공성을 회복하는 데 기여할 수 있다.

- **기본돌봄 연합체 구축 사업**: 돌봄 서비스의 공공성과 노동 가치를 함께 증진하기 위한 전략으로, 지역의 돌봄 조직, 협동조합, 그리고 주민 조직들이 중심이 되어 실행한다. 실행 방식은 지역 내 다양한 돌봄 서비스를 하나의 통합 플랫폼으로 조직하고, 이를 지역화폐와 연계된 지역기반 고용 시스템과 연결하는 것이다. 이를 통해 비정규적이고 불안정한 돌봄 노동을 제도화하고, 서비스 제공자의 처우와 이용자의 서비스 접근성을 함께 향상시킨다. 기대효과는 돌봄 노동의 사회적 보호 강화와 더불어, 서비스 전반의 품질과 연속성 제고 등을 들 수 있다.

- **참여경제화폐제 도입 사업**: 이 사업은 지역 주민의 공공적 활동을 보상하는 방식으로 지방정부와 시민사회단체가 함께 주도한다. 실행 방법은 주민이 자원봉사, 마을 운영, 교육 활동 등 공익적 활동에 기여한 시간을 지역화폐로 환산해 보상하고, 이를 지역 내 소비에 사용할 수 있도록 유도하는 것이다. 이는 사회적 기여 활동을 실질적 가치로 환산해 인센티브화함으로써 주민의 공공참여를 촉진하고, 결과적으로 공동체 의식과 연대 기반을 강화하는 효과를 기대할 수 있다.

- **지역유통망 통합 구축 사업**: 이 전략은 지역 생산자와 소비자를 직접

연결하는 유통 생태계를 조성하기 위한 것으로, 생산자조직, 생활협동조합(생협), 중소상인 등이 주요 실행 주체로 참여한다. 실행 방식은 지역 내 소상공인, 로컬푸드, 사회적경제 상품 등을 통합하는 공동 유통망을 구축하고, 이 유통 구조 안에서 지역화폐로 결제가 가능하도록 시스템을 연계하는 것이다. 이를 통해 대기업 중심의 유통 시장에서 소외되었던 지역 상인과 생산자들에게 생존 기반을 제공하고, 유통비 절감으로 소비자 가격 안정에도 기여할 수 있다. 기대효과는 유통 구조의 공정성과 투명성 확보, 소상공인 보호, 그리고 지역경제의 내재적 회복력 강화 등이 있다.

- **사회적 가치 기반 지역화폐 유통 촉진 사업**: 이 사업은 단순한 거래를 넘어서 지역화폐 유통에 사회적 가치 기준을 접목함으로써 착한 소비를 촉진하는 전략이다. 사회적경제 조직과 지방자치단체가 협력하여 실행하며, 구체적으로는 지역화폐 사용처를 선정할 때 친환경, 공정노동, 지역기여 등 사회적 가치 지표를 기준으로 설정하고, 사용자가 이 기준에 따라 선택할 수 있도록 정보를 제공한다. 이를 통해 지역 소비자들이 가치 있는 소비를 할 수 있도록 유도하며, 사회적경제 생태계가 더욱 활성화될 수 있다. 기대효과로는 가치 소비 문화 정착, 사회적경제 조직의 경쟁력 제고, 그리고 전반적인 지역사회의 윤리적 전환 등을 들수 있다.

위 전략사업들은 지역화폐를 수단으로 하여, 경제적 자립과 사회적 연대를 동시에 실현하고자 하는 '기본경제·기본사회 통합모형'의 핵심축이다. 각 사업은 지역 주민이 참여하고 지역 자원을 활용함으로써, 단순한 경제 활성화가 아닌 공동체 중심의 지속가능한 사회적 전환을 유도하는 데 그 의의가 있다.

기본과 기본이 만났을 때: 통합적 실천의 큰 그림

1. 기본인식

'기본경제'와 '기본사회'는 지금까지 경제적 기능과 사회적 가치의 상호보완적 관계로 설명되어 왔다. 기본경제는 생산과 분배의 구조적 재편을, 기본사회는 신뢰와 연대의 사회적 관계망 회복을 각각 지향해왔다. 그러나 오늘날의 전환적 위기 – 기후변화, 인구절벽, 디지털 불평등, 공동체 해체 등 – 는 이 둘을 더 이상 나란히 존재하는 평행축으로 둘 수 없게 만들었다. 이제는 기본경제와 기본사회가 하나의 통합된 구조와 원리로 작동하는 새로운 사회경제 패러다임이 요구된다.

여기서는 앞서 살펴본 여섯 개 범주 – 기본소득, 기본자산, 기본금융, 기본서비스, 사회적경제, 그리고 지역화폐 – 를 통합하여, 기본경제와 기본사회가 어떻게 구조적으로 융합될 수 있는지를 탐색하고자 한다. 이 범주들은 더 이상 분리된 정책 단위가 아니라, 유기적으로 연결되어야 할 실천적 구성요소이다.

우선 기본경제는 기존 시장경제의 외연이 아니라, 삶의 기반과 필수 영역을 중심으로 한 경제구조 자체를 재편하려는 전략적 접근이다. 이는 단순한 자본주의의 보완이 아니라, 필수재 생산과 유통의 원칙 자체를 재구성하려는 시도이다. 기본소득은 자원의 재분배 기반을 제공하며, 기본자산은 생애 기반의 사회적 보장과 자립의 기회를 제공하고, 기본금융은 자본 접근과 투자 조건을 재구조화한다. 기본서비스는 재화 및 인프라의 공공성을 복원하며, 사회적경제는 생산·소비·분배를 공동체 중심으로 조직한다. 여기에 더해 지역화폐는 자금과 소비의 흐름을 지역 안에서 재정렬함으로써 기본경제의 순환구조를 공간적으로 구체화하는 매개가 된다. 이 여섯 범주는 각각 경제적 안정성을 확보하고, 시장의 불완전성을 보완하며, 인간 중심의 지속가능성을 담보하는 기능을 수행한다. 다시 말해, 기본경제는 이 여섯 범주를 통해 생활경제의 전체 지형을 다시 그리는 실천적 프레임을 형성한다.

반면 기본사회는 인간 존엄과 공동체 회복을 중심에 둔 사회 질서를 구축하고자 한다. 앞서 언급한 여섯 범주는 기본사회 안에서 다음과 같은 의미를 갖는다. 기본소득은 공동체가 구성원에게 무조건적으로 존엄과 소속을 인정하는 제도적 선언이며, 기본자산은 시민 누구나 생애 주기에 따라 자립적 삶을 시작할 수 있도록 사회가 제공하는 공통 출발선의 보장 장치다. 이는 단순히 금전적 자원의 지원이 아니라, 장기적이고 존엄한 삶의 계획을 가능하게 하는 기본 기반이며, 특히 세대 간 불평등과 출발선의 격차를 해소하는 수단으로 기능한다. 기본금융은 배제 없는 자율성과 미래 설계의 기회를 보장하는 포용적 자산화의 기반이다. 기본서비스는 누구에게나 보장되는 삶의 조건이자 사회적 권리의 실현 수단이고, 사회적경제는 공동체적 연대와 상호 돌봄을 제도화하는 조직적 표현이다. 마지막으로, 지역화폐는 구성원 간의 경제적 관계를 지역 기반의 신뢰와 공동체 정체성 속에서 재조직함으로써 사회적 자본을 형성하는 기반이 된다. 이렇게 볼 때 기본사회는 단지 제도의 설계가 아니라 삶의 구조와 사회적 상상력에 대한 근본적 물음에 응답하려는 시도이며, 위 여섯 범주는 기본사회가 지향하는 세 가지 핵심 목표 ― 신뢰 회복, 관계 재구성, 생애 안정성 보장 ― 을 실천적으로 구체화하는 중심축이다. 그 각각은 한 사람의 삶을 구성하는 요소들이자, 공동체를 재구성하는 기초이며, 결과적으로 새로운 사회계약의 구성요소로 작동한다.

현재까지의 정책은 대체로 여섯 범주를 분리된 영역으로 다루어 왔다. 각 부처, 각 예산 항목, 각 제도 틀 안에서 병렬적으로 설계되었기 때문에,

실제 시민의 삶에서는 제도 간 단절, 행정적 중복, 접근의 복잡성이라는 문제가 반복돼왔다. 정책들은 하나의 삶이 아니라 각각의 기능만을 다루었고, 그 결과는 제도의 피로감과 제도 신뢰도의 저하로 이어졌다. 그러나 현실의 시민은 여섯 범주를 분리하여 경험하지 않는다. 이들은 실시간으로 교차하고, 상호 의존하며, 통합적 방식으로 개인의 삶과 공동체의 질서를 구성한다. 예컨대 청년이 안정적인 주거(기본서비스)를 확보하지 못한다면, 아무리 고용 기회가 주어져도 자립은 어렵다. 기본금융에 접근할 수 없다면, 학업이나 창업, 이주 등의 초기 비용을 감당할 수 없고, 기본자산이 없다면 생애 초기의 기획력과 안정성이 위협받는다. 동시에, 기본소득 없이 소득 기반이 부족하다면 최소한의 선택권조차 제약되며, 지역화폐와 사회적경제에 참여할 수 있는 물적·심리적 여력도 줄어든다.

이처럼 개별 정책이 병렬적으로 작동하는 구조에서는 삶의 연속성과 일관성이 보장되지 않는다. 따라서 여섯 범주는 단순한 정책 카테고리가 아니라 삶의 조건을 구성하는 하나의 통합적 질서로 설계되어야 한다. 그것이 바로 기본사회와 기본경제가 만나는 구조적 지점이며, 지금 우리가 마주하고 있는 정책 패러다임 전환의 핵심 과제다. 6대 범주(기본소득, 기본자산, 기본금융, 기본서비스, 사회적경제, 지역화폐)가 삶의 조건을 구성하는 하나의 통합적 질서로 설계될 때 이를 통해 행정 효율성, 시민 신뢰, 정책 상승작용을 극대화할 수 있으며, 궁극적으로 지속가능하고 포용적인 사회를 구축할 수 있다.

이러한 구조를 효과적으로 설계하기 위해서는 세 가지 원리가 고려되어야 한다.

첫째, 보편성과 선택성의 균형이다. 기본소득과 기본서비스는 가능한 한 보편주의 원리에 따라 적용되어야 하며, 누구든 차별 없이 접근할 수 있어야 한다. 반면, 기본금융, 사회적경제, 지역화폐는 지역성과 상황 기반의 유연성이 요구되므로, 조건부 맞춤 설계가 병행되어야 한다.

둘째, 수직적 재정 구조와 수평적 실행 체계의 결합이다. 중앙정부는 법과 재정의 틀을 제공하되, 지방정부와 지역공동체가 그 실천과 운용을 책임지는 구조가 되어야 한다. 이는 권한의 분산이 아니라, 현장성과 참여성을 결합한 새로운 사회적 거버넌스 질서를 의미한다.

셋째, 경제성과 사회성을 함께 반영한 다중 평가지표 도입이 필요하다. 기존의 GDP, 고용률 중심 지표로는 기본경제·기본사회 구조의 성과를 측정하기 어렵다. 이에 따라 관계망 밀도, 삶의 만족도, 자율성, 돌봄 시간, 지역 내 소비 회전율 등의 정량-정성 복합 지표체계가 필요하다.

이 통합구조는 실행 단계에서도 다층적 설계가 필요하다. 국가 차원에서는 기본소득과 기본금융의 법제화 및 예산 확보를 담당하고, 지방정부 차원에서는 기본서비스 공급과 사회적경제·지역화폐의 플랫폼 구축을 주도해야 한다. 공동체 차원에서는 협동조합, 마을기금, 커뮤니티뱅크 등 자율적 실행 주체를 육성하고, 시민사회 차원에서는 평가와 감시, 참여 설계 등 사회적 책무성과 투명성 확보 역할을 수행해야 한다. 이러한 다층적 구조는 권한의 위임이 아닌, 정치적 책임과 사회적 신뢰가 수직·수평으로 연결되는 생태계 구성을 의미한다.

기본경제·기본사회 통합구조는 기술적 인프라 없이는 실행되기 어렵다. 디지털 플랫폼을 통해 지급, 인증, 서비스 연계, 평가가 통합적으로 운영되어야 하며, 이를 위해 지속적 모니터링과 피드백 체계, 데이터 기반 정책 설계가 필요하다. 특히 지역화폐는 기본경제와 기본사회가 현실에서 만나는 핵심 접점으로, 경제적 순환과 사회적 신뢰를 동시에 실현하는 제도적 플랫폼이다. 디지털 기반을 통해 지역 내 소비 흐름, 상점·조직 간 연결망, 소비자 행동의 패턴 등을 시각화할 수 있으며, 이 데이터는 기본소득 및 사회적경제와의 연계를 보다 정교하게 만들 수 있다. 이처럼 기술은 단순한 효율 수단이 아니라, 정책 간 통합성과 시민 삶의 일관성을 보장하는 촉진 인프라다.

이러한 통합 구조가 제공하는 기대 효과는 단순히 정책 효율에 그치지 않는다. 중복 행정과 재정 낭비를 줄이고, 정책의 상승 작용을 창출하며, 불평등과 배제의 사각지대를 축소할 수 있다. 나아가 시민의 정책 참여도와 신뢰도를 높이며, 장기적으로 사회비용을 감소시키고 공동체 기반의 지속가능성을 강화한다. 무엇보다 중요한 변화는 시민이 자신을 '수혜자'가 아닌 '공동 설계자'로 인식하게 된다는 점이다. 이는 민주주의의 질을 높이고, 제도에 대한 자율성과 책임감을 동시에 고양시키는 계기가 된다.

기본경제는 '무엇을' 제공할 것인가에 대한 구조적 체계이고, 기본사회는 '어떻게' 제공할 것인가에 대한 가치와 관계의 기준이다. 이 둘은 구조와 윤리, 수단과 목적의 관계처럼 서로를 전제한다. 따라서 이들을 별도로 설계하고 실행하는 한, 정책은 단기적 효과에 그치고, 시민의 삶은 여전히 단절과 파편화 속에 머물게 된다. 앞으로의 과제는 이 둘을 정책, 제도, 거버넌스, 철학의 수준에서 통합적으로 구성하는 일이다. 그것은 함께 살아갈 수 있는 사회를 다시 설계하는 일이다. 기본경제와 기본사회가 하나의 프레임으로 통합될 때, 우리는 진정으로 신뢰가능한, 지속가능한, 회복력 있는 공공의 삶을 회복할 수 있을 것이다.

2. 실천전략

1) 총괄전략

"생활권 기반 통합경제 생태계 구축 전략"

기본경제와 기본사회는 '시장 외적 삶의 기본 조건'을 누구나 접근 가능하도록 보장하는 철학에서 출발한다. 이를 위해선 복지, 돌봄, 교육, 주거, 소비, 생산, 금융, 사회적 관계망을 하나의 통합 구조로 연결하는 '생활권 기반 통합경제 생태계' 구축이 필요하다. 이 총괄 전략은 기존의 정책적 파편화를 넘어서, ① 삶의 필요를 해결하는 기본재의 공공적 재편, ② 사회적경제 조직 중심의 운영, ③ 지역화폐를 기반으로 한 가치 순환, ④ 주민참여형 거버넌스를 결합하는 방식이다. 이는 경제와 사회가 하나의 공동체 플랫폼 위에서 작동하도록 설계된 구조다.

2) 개별 실천전략

개별 실천전략으로 아래와 같이 6가지를 제안한다.

- **통합형 디지털 지역화폐 플랫폼 구축 전략**: 모든 공공 참여, 노동, 소비, 자원봉사 활동을 디지털 지역화폐로 연결해 지역 내 가치 순환 구조를 형성한다.
- **사회서비스·돌봄 통합 전달체계 전략**: 사회서비스와 돌봄을 공공성과 지역성 기반으로 통합하고, 사회적경제 조직이 주체가 되는 운영체계를 정착시킨다.
- **지역생산-유통 통합 시스템 구축 전략**: 지역 생산자(로컬푸드, 협동조합 등)와 소비자를 연결하고, 유통은 공동 물류 시스템과 지역화폐 결제 연계로 효율화한다.
- **사회적 가치 기반 사회적금융 전략**: 사회적가치 측정 기준을 기반으로 사회적경제 조직에 ESG·임팩트 투자 등 자본 유입을 유도한다.
- **참여경제 보상 및 시민정책 참여 강화 전략**: 주민의 자원봉사, 마을계획, 주민조사, 커뮤니티 교육 등 공적 활동에 대해 지역화폐 지급이나 보상체계를 마련한다.

- **청년기반 지역혁신 전략**: 청년이 지역에서 활동하며 자립하고 기여할 수 있도록 일과 거주, 사회참여가 연결된 지원 체계를 구축한다.

3) 실천전략 사업

위 총괄 전략과 개별 전략을 실현하기 위한 구체적인 실천 전략 사업은 다음과 같이 제시해 볼 수 있다.

- **통합경제 특구 조성 사업**: 하나의 생활권(예: 읍면동 단위)을 선정해 통합적 실험을 운영하며, 지역화폐, 사회적경제, 돌봄, 사회서비스, 생산·소비, 금융 등이 상호작용하는 지역경제 생태계를 조성한다.
- **기본돌봄 통합 플랫폼 사업**: 돌봄 조직, 협동조합, 주민조직을 연합하여 하나의 통합적 돌봄 서비스 체계를 구성하고, 지역기반 고용과 연결한다.
- **참여경제 기반 지역화폐 보상 시스템 구축 사업**: 자원봉사, 주민회의, 주민 교육 등 공공활동에 대한 지역화폐 기반 보상 체계를 구축하여 주민의 참여를 제도화한다.
- **지역생산·소비 공동유통망 구축 사업**: 로컬푸드 및 생협 중심의 생산자-소비자 간 공동 유통망을 설계하고, 지역화폐와 연계하여 거래를 촉진한다.
- **사회적가치 기반 지역화폐 유통 촉진 사업**: 공공 서비스와 소비에서 사회적가치 지표를 도입하고, 이에 부합하는 거래나 소비에 인센티브를 부여한다.
- **청년 지역정착 실험구역 운영 사업**: 청년 주도의 사회적경제 프로젝트를 지원하고, 지역 내 일과 주거, 커뮤니티 활동을 연계한 실험을 지원한다.

4) 대표 전략사업 검토

대표 전략사업인 "통합경제 특구 조성 사업"에 대해 좀 더 자세히 살펴본다.

- **사업 목적**: 기본경제와 기본사회 통합모형을 실제 공간에서 통합적으로 구현하는 '통합경제 특구'를 조성한다. 특구는 한 생활권 단위에서 지역화폐를 중심으로 한 경제–사회 통합 생태계를 실험하고, 제도화 가능한 모델로 구축하는 것을 목표로 한다.
- **사업 내용**:
  (1) 지역화폐 중심 통합거래 운영: 상점, 사회서비스, 자원봉사, 교육, 주민활동 등에 지역화폐를 도입하여 선순환 구조를 만든다.
  (2) 사회적경제 네트워크 구축: 지역의 사회적경제 조직들이 연합하여 공동 회계, 물류, 마케팅 체계를 구축한다.
  (3) 사회서비스·돌봄 위탁 운영: 복지·돌봄·교육 등은 사회적경제 주체에 위탁하고, 주민이 평가하고 피드백하는 참여형 거버넌스를 구성한다.
  (4) 자원봉사·참여활동 인센티브: 지역 내 자원봉사, 마을 활동 등 비시장 활동에 대한 지역화폐 보상 체계를 설계한다.
  (5) 제도·재정적 기반 구축: 지자체는 조례 제정, 공간·예산 지원, 제도적 기반을 마련하여 지속성을 확보한다.
- **실행 구조**: 통합경제 특구 조성 사업의 실행 구조는 명확하게 역할이 구분된 주체 간 협력을 바탕으로 설계한다. 먼저, 지방자치단체는 특구를 지정하고, 이를 뒷받침할 수 있는 조례 제정 및 제도 정비를 수행하며, 필요한 재정적 지원을 제공하는 역할을 맡는다. 즉, 제도적 기반과 정책적 의지를 확보하는 데 중추적인 기능을 한다.

사회적경제조직은 이 특구 내에서 실제 서비스를 운영하는 주체로서, 생산, 돌봄, 교육 등 기본경제와 기본사회 영역의 핵심 서비스를 직접 수행한다. 이들은 주민의 삶에 밀접한 일상 서비스를 담당하면서도, 지역 내 경제 활동과 공공서비스의 질을 동시에 책임진다.

중간지원조직은 전체 시스템의 설계와 실행을 조율하는 역할을 수행한다. 이들은 통합 플랫폼을 기획하고 각 주체 간의 협업을 가능하게 하는 기술적·조직적 인프라를 구축하며, 사업의 지속 가능성과 실질적 성과를 확보하도록 돕는다.

마지막으로, 주민협의체는 정책 수립 과정에 참여하고, 서비스의 질과 운영 전반에 대한 감시자이자 주체로 기능한다. 이들은 지역 거버넌스에 있어 중요한 의견 제시자이며, 주민 참여를 제도적으로 보장하는 기구이다.

이러한 실행 구조를 통해 얻을 수 있는 기대효과는 매우 포괄적이다. 첫째, 지역화폐를 중심으로 자본이 지역 내에서 순환함으로써 외부로 자원이 빠져나가는 것을 최소화하고, 지역경제의 자립을 실현할 수 있다. 둘째, 통합된 복지·돌봄·생산 체계는 주민들의 일상 삶을 안정화시키고, 서비스의 질을 높이며 삶의 질 향상과 공동체 회복에 기여한다. 셋째, 기존 시장 논리로는 포착되지 않는 돌봄, 교육, 자원봉사와 같은 비시장 영역의 공공서비스가 확대되고 정당한 보상을 받을 수 있는 구조가 마련된다. 마지막으로, 새로운 사회적경제 기반 일자리가 창출되고, 특히 청년들의 참여와 정착을 유도함으로써 지역의 인구 유출을 막고 지속 가능한 발전 기반을 조성할 수 있다.

5) 전략사업별 실행주체, 방법, 기대효과

(1) 기본돌봄 플랫폼 구축 사업

- **실행주체**: 지역 내 돌봄조직, 협동조합, 주민조직이 주체가 되어 돌봄 연합체를 구성하고, 지자체 및 중간지원기관의 지원을 받아 운영된다.
- **실행방법**: 연합체는 지역 단위의 통합된 돌봄 플랫폼을 구축하여, 노인·장애인·아동·청소년 돌봄 등 다양한 서비스를 연결한다. 플랫폼은 지역화폐 기반으로 보상 체계를 설계하며, 고용 연계 프로그램과 사회서비스 품질관리 체계도 함께 구축한다.
- **기대효과**: 돌봄 노동자의 노동권과 복지를 보호하고, 서비스의 질과 지속성이 크게 향상될 것이다. 나아가 사회적 가치 중심의 돌봄체계가 정착되어 공공복지의 새로운 모델로 자리잡게 될 것이다.

(2) 참여경제 보상 시스템 구축 사업

- **실행주체**: 지자체와 시민단체가 협력하여 기획 및 운영을 담당하고, 마을 단위 주민조직이 실제 참여자의 모집과 참여 활동을 주도한다.
- **실행방법**: 자원봉사, 주민회의, 마을계획, 주민교육 등 공공 기여 활동에 대해 '시간기여 기반 지역화폐'를 발행하고 보상한다. 지역화폐는 지역 상점, 복지서비스, 문화공간 등에서 자유롭게 사용할 수 있도록 유통처를 확장한다.
- **기대효과**: 주민의 사회 참여가 촉진되고, 공동체 의식이 강화될 것이다. 무보수 노동이 정당하게 평가받고 지역 내 가치 흐름에 통합됨으로써, 사회적 관계 자본이 강화될 것이다.

(3) 지역유통망 구축 사업

- **실행주체**: 생산자조직(로컬푸드 단체 등), 소비자협동조합(생협), 중소상인들이 중심이 되며, 중간지원조직이 물류 및 기술 인프라 구축을 지원한다.
- **실행방법**: 지역 단위 공동 물류 시스템을 구축하고, 지역화폐로 결제 가능한 통합 온라인몰을 개설한다. 또한 지역 단위의 매장과 물류 창고를 연계하여 효율적인 재고 관리와 소비자 접근성을 높인다.
- **기대효과**: 유통비가 절감되고 소상공인의 생존 기반이 강화되며, 로컬푸드와 공정 유통 구조가 정착될 것이다. 소비자 또한 품질 높은 지역 생산품을 안정적으로 공급받을 수 있을 것이다.

(4) 사회적가치 지역화폐 유통 촉진 사업

- **실행주체**: 사회적경제 조직과 지자체가 공동으로 운영하며, 기술 파트너 및 시민 참여단이 사용자 경험 개선과 피드백을 주도한다.
- **실행방법**: 사회적가치를 반영한 기준(친환경, 포용, 돌봄 중심 등)을 설정하고, 이를 바탕으로 지역화폐 사용자에게 선택권을 제공하는 시스템을 개발한다. 예를 들어, 가치소비 인증을 받은 점포에서 사용 시 보너스 포인트를 제공하는 방식 등이 있다.
- **기대효과**: 소비자가 사회적 가치를 고려한 소비를 하도록 유도하고, 사회적경제 조직의 매출 기반이 확대될 수 있다. 장기적으로는 가치 기반 경제문화 형성이 기대된다.

(5) 청년 지역화폐 실험 사업

- **실행주체**: 청년단체와 중간지원조직이 주도하고, 지자체는 제도적 유연성을 보장하며 예산을 지원한다.
- **실행방법**: 청년이 지역화폐를 기획하고 실험할 수 있도록 프로젝트 기반 지원 프로그램을 운영한다. 창의적 기획, 청년 주도 실험, 지역사회 연계 프로젝트에 대해 지역화폐 보상 및 후속 자원(공간, 멘토링 등)을 제공한다.
- **기대효과**: 청년의 지역사회 참여가 활성화되고, 정착 기반이 마련될 수 있다. 실험과 도전을 통해 지역화폐 시스템의 다양성과 지속가능성이 강화될 것이다.

이상의 전략사업들은 기본경제와 기본사회를 지역 단위에서 통합적으로 실현하기 위한 핵심 기반이 된다. 각 사업은 고유의 실행주체와 방식, 효과를 가지고 있지만, 공통적으로는 협력·참여·사회적가치를 중심에 두고 있다는 점에서 유기적으로 연결된다. 이 구조는 경제와 복지, 노동과 참여, 생산과 분배가 단절되지 않고 상호 작용하는 생태계를 지역에서 구현할 수 있는 실질적 경로를 제공한다.

기본을 실현하는 사회는 어떻게 가능한가

기본경제와 기본사회는 더 이상 이상적인 구호나 개념적 선언에 머물 수 없다. 이 장에서 살펴본 바와 같이, '기본'은 구체적 제도와 정책, 실천과 참여, 그리고 지역과 일상의 삶 속으로 스며들어야 비로소 그 힘을 발휘한다.

특히 기본소득, 기본자산, 기본금융, 기본서비스, 사회적경제, 지역화폐라는 여섯 가지 실천 전략은 각기 독립적으로도 강력한 효과를 갖지만, 통합된 구조 속에서 함께 작동할 때 더욱 지속가능하고 확장가능한 질서로 발전할 수 있다.

기본경제와 기본사회는 각각 삶의 기반과 사회의 관계망을 재구성하는 구조이며, 두 구조가 맞물릴 때 우리는 사회 전체를 '기본으로부터 다시 짜는' 전환을 이끌어낼 수 있다. 이는 단순한 정책의 수집이나 제도의 조합이 아니라, 인간 삶의 조건을 근본적으로 재정의하는 기획이다. 다시 말해, 기본을 실현한다는 것은 사회의 작동 원리를 바꾸는 일이며, 시민과 공동체, 공공과 시장의 관계를 새롭게 재편하는 과정이다.

그러나 이러한 전환은 저절로 이루어지지 않는다. 첫째, 법제도적 뒷받침 없이는 실천의 지속성이 담보될 수 없다. 둘째, 행정과 정책 집행 시스템이 통합과 협치를 중심으로 작동해야 한다. 셋째, 무엇보다 중요한 것은 시민의 참여와 신뢰다. 실천의 성공은 '무엇을 주느냐'가 아니라 '어떻게 함께 만들고 실행하느냐'에 달려 있다. 기본은 국민에게 주어지는 혜택이 아니라, 함께 설계하고 실현해 나가는 공적 기반이자 공동의 약속이다.

마지막으로, 이 장에서 제시한 실천 전략들은 궁극적으로 새로운 사회계약을 실현하는 통로이기도 하다. 복지를 수동적으로 받는 관계에서 벗어나, 시민이 직접 삶의 질서를 설계하고 공동체의 방향을 결정하는 참여적이고 민주적인 전환의 실험이 바로 기본경제·기본사회의 실천이다. 이 전환은 불평등을 줄이고 회복력을 높이며, 지속가능한 성장과 포용적 공동체를 가능하게 하는 미래형 사회모델의 출발점이다.

"기본 나라, 나무마을 이야기"
– 삶의 기본이 다시 피어나는 곳

바람이 적막하게 흐르는 어느 봄날, 나무마을은 천천히 깨어난다. 한때 '사라질 뻔한 마을'이라 불리던 이곳은 지금, 기본이 살아 숨 쉬는 나라의 모델로 다시 태어나고 있었다. 마을의 광장엔 매일 아침 "기본 알림판"이 열린다. 기본소득의 지급일, 오늘의 돌봄 일정, 지역화폐 순환 속도, 사회적경제 매장 소식… 등. 이 정보들이 마을 사람들의 일상과 숨결처럼 연결돼 있다. 이 이야기는 바로 그 나무마을에 사는 사람들의 일상과 전환의 기록이다.

**은하의 월요일,
기본소득과 생애 첫 자유**

은하(26)는 졸업 후 서울에서 3년간 불안정한 노동을 전전하다, 고향인 나무마을로 돌아왔다.

'기본소득 35만원'은 처음엔 생소하고 조심스러웠다. 하지만 그 돈은 그녀에게 생애 첫 '기획 없는 시간'을 선물했다. 책을 읽고, 글을 쓰고, 지역 청년들과 함께 기본소득 글쓰기 모임을 시작했다.

"시간이 너무 많아서 뭘 해야 할지 모르겠다"는 말은, 이제 "시산이 있어서 나 사신을 알게 되었나"는 고백으로 바뀌있다.

그녀는 지금 '기본사회 아카이브'에서 지역 사례 수집 프로젝트를 이끌고 있다.

민철의 자산 일기,
기본자산이 준 두 번째 기회

민철(52)은 한때 지역 제조업 공장에서 일하다 구조조정으로 실직한 뒤, 줄곧 불안정한 삶을 살았다.

하지만 기본자산 계좌가 그의 삶을 뒤집었다. 마을에서는 만 18세 이후 모든 주민에게 일정 금액의 기본자산을 제공했고, 민철은 사회적협동조합 가구공방을 공동 설립하며 그 자산을 출자금으로 활용했다.

이제 그는 '대표'가 되었고, 한 달에 한 번 '기본자산 사용 교육'에서 자신이 어떻게 실패 이후의 삶을 재구성했는지 강연한다.

"기회는 언제나 있지만, 기본이 없으면 잡을 수 없어요." 그의 말에 사람들은 고개를 끄덕였다.

정희의 계좌,
기본금융이 지켜준 아이의 수술비

정희(38)는 다문화 가정의 엄마다. 큰 아이가 심장 수술이 필요했지만, 보증과 신용이 없어 어디서도 대출을 받지 못했다.

그러나 기본금융 협동기금은 달랐다. 이 마을의 금융기관은 신용이 아닌 삶의 정당성을 기준으로 작동하며, 정희는 진단서와 생활기록, 마을의 추천서만으로 무이자 긴급기본대출 500만원을 받았다.

의료비를 갚는 3년 동안 그녀는 공공급식조리 협동조합에서 일했고, 마침내 '경제적으로도 존엄한 사람'이 되었다고 느낄 수 있었다. 기본금융은 자산이 아니라 신뢰를 담보로 삼는 은행이었다.

수진과 재호의 하루,
기본서비스가 만든 돌봄의 일상성

수진(46)은 혼자 아들을 키우는 워킹맘이다.

아침 8시, 지역아동센터로 아들 재호를 보내면, 돌봄교사들이 학교와 센터를 연계해 하루를 돌본다. 저녁이 되면 재호는 무료급식과 함께 친구들과 신나게 놀다 집에 온다. 이 모든 돌봄은 공공이 운영하는 기본서비스이며, 지역사회와 주민이 직접 설계했다.

수진은 말한다. "돌봄이 공공의 일상이 되니까, 나도 내 삶을 돌볼 수 있게 되었어요."

상훈의 실험,
사회적경제가 만들어낸 새로운 일터

상훈(31)은 취업 대신, 마을의 청년기획협동조합에 참여했다.

그들은 '기본소득 활용법', '기본통장 재설계', '기후위기 대응 마을전환' 등의 워크숍을 기획하고, 이를 통해 소득도 얻고 마을에서의 새로운 사회적 가치를 창출한다.

"월급보다 의미가 크다"는 그의 말은 가벼운 듯하지만 깊다. 그는 이제 이웃 마을로 초청되어 사회적경제 확산 컨설팅을 진행 중이다.

**연금할머니의 장바구니,
지역화폐로 순환하는 마을경제**

연금할머니는 매주 목요일 장을 본다. 지급받는 기초연금의 절반은 지역화폐 '나무'로 자동 전환된다.

그 화폐는 오직 동네의 사회적경제 매장, 로컬푸드, 재사용 가게, 공공급식에서만 쓸 수 있다. 그래서 그녀의 장바구니는 늘 "이웃의 일자리와 건강한 소비"로 채워진다.

한 달에 한 번 지역화폐 순환 속도를 확인하고, 마을포인트를 기부하기도 한다.

"나는 돈을 쓰는 게 아니라, 우리 마을을 돌아가게 하는 거지."

그녀의 미소는 지역경제의 엔진이다.

**마을의 플랫폼,
통합 구조의 작동 방식**

모든 서비스, 소득, 자산, 금융, 정보는 '기본통합플랫폼'을 통해 연계된다.

은하는 기본소득 수급일에 자동으로 지역화폐 충전 알림을 받고, 상훈은 사회적경제 활동 실적을 토대로 소득지원 심사를 받으며, 정희는 긴급 기본금융 신청서를 돌봄서비스 이력과 함께 통합 제출한다.

이 플랫폼은 기본경제를 실행하는 디지털 기반이자, 참여와 책임의 공유장이다. 기술은 단지 빠른 길이 아니라 서로를 연결하는 길이 되었다.

시민의회와 기본거버넌스, 민주주의의 회복

매월 둘째 주 금요일, '기본마을시민의회'가 열린다. 10명의 대표와 30명의 시민참가단이 모여 기본경제 지표를 검토하고, 새로운 정책을 토론한다.

이날은 '청년주거 기본서비스 확대'를 놓고 열띤 논쟁이 있었다. 다양한 의견이 오간 끝에, 결론은 "더 많은 주민이 검토하고 돌아오자"였다.

민주주의는 속도보다 깊이로 작동하고 있었고, 그 과정을 통해 시민은 공동체의 주권자로 성장하고 있었다.

기본이 기본이 되는 사회

나무마을의 사람들은 더 부자가 된 것은 아니다. 하지만 삶의 불안은 줄었고, 서로에 대한 신뢰는 커졌다. 기본이 보장되자, 사람들이 다시 서로를 돌보기 시작했고, 사회가 경쟁이 아닌 협동의 언어로 말하기 시작했다.

기본경제는 단지 복지가 아닌, 새로운 삶의 언어였고, 기본사회는 그 언어를 사용하는 공동체의 감각이었다.

"이 마을이 특별한 건 기본이 있기 때문이 아니라, 기본을 서로에게 선물처럼 나누기 때문이에요."

– 나무마을 시민의회 회의록 중

……
이 이야기는
끝이 아니라 시작입니다.
어디에서든, 누구에게든,
기본은 다시 살아날 수 있습니다.
그 시작은 항상 이야기로부터입니다.
우리 각자의 '나무마을' 이야기를 써 내려갑시다.

토론_ '기본'을 세우는 실천 전략

1. '기본'의 실현을 위한 평가지표

GDP 중심의 전통적 지표 대신 제안된 '관계망 밀도', '삶의 만족도', '자율성' 등 다중지표의 가능성과 한계는 무엇인가?

2. 여섯 범주의 통합 설계의 필요성

개별 정책이 아닌 통합적 삶의 질서로서 여섯 범주를 구성하는 이유와 기대 효과는 무엇인가?

3. 여섯 범주 실천 전략의 우선순위 설정

기본소득, 기본자산, 기본금융, 기본서비스, 사회적경제, 지역화폐 중 어떤 범주부터 실현해야 하는가? 그 이유는 무엇인가?

각 범주가 독립적으로 작동할 경우 중복이나 비효율이 발생할 수 있는데, 이를 방지할 수 있는 전략은 무엇인가?

4. 지자체 주도 실천 전략의 한계와 가능성

지방정부가 통합전략의 실행 주체가 될 수 있는 조건은 무엇이며, 중앙과의 역할 분담은 어떻게 할 것인가?

수직적 재정 구조와 수평적 실행 체계의 조화 방식을 구체적으로 무엇이어야 하는가?

5. 기본경제·기본사회 실현을 위한 재정 조달 방안

증세, 예산 재구조화, 사회적 투자 등 어떤 방식이 가장 실현 가능하고 정당성이 있는가?

• 에필로그 •

기본경제·기본사회는 어떻게 완성되는가

•

오늘 21세기를 살아가는 우리는 불안정하고 예측 불가능한 세계 속에서 '기본'을 다시 주목하게 되었다. 너무도 자명한 단어지만, 이제 그 분명한 의미까지 도전받는 실정이다. 주거와 일자리, 교육과 의료, 먹거리와 돌봄, 신뢰와 공동체, 소득과 미래 설계까지. 한때는 당연하다고 여겨졌던 모든 것들이 도전받고 훼손되고, 더 이상 보장되지 않는 조건이 되어버렸다.

 이 책은 잃어버린 기본을 되찾기 위한 제안이다. 단지 복지의 확대나 시장의 조정을 요구하는 것이 아니라, 삶의 구조 자체를 다시 짜야 한다는 제안이다. 이 제안은 '기본경제'와 '기본사회'라는 제목으로 정리되었다. 하나의 문제의식을 두 축으로 지탱하고 발전시키는 개념들이다. 기본경제가 물질적 조건과 제도적 구조, 이른바 물적 토대를 지칭한다면, 기본사회는 인간관계와 삶의 가치를 아우른다. 전자가 삶을 가능하게 만드는 기반이라면, 후자는 그 기반 위에서 인간이 존엄하게 살아갈 방향을 제시한다.

 이 두 개념은 단순히 병렬적인 것이 아니다. 기본경제가 없다면 기본사회는 추상적 윤리에 그칠 것이며, 기본사회가 없다면 기본경제는 관리적 효율의 기계로 전락할 것이다. 따라서 이 둘은 본질적으로 연결되어야 하며, 실천적으로는 서로를 전제하고, 서로를 강화하는 통합적 구조로서 설계되어야 한다.

두 개념의 통합을 여섯 개의 범주 — 기본소득, 기본자산, 기본금융, 기본서비스, 사회적경제, 지역화폐 — 를 통해 구체화해 보았다. 각각은 현재도 현실의 일부로 존재하지만, 여전히 실험적이고 단편적이다. 제도와 제도 사이를 잇는 연결 고리도 없다. 이제는 해체와 재구성을 통해 하나의 새로운 질서, 즉 '기본경제·기본사회형 구조'로 묶어내야 한다.

사람에게 조건 없는 신뢰를 보내는 사회의 표현으로서의 기본소득과 누구에게나 기획 가능한 미래를 보장하는 기초로서의 기본금융, 삶의 출발선에서부터 격차를 줄이고 실질적인 기회의 평등을 보장해주며 사회적연대의 토대를 다지게 해주는 기본자산, 그리고 공동체가 구성원에게 제공하는 삶의 보장 장치로서의 기본서비스가 필요한 시점이다. 이러한 가운데 사회적경제는 사람 간의 관계와 협동을 생산의 방식으로 조직하는 틀로서 작용할 것이며, 지역화폐는 이 모든 것이 다시 지역이라는 삶의 실제 공간 속에서 유통되고 작동할 수 있도록 연결하는 실천적 매개 역할을 담당할 것이다.

그리고 이 여섯 개 범주가 하나의 통합된 흐름으로 조직될 때 사람은 단지 제도 속의 수혜자가 아니라, 제도를 함께 설계하고 참여하는 시민 주체로 자리매김하게 될 것이다.

기본소득을 통해 최소한의 경제적 안정과 시간이 확보되고, 기본자산을 통해 생애 초기에 자기 삶을 주체적으로 설계할 수 있는 출발선을 갖게 될 때 자립적 삶도 가능하게 될 것이며, 세대 간 격차도 완화될 것이다. 나아가 지역화폐를 통해 공동체 내부에서 신뢰 기반의 소비를 실현하고, 기본서비스를 통해 교육, 건강, 주거, 돌봄 등 필수생활 영역의 기본 조건을 안정적으로 누리게 될 것이다. 이러한 서비스는 삶의 질을 보장할 뿐 아니라, 계층 간 접근성의 격차를 줄여 사회통합을 촉진한다. 동시에 사회적경제의 조직 속에서 일하고 배우며, 관계 중심의 경제적 실천에 참여하게 된다. 이는 단순한 직업이나 수입이 아니라, 협력과 연대의 경험을 축적하는 과정이다. 여기에 기본금융까지 더해진다면 교육, 주거, 창업 등 자신의 삶에 필요한 미래 기회를 스스로 설계해 나갈 수 있을 것이다. 이는 시장 중심 금융의 배제 구조를 넘어서는 포용적 재정 접근권을 의미한다.

이 모든 과정이 하나의 유기적 흐름으로 연결될 때, 개인은 분절된 제도에 얽매이지 않고 삶의 전 과정을 공동체 안에서 하나의 일관된 경험으로 구성할 수 있다. 이때 비로소 사회는 개인에게 단절되지 않는 안정성과 존엄, 그리고 참여의 구조를 제공하게 된다. 바로 '기본경제에 기반한 기본사회', 즉 '기본경제·기본사회'다.

기본경제·기본사회는 상호 연결되고 유기적으로 통합된 사회적 생태계의 전범이다. 단순히 삶의 조건을 보장하는 것 이상으로, 시민 각자가 자신의 삶을 주도할 수 있는 역량을 갖추게 하고 공동체적 관계 속에서 살아가도록 돕는 구조이며, 사회적 신뢰와 지속가능성을 회복하는 궁극의 경로다. 물론 기본경제·기본사회는 단지 제도의 설계만으로 완성되지는 않는다. 삶을 바라보는 방식, 사회를 구성하는 상상력, 공동체에 대한 신뢰, 그리고 정치적 결단과 시민의 참여가 모두 맞물릴 때 비로소 가능한 일이다. 진정한 기본경제·기본사회는 우리 모두의 삶과 세상에 대한 태도, 관계, 실천을 통해 만들어지는 것이다. 기본경제·기본사회를 만들기 위한 실천적 과제는 다음의 다섯 가지로 정리할 수 있을 것이다.

첫째, 제도를 사람의 흐름에 맞추는 전환이 필요하다. 기능 중심, 부처 중심의 정책 설계를 넘어, 개인의 생애 흐름을 기준으로 어떤 제도가 어떻게 누구와 만나는지를 상상하고 설계해야 한다. 행정은 지시가 아니라 지원이 되어야 하며, 정책은 단절된 기획이 아니라 통합된 경험이 되어야 한다.

둘째, 공공성과 시장의 재구성이 필요하다. 지금까지의 시장은 이윤 중심, 공공은 행정 중심이었다. 이제는 돌봄과 신뢰, 상호의존을 중심으로 새로운 형태의 공공경제를 구축하고, 공동체 기반 시장을 확장하며, 사회적 생산을 장려해야 한다. 이는 기본경제, 협동조합, 공익플랫폼, 지역기반 조직을 통해 실현될 수 있다.

셋째, 시민의 역할에 대한 인식 전환이 필요하다. 기본경제·기본사회는 수혜자의 사회가 아니다. 그것은 참여자와 설계자의 사회다. 시민은 단지 제도의 사용자로 머무는 것이 아니라, 그 제도를 함께 만들어가는 동등한 주체로 서야 한다. 이것이 정치의 새로운 출발점이며, 민주주의의 성숙을 의미한다.

넷째, 측정과 평가의 기준이 바뀌어야 한다. 경제는 수치로 끝나지만, 삶은 질로 존재한다. 기본경제·기본사회는 이 질을 제도적으로 반영하고자 하는 노력이다. 삶의 질, 시간의 여유, 신뢰의 정도, 관계의 깊이, 예측 가능성, 안정성 등, 정성적 지표가 정책 판단의 기준이 되어야 한다.

다섯째, 공동체의 공간이 복원되어야 한다. 지역은 단순한 행정단위가 아니다. 지역은 사람과 사람이 서로를 만나는 물리적이고 정서적인 공간이며, 신뢰를 바탕으로 한 사회적 토양이다. 지역화폐와 로컬 플랫폼, 마을 기금과 주민회 등은 그 토양 위에 싹트는 새로운 사회적 인프라다.

이 다섯 가지 과제는 관념 속에서만 존재하는 이상향이 아니다. 그것은 이미 각지에서 시도되고 있으며, 제도 안팎에서 실험되고 있는 실재하는 흐름들이다.

기본경제·기본사회는 거창한 선언이 아니라, 우리가 그것을 실천하겠다고 결심하는 순간부터 출렁이는 거대한 물결이다. 이 책은 그 결심을 위한 이론적·제도적 기반을 제시한 데 불과하다. 진정한 기본경제·기본사회는 이제부터 만들어질 것이다. 모든 사람이 인간다운 삶을 영위할 수 있는 구조이자, 누구도 소외되지 않는 관계망이며, 실패해도 다시 시작할 수 있는 기반이 되는 사회, 더 이상 '가능성'이 아니라, '책임'이 되어야 하는 사회. 그런 사회를 이룰 책임은 다음의 질문에 응답하는 실천으로 이어질 것이다.

"우리는 누구와 함께, 어떤 구조에서, 어떤 세상을 만들면서 살아갈 것인가?"

바다를 본 자는 바다를 꿈꾸지 않는다.
觀於海者 難爲水 (관어해자 난위수)

_『맹자孟子』 중에서

부록 1

기본경제 개념의 이해와 비교

1-1 시장경제와 기본경제의 비교
1-2 기본경제와 사회적경제의 비교
1-3 기본경제의 사례
1-4 기본경제형 성장·분배 통합 모형(수리모형)
1-5 기본성장, 진짜성장, 기존성장의 비교

• 부록 1-1 •

시장경제와 기본경제의 비교

두 경제 질서의 충돌과 상호의존

전통적인 자본주의는 시장경제(market economy)를 중심으로 발전해왔다. 시장경제는 가격 메커니즘, 경쟁, 이윤 극대화 원리에 기반하여 자원의 효율적 배분을 달성하고자 했지만, 현실에서는 공공재 부족, 불평등 심화, 민생 불안정 등의 문제를 야기했다. 이에 대한 대안으로 등장한 기본경제는 인간의 생존과 존엄을 가능케 하는 생활기반 인프라(금융, 주거, 의료, 돌봄, 교육 등)의 보편적 공급을 목표로 한다. 기본경제는 시장경제를 배제하는 것이 아니라, 그 한계를 보완하며 민생 중심의 경제구조 재편을 촉구한다.

시장경제와 기본경제의 차이 비교

시장경제와 기본경제는 기본적으로 서로 다른 영역이다 보니 그 차이가 분명하고 서로 충돌할 여지가 크다고 말할 수 있다. 이들의 차이를 개념적으로 비교하면 아래와 같다.

〈부록 표 1-1〉 시장경제와 기본경제의 개념 비교

항목	시장경제	기본경제
작동 원리	경쟁, 가격, 수요-공급	보편성, 필요, 접근권
경제 주체	민간기업, 소비자	공공기관, 사회적경제조직, 지역사회
가치 기준	이윤, 효율성	존엄, 지속가능성
구조	탈지역화, 분업화	지역기반, 통합적 공급
지향점	성장, 선택의 자유	생존, 생활 안정

"시장은 선택을 제공하지만, 기초경제는 삶을 가능하게 만든다."
― Foundational Economy Collective(2018, p.15)

시장경제와 기본경제의 철학적 기초의 차이는 아래와 같이 제시할 수 있다.

〈부록 표 1-2〉 시장경제와 기본경제의 철학적 기초 비교

항목	시장경제	기본경제
인간관	합리적 개인, 소비자	관계적 존재, 시민
윤리관	경쟁 자유, 효율 중심	상호책임, 연대 기반
정의론	결과의 정당성 강조	조건의 평등성 강조
대표 이론가	Hayek, Becker	Sen, Fraser, Ostrom 등 (기본경제와 같은 맥락의 이론가)

기본경제는 경제활동의 목표를 효율성이 아니라 생존과 존엄의 보장으로 전환하며, "경제란 무엇을 위해 존재하는가"라는 질문을 던진다.

상호보완

시장경제와 기본경제는 상호보완 가능성이 있다. 기본경제는 저수익·고필수 분야(돌봄, 공공의료 등)를 담당하고, 시장경제는 기술혁신, 운영효율성의 도입 경로가 되면 된다. 예를 들어 ICT 기반 돌봄 플랫폼은 기본경제로, 서비스 품질은 시장 기술로 서로 보완할 수 있다. 이뿐만 아니라 수익성이 낮은 영역의 민영화는 공공성 훼손의 우려가 있는 만큼 국가 규제, 사회적 요금제, 공공조달 방식 등을 통해 균형 유지를 할 수 있다. 이것이 기본경제가 시장경제를 보완하는 부분이다.

특히 민생 안정 측면에서는 시장경제의 약점을 커버하는데 기본경제가 결정적일 수 있다. 소득 하위층일수록 시장경제보다는 기본경제에 의존하는 정도가 높기에 그렇다. 이를 아래의 민생 기여 함수(수식 모델)로 보여줄 수 있다. 하위 소득층일수록 γ_1 이 γ_2 보다 크다. 즉, 시장경제보다는 기본경제 의존도가 높다는 말이다. 이는 기본경제가 민생 안정에 미치는 효과가 상대적으로 더 결정적임을 시사한다.

$$M = \gamma_1 \cdot FE + \gamma_2 \cdot ME$$

M: 민생 안정 지수
FE: 기본경제 공급 수준
ME: 시장경제의 소비력
γ_1, γ_2: 계층별 민감도 계수

• 부록 1-2 •

기본경제와 사회적경제의 비교

포용적 경제 대안의 두 축

기본경제와 사회적경제는 모두 시장의 실패와 복지국가의 한계에 대응하는 대안 경제 질서로 인식된다. 두 개념은 공공성, 지속가능성, 접근권을 공통적으로 강조하지만, 기본경제는 구조 중심의 기능적 개념, 사회적경제는 조직 중심의 실천 개념으로 구분된다. 여기서는 두 개념의 비교와 통합 가능성을 살펴서 경제 시스템의 다원적 구성 가능성을 제시하고자 한다.

기본경제와 사회적경제 개요

기본경제는 삶의 지속가능성을 보장하는 경제의 인프라 구조를 지향한다. 기본경제는 생존과 일상을 유지하기 위한 재화와 서비스의 공급체계로, 핵심 특징은 다음과 같다.

- 수요 영역: 주거, 식량, 에너지, 의료, 돌봄, 교육 등
- 공급 주체: 공공, 민간, 사회적경제 참여자, 지역공동체 등
- 기준 원리: 보편성, 필요성, 접근권 기반

사회적경제는 국가와 시장 사이의 제3영역(third sector)으로 정의되며, 사회적 목적·민주적 운영·이익의 사회적 환원을 핵심 가치로 삼는다.

- 조직 유형: 협동조합, 사회적기업, 자활기업, 마을기업 등
- 운영 방식: 참여민주주의 기반의 거버넌스
- 목적 지향: 일자리 창출, 지역 재생, 사회혁신 등

주요 유사점 및 차이점

양자는 복지국가와 시장경제의 이분법을 넘어서는 구조적 대안으로서 유사점을 지닌다. 반면 기본경제는 '무엇을 공급할 것인가', 사회적경제는 '누가 어떻게 공급할 것인가'를 설명한다는 점에서 차이점이 있다. 그리고 양자는 이론적 기초에서 차이를 보인다. 기본경제는 사회권(social rights) 중심, 사회적경제는 참여권(participation rights) 중심이다.

〈부록 표 1-3〉 기본경제와 사회적경제의 주요 유사점

항목	기본경제	사회적경제
대안성	시장의 실패 보완	시장 외부성 극복
핵심 가치	접근권, 보편성, 지속가능성	연대, 공정성, 사회적 가치
주된 영역	돌봄, 의료, 교육, 주거 등	유사 영역 (사회서비스, 지역사회 등)
참여 주체	사회적경제 포함 다양한 주체 혼합	사회적경제 주체 중심

⟨부록 표 1-4⟩ 기본경제와 사회적경제의 주요 차이점

항목	기본경제	사회적경제
중심 단위	기본재 중심의 구조적 필요	조직 및 행위자 중심(협동조합, 사회적기업)
공급방식	다중공급(공공+민간+사회적 경제 조직)	사회적 경제조직 중심 공급
정책지향	보편적 접근 보장	혁신, 고용 창출, 지역재생 중심
거버넌스모델	공공-시민 협치	자율적 시민 주도 운영

⟨부록 표 1-5⟩ 기본경제와 사회적경제의 이론적 기초

항목	기본경제	사회적경제
인간관	생존 보장, 최소한의 삶	협동적 인간, 공동체적 존재
가치철학	보편적 권리, 공공의무	연대경제, 민주적 운영
정책철학	생활기반 보장, 보편복지	참여형 해결, 지역 주도 혁신

상호보완 구조

사회적경제는 기본경제의 실행 기반이자 내재된 부분집합이다. 사회적경제는 독립적 실행에 한계가 있기에 기본경제와의 제도적 연결이 필수적이다. 동시에 기본경제는 지역 돌봄, 보건, 주거 등에서 사회적경제 조직의 실행력을 필요로 한다.

기본경제와 사회적경제는 기능과 조직, 보편성과 참여, 제도와 실천의 관계에 있다. 기본경제는 "왜 필요한가"에 답하고, 사회적경제는 "누가 어떻게 실현할 것인가"에 답한다. 이 둘은 상호 독립된 영역이 아니라, 기본경제-사회적경제 연계형 정책 생태계로 진화할 수 있다.

〈부록 표 1-6〉 기본경제와 사회적경제의 정책 연계 가능성

분야	기본경제 중심	사회적경제 중심	통합 전략
돌봄	공공보편 서비스 구축	사회적 돌봄기업 지원	지역통합 돌봄 플랫폼 설계
고용	지속적 고용 기반 구축	사회적 일자리 창출	사회서비스 중심 고용 연계
주거	공공임대, 사회주택 확대	협동조합형 주택, 지역 공유자산	커먼즈형 주거 모델 개발
교육	기초교육 접근 보장	대안교육 협동조합	학습권과 참여권 통합형 시스템

정책 설계는 지방정부, 시민사회, 사회적경제 주체가 협력하는 다중 주체 거버넌스 모델로 구체화돼야 하며, 이를 위한 법제도적 기반 마련이 핵심 과제가 될 것이다.

• 부록 1-3 •

기본경제의 사례

기본경제는 개념적으로는 생경할지 모르겠지만, 이미 다수 국가에서 부분적으로 실현되고 있는 현실적 구조이며, 단지 이론이 아니라 정치·경제·사회 시스템 전환의 축이 되고 있다. 그 내용은 이미 전 세계에서 실천되고 있던 다양한 정책·제도·조직 모델과 중첩된다. 다만 이러한 다양한 사례들을 종합해 기본경제 실현모델의 일반화, 체계화, 제도화가 아직 이루어지지 않았다는 것뿐이다.

기본경제 사례는 공급 주체, 거버넌스 구조, 실행 방식에 따라 4가지 유형으로 분류해 볼 수 있다.

〈부록 표 1-7〉 기본경제 사례 유형화

유형	설명	대표 사례
① 공공직접공급형	정부가 직접 생산 및 공급	스웨덴 보육, 한국 공공의료
② 공공–사회 연계형	정부+사회적경제 협력	영국 Preston, 이탈리아 Emilia-Romagna
③ 지역공동체형	지방자치, 마을 단위 운영	한국 순천·완주, 캐나다 Quebec
④ 실험적 통합형	기본소득 기본서비스 결합	핀란드, 바르셀로나, 경기도 청년기본소득

1. 영국 Preston 모델
    - 지방정부가 연간 2억 파운드 이상의 조달 예산을 지역 기반 사회적 기업·협동조합에 배정
    - 결과: 지역경제 순환율 증가, 지역 고용 증가, 사회신뢰 지표 개선

   * "기초경제는 조달 구조를 바꾸는 것만으로도 지역 회복력을 만들 수 있다는 것을 보여줬다." – Froud et al., 2019.[1]

2. 이탈리아 Emilia-Romagna 협동조합 클러스터
    - 보육, 의료, 교육 등 생활기반 서비스를 지역 협동조합이 공급
    - 지방정부와의 계약, 공공지원 연계

3. 핀란드 기본소득 실험(2017~2018)
    - 2,000명의 실업자에게 무조건 월 560유로 지급
    - 결과: 고용효과 제한적이나 삶의 만족도, 정신건강 개선

   * 소득 보장과 접근성 강화가 결합될 때 가장 효과적이다.

4. 스웨덴의 보편적 보육정책
    - 모든 유아에게 공공 보육서비스 제공(소득 따라 요금 차등)
    - 여성 고용률 세계 최고 수준(74%↑), 출산율 회복(2020년 1.67명)

   * 이는 돌봄·고용·성평등 모두 개선된 기본경제 구조적 성과 모델이다.

5. 경기도 청년기본소득
    - 만 24세 청년에게 분기별 25만원 지역화폐 지급
    - 지역 상권 소비 증진, 청년 고용 안정화 지표 개선
    - 기본소득+기본경제 인프라 확충(청년 공간, 주거, 돌봄)과 연계 시 시너지 강화

6. 성남시 공공의료+시민협동조합 연계

    - 성남시의료원 운영+시민참여 병원 운영 거버넌스

    * 이는 공공성과 참여성을 결합하였다.

7. 순천시 지역 통합돌봄

    - 보건소, 사회복지관, 노인요양시설, 주민조직이 통합 운영
    - 지역 기반 돌봄 서비스 → 사회신뢰 회복, 재정절감 효과

8. 캐나다 Quebec 사회연대경제 모델

    - 연대금융, 보건협동조합, 주민기반 교육시스템
    - 지방정부-지역주민-비영리-기업이 공공기반 서비스 협력

9. 미국 Jackson 시: 참여형 예산+기본소득 실험

    - 사회적으로 배제된 흑인 커뮤니티 중심으로 기본경제 접근 기반 실험

10. 일본 아이치 현: 지역사회 중심 건강 생태계

    - 의료, 보건, 커뮤니티 공간 통합 공급 → 고령화 대응 핵심 모델

〈부록 표 1-8〉 기본경제 사례의 정량적 비교(요약)

국가/지역	영역	성과 요약
스웨덴	보육, 교육	여성고용률↑, 출산율 회복
영국 Preston	조달 구조	지역 고용·순환률↑
핀란드	소득+서비스	삶의 만족도, 건강 개선
경기도	소득+지역경제	청년 소비력↑, 자영업 매출↑
순천시	돌봄	복합지표 개선, 사회신뢰 회복

• 부록 1-4 •

기본경제형 성장·분배 통합 모형(수리모형)[2]

1. 주요 가정 및 변수 정의

주요 가정

본 모형은 전통적 성장 모델에 분배 구조의 선행적 개선(선분배)이 성장에 긍정적 영향을 준다는 가설을 통합한다. 즉 "성장은 분배를 위해, 분배는 성장을 위해" 존재한다는 선순환 구조를 전제한다.

케인즈 경제학의 유효수요 이론과 현대 분배–성장 논의를 반영하여, 수요 측면의 자극과 공급 측면의 생산성 향상이 결합되는 경제를 가정한다.

또한 정부–시장–시민의 협력적 거버넌스를 통해 정책이 설계·집행되며, 거시경제의 완전고용 이하 균형(슬랙 존재) 상태에서 총수요 확대가 실제 생산과 고용 증가로 이어질 수 있다고 본다.

핵심 변수 정의

모형에 사용되는 주요 변수들은 다음과 같다.

- 기본소득(BI): 정부가 모든 시민에게 균등 지급하는 소득. 선분배 정책의 하나로, 가계의 처분가능소득을 증대시켜 소비 여력을 높이는 역할을 한다. 재원은 조세 등을 통해 조달되며, 가계이전지출로 작용한다.

- 기본서비스(GS): 주거·의료·교육·돌봄 등 필수 공공서비스를 국가 또는 지방 공동체가 보편적으로 제공하는 것. 이는 현물 또는 보조금 형태로 가계에 혜택을 주어 가계 부담을 경감하고 실질소득을 높인다. 모형에서는 정부소비(G)의 일부로 간주된다.
- 고용(L): 경제의 총고용량(또는 노동 투입). 기본경제에서는 돌봄, 보건 등 노동집약적 산업에의 투자로 고용이 크게 창출되는 특징을 반영한다.
- 생산성(A): 총요소생산성 또는 기술수준. 노동의 숙련도, 건강, 사회적 자본 등에 영향을 받는다. 기본서비스 투자(교육, 건강 등)와 사회적 신뢰 향상으로 장기적으로 생산성이 증대된다.
- 자산(Z): 가계가 보유한 기본자산을 포함한 총자산 수준. 기본경제의 기본자산 정책(청년기초자산 지급 등)은 초기 자산분배를 균등화하여 기회 격차를 줄이고, 장기적으로 자본축적의 포용성을 높인다. Z는 생산에 투입되는 물적자본(K) 축적에도 영향을 준다.
- 총소득(Y): 한 나라의 총생산 또는 국민소득(GDP에 상응). Cobb-Douglas 생산함수 등에 의해 결정된다. 여기에는 임금소득과 이윤소득 등 모든 소득이 포함된다. 정부의 조세·재분배 이전의 1차 소득으로 간주한다.
- 분배율(θ): 분배구조를 나타내는 핵심 지표로, 총소득 Y 중에서 노동이나 서민층에 돌아가는 몫의 비율을 의미한다. 예를 들어 θ를 노동소득분배율(전체 소득 중 임금의 비중)로 볼 수 있다. θ가 높을수록 소득이 평등하게 분배되고 있음을 뜻하며, 저소득층의 몫이 큰 상태를 반영한다. 참고로 $1-\theta$는 자본 또는 고소득층 몫으로 보면 된다.
- 소비(C): 민간의 총소비지출. 기본소득과 기본서비스는 가계의 처분가능소득을 높여 소비를 증진시키며, 특히 한계소비성향이 높은 계

층의 소비를 크게 늘린다. 기본경제에서는 소비가 총수요를 견인하는 역할을 한다.

- 투자(I): 민간의 총투자. 총수요 증가에 따른 설비투자, 그리고 공공부문의 인프라 투자 등을 포함한다. 기본경제에서는 사회기반(에너지, 주택 등) 투자 및 사회적경제 부문의 투자가 강조되며, 사회적 가치와 혁신을 촉진하는 투자로 간주된다.
- 총수요(AD): 총유효수요로서 AD=C+I+G(G는 정부지출: 공공소비 및 공공투자)로 정의된다. 경제가 완전자원 활용에 못 미칠 경우 AD 증가는 실질 GDP(Y) 증가로 연결된다. 기본경제 정책들은 AD를 직접적으로 확대시키는 경로를 갖는다.
- 자본(K): 생산에 투입되는 물적자본량. 투자(I)를 통해 축적되며, Cobb-Douglas 생산함수 등에서 핵심 생산요소이다. 기본경제에서는 공공투자를 통해 사회 인프라 자본(에너지, 의료, 주택 인프라 등)을 확충하고, 민간도 안정된 수요를 바탕으로 투자 확대를 유도 받는다.
- 사회적 신뢰(SC): 사회적 자본의 한 요소로, 경제 주체들 간의 신뢰 수준을 나타낸다. 신뢰와 협력이 높으면 거래비용이 감소하고, 불확실성이 줄어들어 투자환경이 개선된다. 또한 공동체의 결속이 강화되어 혁신 활동과 인적자본 축적에 긍정적 효과를 미친다.

이상의 변수들을 토대로, 기본경제 하에서 성장(생산의 증가)과 분배(소득의 분배)가 어떻게 동시에 개선되는지 모형화한다. 특히 선분배(ex ante predistribution)의 개념이 도입되어 소득 발생 전에 기본적 삶의 조건을 평등화함으로써 불평등의 근원을 줄이는 것이 전제되며, 이는 기존 복지국가의 사후 재분배와 구별되는 핵심 가정이다. 이제 이러한 가정을 바탕으로 구체적 수리모형을 구축한다.

2. 수학적 모형 정식화 및 해석

생산함수와 소득 결정

먼저 생산 측면을 모형화한다. 생산함수는 자본(K)과 노동(L), 생산성(A)에 의해 산출 Y가 결정되는 형태로 가정한다. 가장 단순한 형태로 Cobb-Douglas 생산함수를 채택하면 $Y = AL^{\alpha}K^{1-\alpha}$. 여기서 α는 노동소득분배율이며, $1-\alpha$는 자본소득분배율(또는 자본의 산출탄력성)에 해당한다.

기본경제형 모형에서는 전통적 α와 $1-\alpha$의 값을 고정값으로 두기보다는, 분배율(θ)의 변화가 생산과 수요 양 측면에 파급된다고 본다. 다만, 생산함수 자체는 위와 같은 형태를 따른다고 가정한다.

생산성 A는 사회적 조건의 함수를 이룬다. 즉, $A = A_0 f(ED, HT, SC, TC, etc)$. 여기서 ED(교육), HT(건강), SC(사회적 신뢰), TC(기술)이 주요 요소이다. 이 식은 기본서비스 투자와 사회적 신뢰(SC)가 높아질수록 A가 증진될 수 있음을 보여준다. 사회적 신뢰가 높고 모두를 포용하는 사회에서는 협력이 증가하고 갈등 비용이 감소하여 장기적으로 총요소생산성이 향상된다고 해석한다.

이 생산함수 하에서 노동에 대한 보상(임금 총액)과 자본에 대한 보상(이윤 총액)을 구분하면 총임금소득 $W = \alpha Y$이며, 총이윤소득 $P_i = (1-\alpha)Y$이다. 여기서 α가 바로 노동소득분배율로, 이를 θ로 정의하면 $\theta = \alpha$, 즉 경제 전반의 분배구조를 나타내는 파라미터로 볼 수 있다. 분배율 θ의 상승은 임금 몫 증가(노동자 및 서민층에 대한 소득비중 증가)를 의미한다.

일반적으로 전제하는 완전경쟁균형 하에서는 θ가 기술적 매개변수로 고정되어 있지만, 현실 경제에서는 제도·정책에 따라 임금교섭력, 최저임금, 기본소득 지급 등으로 θ를 높일 수 있다. 기본경제에서는 선분배 정책으로 의도적으로 θ의 상승을 도모한다고 볼 수 있다. 예컨대, 기본소득은 노동이 아닌 경로로도 가계에 소득을 추가하여 사실상 노동소득분배율(혹은 가처분소득의 하위계층 몫)을 높이는 효과를 낸다. 또한 돌봄·보건 등 공공일자리 창출은 고용 L을 늘리고 실업을 줄여 노동소득 총량을 늘리므로 분배 개선에 기여한다.

분배구조와 소비 함수

분배 구조의 변화는 총수요, 특히 소비(C)를 통해 성장에 영향을 미친다. 이를 모형화하기 위해 이중 부문 소비함수(dual consumption function)를 생각해 볼 수 있다.

사회를 두 개의 집단으로 단순화하자. 즉, 저소득/노동계층(전체 소득 중 θY를 획득, 기본소득 수혜 등 포함)과 고소득/자본계층(전체 소득 중 $(1-\theta)Y$를 획득)으로 구성된 사회를 상정한다. 그리고 저소득계층은 높은 한계소비성향을 가지고, 고소득계층은 비교적 낮은 한계소비성향을 가진다고 가정한다.

이를 수식으로 나타내면 각 계층의 소비는 $C_L = c_L(\theta Y + B)$과 $C_H = c_H(1-\theta Y - T)$가 된다. 여기서 c_L은 저소득층의 한계소비성향(예: 0.9에 가깝게 높음), c_H는 고소득층의 한계소비성향(예: 0.4처럼 낮음)을 뜻한다. B는 정부가 지급하는 기본소득 총액, T는 기본소득 등 재원을 위해 거둔 조세(고소득층이 부담한다고 가정)를 나타낸다. 기본소득 B는 단순화를 위해 모든 계층에 지급되지만, 순효과는 저소득층이 순수혜, 고소득층은 순부담을 지는 구조로 볼 수 있다.

민간 총소비 C는 두 집단의 소비 합으로, 이 식을 전개하면 기본소득 재원의 정부예산 제약을 $B=T$(조세로 충당)이라고 간단히 두면, $c_L B - c_H T = (c_L - c_H)B$가 된다. 보통 $c_L > c_H$이므로 $(c_L - c_H)B > 0$이다. 이는 재분배(선분배) 정책으로 저소득층에 소득 B를 이전하면 전체 소비가 순증가함을 보여준다.

분배율 θ의 상승 역시 소비를 늘린다. 위 식에서 C의 Y에 대한 계수는 $c_L\theta + c_H(1-\theta) = c_H + (c_L - c_H)\theta$이며, θ가 증가하면 이 계수(평균소비성향)가 상승한다. 다시 말해 소득이 보다 평등하게 분배될수록 국민총소비의 비율이 높아지는 구조가 된다.

[해석]

▶▶ 기본경제에서는 이러한 메커니즘을 전략적으로 활용한다. 정부가 선분배 수단인 기본소득과 보편적 서비스로 θ를 높이고 c_L이 큰 집단의 소득을 늘리면, 즉각적인 소비 증가로 총수요가 촉진된다. 특히 지급된 소득이 지역화폐 등의 형태로 제공될 경우 지역 내 소비 만족에 쓰이므로 지역경제의 승수효과를 더욱 높인다.

기본소득 및 기본서비스가 구직자의 협상력을 높이고 질 낮은 일자리에 대한 의존을 줄여줌으로써 노동시장도 효율화된다. 이는 노동자들이 더 생산적인 일자리에 종사하게 되어 A와 L에도 긍정적 영향을 미치고, 장기적으로 생산능력을 높이는 방향으로 작용한다.

총수요 균형과 성장의 선순환

다음으로 총수요-총공급 균형을 고려한다.

케인즈식으로 실질 GDP는 총수요에 의해 결정된다고 하자(수요우위 모형). 즉 생산 Y는 $AD(=C+I+G)$의 함수이다. $Y = \min$(총공급능력, AD). 경제가 침체로 공급능력 이하의 수요만 있는 경우, $AD\uparrow \Rightarrow Y\uparrow$가 성립한다.

앞서 도출한 대로 기본경제 정책들은 C 성분을 크게 늘려 AD를 증대시킨다. 또한 정부지출 G 역시 기본서비스 확대 등을 통해 늘어날 수 있는데, 이는 직접적인 AD 증가 요인이다. 투자 I의 경우, 전통적으로는 가계저축이 투자재원을 공급하나(저축=S, S=I 균형), 본 모형에서는 소비 진작으로 민간투자가 오히려 활성화되는 경로를 강조한다. 즉 가속도 원리(accelerator effect)에 따라, 수요 증가→ 설비 가동률 상승→ 기업의 투자 결정으로 이어진다.

또한 분배 개선으로 사회적 불확실성이 낮아지고 안정성이 높아지면, 기업이 미래를 긍정적으로 보고 투자에 적극 나서게 된다. 이를 반영하여 투자 I를 소득의 함수로 간략 모형화하면, 다음과 같은 수식으로 정식화할 수 있다.

$$I_t = \beta(Y - Y_{t-1}) + \sigma_{sc}SC + \delta.$$

- I_t : 시점 t의 총투자,
- $\beta > 0$: 가속도 계수(accelerator coefficient) — 수요 증가가 투자로 얼마나 빠르게 이어지는지 나타냄
- Y_t : 시점 t의 총소득 (또는 GDP)
- Y_{t-1} : 시점 t-1의 소득, 즉 직전기 기준 수요수준
- $(Y_t - Y_{t-1})$: 수요증가분 — 경제성장 기대를 반영
- $\delta_{sc}SC$: 사회적 신뢰(SC)가 투자에 미치는 영향 — 사회적 신뢰가 높을수록 기업의 미래에 대한 기대가 좋아져 투자 증가
- δ : 금리, 정부정책, 기업 심리 등 외생적 요인의 영향을 요약한 상수항

[해석]
▶▶ 이 함수는 유효수요의 증가와 사회적 안정이 투자에 긍정적으로 작용함을 보여준다. 단기적으로 GDP 증가율이 높을수록 기업의 설비투자나 인

프라 투자가 활발해진다. 이는 전통적 가속도 이론에 기반한다. 사회적 신뢰(SC)가 높으면 미래 예측이 안정적이므로 기업은 장기적 투자 결정을 더 적극적으로 하게 된다. 이는 정부가 기본소득(BI)과 기본서비스(GS)를 통해 분배를 개선하면 소비(C)가 증가하고, 이는 다시 투자(I)의 증가로 이어지는 총수요 확대의 파급효과를 설명한다.

이상을 종합하면, 기본경제 하 총수요는 다음과 같이 정리된다. 여기서 $C(Y, \theta, B)$는 앞서 분배구조를 반영한 소비함수로 $\frac{\partial C}{\partial Y} > 0, \frac{\partial C}{\partial \theta} > 0, \frac{\partial C}{\partial B} > 0$ 임을 확인했다. $I(Y, SC)$는 유효수요와 신뢰에 대해 증가함수이다 ($\partial I/\partial Y > 0, \partial I/\partial SC > 0$). G는 정책에 의해 결정되는 외생 변수인데, 기본경제에서는 G 자체도 기본서비스 인프라 투자, 공공일자리 창출 등으로 확대되는 경향이 있다. 한편 총공급 측면에서는 생산함수에 따라 $Y_{max} = AK^{\alpha}L^{(1-\alpha)}$의 잠재산출이 존재한다.

기본경제 전략은 공급능력 향상도 병행한다. 예를 들어 기본서비스의 일환인 교육·보건 투자는 노동의 효율을 높여 향후 A나 노동공급 L의 증가를 가져온다. 기본자산 지급과 기본금융 지원은 취약계층이 생산적 자산에 접근하도록 돕고, 이는 향후 신규 기업가정신 발현이나 인적자본 투자로 이어질 수 있다. 혁신 분야에서도 포용적 참여가 증가한다. 이러한 요인들로 잠재성장률(공급능력의 증가율)도 제고될 수 있다. 요컨대, 기본경제 모형의 단기 메커니즘은 분배 개선→ 소비/수요 증가→ 생산 증가로 나타나며, 장기 메커니즘은 사람 중심 투자→ 생산성 및 인적자본 향상으로 나타난다. 이 두 경로가 결합되어 지속적 성장과 불평등 완화의 선순환이 가능해진다.

선순환의 수리적 균형 예시

수리적 균형의 간단한 예시를 통해 선순환 구조를 설명한다.

우선 균형조건은 $Y = AD$(총공급 여력이 충분하다고 가정)이다. 분배율이 일정 수준 θ에서 θ_1로 정책적으로 상승했다고 하자(예: 최저임금 인상이나 기본소득 도입으로 노동소득 비중 증가). 이 변화로 인해 C가 증가하고 AD가 증가한다. 새로운 균형 Y_1은 Y_0보다 커진다($Y_1 > Y_0$). 즉 경제성장이 실현된 것이다. 동시에 θ 상승 자체가 소득분배 개선(노동몫 증가)를 뜻하므로 분배도 개선되었다. 더 나아가 Y 증가로 고용이 증가하고 실업이 감소했다면, 노동 공급 측면에서 노동자의 협상력은 추가로 높아져 θ가 자연스럽게 유지되거나 상승압력을 받는다. 또한 정부의 세수가 늘어나 기본소득 등 재원을 지속가능하게 확보할 수 있다. 이는 다시 다음 시기의 분배정책과 수요 확대를 가능케 해 피드백 루프를 완성한다. 이러한 선순환을 단순화된 동학 방정식으로 표현하면, 예컨대 분배와 성장의 상호작용을 다음과 같이 나타낼 수 있다.

$$\theta_{t+1} - \theta_t = \phi(DP) + (Y_t - Y_{t-1})$$
$$Y_{t+1} - Y_t = \eta(\theta_t - \theta_{t-1}) + \mu(TI, I)$$

- DP: 분배개선정책
- TI: 기술진보

위의 첫 번째 식은 정책적 노력과 성장 결과가 분배지표에 영향을 줌을 시사한다(예: 경기호황 시 노동수요 증가로 실질임금이 올라 분배 개선). 두 번째 식은 분배 개선이 소비를 통해 성장률에 (+) 영향을 줌을 나타낸다. 여기서 ϕ, ψ, η, μ는 양의 계수들이다. 이러한 상호작용 시스템이 안정적으로 운영되면, θ와 Y가 함께 상승하는 경로를 그리며 사회후생이 증진된다.

[해석]

▶▶ 결론적으로, 수식으로 표현하기는 복잡하지만 기본경제형 성장-분배 모델의 핵심은 분배를 독립적인 정책목표가 아닌 성장의 동력으로 재설정한 데 있다. 분배율 θ는 더 이상 성장 이후에야 개선되는 결과변수가 아니라, 성장의 설정값(policy lever)으로 모형에 들어온다. 그리고 그 효과는 높은 소비증가와 사회적 안정으로 나타나 경제를 활성화시킨다.

이러한 통합모형은 전통적 "성장=효율, 분배=형평"이라는 이분법을 넘어서는 것으로, 국제기구(OECD, IMF 등)의 연구들도 불평등 완화가 장기 성장에 도움이 될 수 있음을 보여 현대 경제학 패러다임이 변화하고 있음을 뒷받침한다.

보충 설명

기본경제 기반 성장-분배 통합 모형(Basic Economy-Based Integrated Growth- Distribution Model)은 기존의 성장 중심 경제모형과 분배 중심 복지모형의 한계를 극복하고, 양자의 선순환적 관계를 수리적으로 설명하고자 하는 새로운 접근이다.

첫째, 기본경제 기반 성장-분배 통합 모형은 다음과 같은 핵심 전제를 갖는다.
- 기본경제(Basic Economy)는 인간의 삶에 필수적인 기본소득, 기본서비스, 기본자산을 국가가 제도적으로 보장하는 경제질서를 의미한다.
- 성장과 분배는 상충하는 목표가 아니라, 선분배를 통해 안정된 소비와 투자 기반을 마련함으로써 성장을 촉진할 수 있는 구조를 지닌다.
- 정부, 시장, 시민사회가 협력적 주체로서 작동하는 다중 행위자 거버넌스를 전제한다.

둘째, 모형의 주요 수리적 구조는 네 가지 특징을 보인다.
- 기본소득, 기본서비스, 기본자산을 소비 함수 내에 반영한다.
- 선분배를 총수요를 자극하는 성장 함수의 내생 변수로 취급한다.
- 전통적 성장 모델에서 투자는 저축에서 파생되며, 성장은 투자에 의해 이루어진다. 반면, 본 모형은 총수요가 성장을 견인하는 케인지언 구조를 일부 차용한다.
- 생산성 함수에 사회적 안정성 요인을 반영한다.
- 고용·참여 함수 내에 기본자산 효과를 포함한다.

셋째, 이 모형은 세 행위자의 역할 분담을 전제한다.
- 정부: 제도 설계와 재정조달 및 재분배 메커니즘 구축(조세 및 사회적 배당 포함)
- 시장: 기본경제의 투입으로 촉진된 소비·투자 확장을 통해 경제활력 제고
- 시민사회: 사회적 자본 강화 및 지역 기반 기본서비스의 수요-공급 연계

특히, 지역화폐·사회적경제와 연계된 공동체 순환경제는 지역 단위 성장과 분배의 통합 효과를 창출한다.

이 모형은 단순히 복지 확대가 아닌, 경제구조의 재설계 및 지속가능한 성장 메커니즘을 수리적으로 설명한다는 점에서 기존 모형을 대체할 수 있는 혁신적 패러다임으로 제안된다.

● 부록 1-5 ●

기본성장, 진짜성장, 기존성장의 비교

성장론 비교의 의의

현대 자본주의 사회는 경제성장과 소득분배 간의 균열과 모순을 지속적으로 경험해왔다. 전통적으로 경제성장은 GDP 증가, 투자 확대, 기술 혁신 등 양적 지표의 확장에 초점을 맞추어왔다. 그러나 이러한 성장이 반드시 국민의 삶의 질 향상, 사회적 형평성, 지속가능성으로 이어지는 것은 아니라는 비판과 함께, 새로운 성장 패러다임에 대한 요구가 커지고 있다.

특히 한국경제는 저성장 고착화, 양극화 심화, 기초생활 불안이라는 삼중 위기를 겪고 있다. 이러한 상황에서 "성장"이라는 개념 자체가 중대한 전환점을 맞이하게 된다. 과거의 성장 패러다임, 즉 투자 증가와 생산성 향상, GDP 중심의 물적 확장 전략은 더 이상 작동하지 않으며, '낙수효과'라는 신화는 사회적 신뢰를 상실한 지 오래다. 이에 대한 대안으로 등장한 것이 바로 이재명 정부의 '진짜성장' 그리고 이 책에서 주장하는 '기본경제 기반 성장(기본성장)' 개념이다.

이러한 맥락에서 '기본경제 기반 성장(기본성장)'과 '이재명 정부의 진짜성장'을 비교·분석하는 것은 단순히 경제정책의 차이를 넘어서, 우리 사회가 지향해야 할 진정한 발전의 방향을 모색하는 데 중요한 의미를 지닌다. 이 비교를 통해 우리는 경제성장이 단순한 수치의 팽창이 아니라, 사회

구성원 모두의 삶의 질과 기본권 보장, 사회적 신뢰와 연대, 그리고 지속가능한 발전을 어떻게 실현할 수 있는지에 대한 실질적 해답을 얻을 수 있을 것이다.

기본성장, 진짜성장, 기존성장의 개요

1) 이재명 정부의 진짜성장[3]

이재명 정부의 '진짜성장' 전략은 한국 경제가 직면한 구조적 위기와 성장 동력의 고갈, 그리고 사회 양극화 심화라는 문제의식에서 출발한다. 최근 한국경제는 잠재성장률이 2% 아래로 하락했으며, 기존 성장모델은 그 한계를 뚜렷하게 드러내 보이고 있다. 특히 대기업 위주 성장과 첨단산업 중심의 산업구조는 중소기업과 서비스업의 약화, 청년·여성 등 취약계층의 일자리 불안정, 그리고 소득 불평등을 심화시키고 있다. 이에 따라 이재명 정부는 '모두가 체감할 수 있는 성장'을 강조하며, 성장이 불가능해진 사회에서 기득권이 없는 약자들이 가장 큰 피해를 본다는 점을 강조한다.

한국 경제의 지속가능한 성장을 위해서 새로운 성장동력이 필요하다는 것은 맞는 문제의식이다. 단순한 양적 성장이 아니라, 첨단기술과 창의적 산업을 통해 생산성을 높이고, 혁신적 기업들이 성장할 수 있는 환경을 조성할 필요가 있다. 또한, 성장의 과실이 모든 국민에게 고루 분배될 수 있도록 정책적 노력도 필요하다. 이재명 정부는 AI, 반도체 등 첨단산업에 대한 대대적 투자와 지원, 그리고 친환경 에너지 전환(RE100, 재생에너지 확대)을 통해 새로운 성장 동력을 확보하고, 수출 경쟁력 강화와 일자리 창출을 도모한다. 이러한 전략은 단순한 경제 회복을 넘어, 장기적으로 한국 경제의 체질을 바꾸는 데 필수적이라는 점에서 그 필요성이 크다 하겠다.

이재명 정부 진짜성장 전략의 특징은 아래와 같다.

첨단기술 중심의 성장 전략. AI, 반도체, 2차전지 등 전략산업에 대한 대규모 투자(100조원 규모 AI 투자펀드 등)와 인프라 확충, 데이터센터 구축, 국민 누구나 사용할 수 있는 한국형 AI 플랫폼 도입 등이 핵심이다.

친환경 에너지 전환. 탄소중립과 재생에너지 확대, RE100 산업단지 지원 등으로 친환경 제조기반 강화와 수출경쟁력 확보에 주력한다.

규제 혁신 및 기업 지원. 규제를 네거티브 방식으로 전환하여 창업과 기업 성장을 촉진하고, 세계시장에서 경쟁할 수 있도록 지원한다.

모두가 체감하는 성장. 성장의 과실이 모든 국민에게 돌아가도록 분배 정책과 복지 확대를 병행한다.

정책의 목표와 비전. 'AI 3대 강국', '잠재성장률 3%', '국력 세계 5강' 달성 등 구체적인 목표를 제시한다.

한편 이러한 '진짜성장'은 다소의 한계를 가지고 있기도 하다.

첫째, 기술 낙관주의의 한계이다. '진짜성장'은 인공지능 산업을 성장 동력의 중심에 놓는다. 그러나 문제는 AI 산업은 고부가가치의 일부 대기업에 집중되기 쉬운 구조이며, 이를 전체 산업·고용·내수로 확산시킬 메커니즘이 잘 안보인다는 것이다. 인재 양성과 인프라 구축을 강조하지만, 현재 한국의 교육·노동 시스템은 AI 인재를 지속적이고 분산적으로 공급하기가 쉽지 않다. 기술이 전체 경제로 파급되려면 복지, 금융, 교육, 법제도 등과의 정합적 연계가 필수인데, 이것은 당장에 실현가능하기 보다 앞으로 풀어가야 할 과제이다. '진짜성장'은 기술을 중심에 놓되, 이를 사람 중심, 생활 기반, 지역 기반으로 녹여내는 구조적 설계를 필요로 한다.

둘째, 재생에너지 중심 전략이 현실과 이상은 갭이 있다. 기후위기에 대응하고 에너지 전환을 주도하겠다는 전략은 필수적이고 옳은 방향이다. 그러나 문제는 '속도'와 '정치경제'의 균형이다. 한국은 에너지 믹스 구조가 화석연료·원자력 중심에 고착되어 있어, 재생에너지의 확장에는 사회적 갈등과 조정 비용이 매우 크다. 기술력과 산업화 기반, 지역 수용성, 송배전 인프라의 불균형을 해결하지 않으면, 에너지 전환은 국가 재정과 환경에 오히려 새로운 부담으로 작용할 수 있다. 재생에너지 전환은 산업 전략이기도 하지만, 사회적 신뢰와 협치, 민주적 참여의 기반 위에서만 가능하다. 이 점에서 '진짜성장'은 구조 설계에서 보완할 점이 있다.

셋째, 진짜성장론은 "성장과 분배를 동시에 잡겠다"는 슬로건을 전면에 내세운다. 분배를 전제로 한 성장이라면 사회보장 확대, 교육 평등, 건강보장과 같은 삶의 조건 강화가 동일 순위로 병행되어야 한다. 결국, '동시에'라는 선언은 가능하나, '무엇을 통해, 어떤 경로로, 어떤 속도로'가 뒷받침되어야 한다.

넷째, 국가 주도 모델의 이중성 문제가 있다. 이재명 정부의 진짜성장은 국가가 직접 성장 산업을 설계·주도·투자하는 방식을 택하고 있다. 이는 시장 중심의 성장론에 대한 중요한 반론이 될 수 있으나, 동시에 딜레마도 있다. 국가 주도의 산업 전략이 국민적 신뢰와 정치적 중립성 없이 작동할 경우, 관치경제의 반복이나 정책의 정파화로 연결될 수 있다. 공공 인프라의 사유화 방지, 민간 참여 유도, 기술 공동체 형성 등의 정교한 구조 설계 없이 단순한 '국가=성장의 엔진' 구도는 과잉 기대와 책임 회피 사이에서 흔들릴 수 있다. 따라서 국가는 필요하지만, 그 역할은 단순한 투자자가 아닌 조정자·디자이너·연결자로 진화해야 한다.

이재명 정부의 '진짜성장'은 구호가 아니라 실험이다. 산업 기반의 재편과 기술 주도의 구조 전환을 통해 새로운 성장을 이루겠다는 비전은 타당하다. 단, 그것은 삶의 조건과 제도의 구조를 경유해야만 할 것으로 보인다.

2) 기본경제 기반 성장(기본성장)

기본경제 기반 성장론은 전통적 경제성장 패러다임이 안고 있는 한계와 모순, 즉 성장이 반드시 분배로 이어지지 않으며, 오히려 불평등이 심화되고 사회적 신뢰가 약화되는 현실에 대한 반성에서 출발한다. 기본경제는 성장의 질적 재정의를 의미하며, 성장과 분배를 동시에 달성하려는 구조적 접근이다.

기본경제 기반 성장의 핵심은 '삶의 질'과 '기본 조건의 충족'을 경제발전의 핵심으로 인식하는 데 있다. 이 접근은 첫째, 사람 중심 성장(필수서비스 보장), 둘째, 포용적 성장(다수 시민의 생활기반 향상), 셋째, 지역순환 중심 성장(지역 내 수요-공급 구조 활성화)으로 구체화된다. 기본경제는 단기적 양적 지표보다는 질적·포괄적 성장을 중시하며, 이를 통해 유효수요 기반 확충, 고용 유발, 지속가능 성장 기반 강화 등 세 가지 경로로 성장에 기여한다.

기본경제는 분배의 개념도 재정의한다. 기존 복지국가는 시장소득의 불평등을 조세·이전으로 조정하는 '사후 재분배'에 의존해왔으나, 기본경제는 '선분배(pre-distribution)'를 지향한다. 이는 소득이 발생하기 이전부터 공정한 조건과 기회를 제공하여 불평등의 근원을 줄이는 전략이다.

기본경제 기반 성장론은 분배 개선이 성장의 장애가 아니라 오히려 촉진 요인임을 강조한다. 하위 계층의 소득 증가는 한계소비성향이 높아 즉각적인 소비 증가로 이어지며, 이는 내수 확대와 생산 증가, 민간투자로 이어지는 선순환 구조를 만든다. 기본소득이나 기본서비스는 구직자에게 협상력을 부여하고, 노동시장의 왜곡을 완화하며, 생산성 중심 고용 구조로의 전환을 가능케 한다. 또한, 분배가 개선되면 사회적 갈등 비용과 불확실성이 줄고, 이는 투자·혁신 환경에 긍정적 영향을 준다.

3) 기존성장(GDP 중심 성장)

GDP 중심의 성장은 GDP, 투자, 수출, 기술혁신, 시장 자율, 규제 완화, 낙수효과 전제 등이 핵심 내용이다. 이는 성장-분배 이분법, 분배 후행, 시장 주도, 정부 개입 최소화 등으로 고속 성장, 투자 유인, 국제 경쟁력 확보 등에서 장점을 가진다. 그런 만큼 효율성과 시장 자율을 강조하며, 분배는 성장의 결과로 간주한다. 그렇지만, 불평등 심화, 사회적 갈등, 환경 파괴, 내수 약화, 지속가능성 저하 등 심각한 문제를 동반한다.

기본성장과 진짜성장의 비교

기본경제는 현대 자본주의가 안고 있는 성장과 분배의 모순을 극복하고자 등장한 혁신적 경제 패러다임이다. 이러한 기본경제 기반 성장인 기본성장은 '삶의 질'과 '기본 조건의 충족'을 성장의 핵심으로 삼으며, 성장과 분배를 분리하지 않고 통합적으로 접근한다. 이는 단순한 조화를 넘어, 구조적 설계에 기반한 선순환 모델이다. 이는 양적 성장보다는 질적·포괄적 성장을 중시하며, 사회적 인프라(신뢰, 돌봄, 관계 자본 등)의 질과 접근성을 성장의 핵심으로 본다. 이는 경제를 단순한 생산과 교환의 장이 아니라, 사회적 삶을 가능하게 하는 기반구조로 재정의한다.

 이재명 정부의 '진짜성장' 역시 불평등 해소와 포용적 성장을 강조한다는 점에서 기본경제와 유사한 출발점을 공유한다. 그러나 구체적 정책 수단이나 철학적 기반에서는 차이가 있다. 진짜성장은 기존 복지국가의 틀을 계승하면서도, 혁신과 미래산업 육성, 사회적 안전망 강화, 국민통합 등을 강조한다. 반면 기본경제는 보편적 기본서비스(의료, 교육, 돌봄 등), 기본소득, 기본자산, 기본금융, 사회적경제, 지역화폐 등 보다 근본적이고 구조적인 대안을 제시한다. 특히 기본경제는 '선분배' 개념을 도입해, 소득이 발생하기 전부터 기회와 조건을 평등하게 제공함으로써 불평등의 근원을 줄인다. 이는 기존 복지국가의 '후분배'(조세·이전)와는 본질적으로 다르다.

〈부록 표 1-9〉 기본성장, 진짜성장, 기존성장

구분	기본성장 (기본경제 기반 성장론)	진짜성장 (이재명 정부 성장론)	GDP 중심 성장 (신고전파/신자유주의)
출현 배경	• 불평등 심화, 낙수효과 실패, 성장-분배 이분법 한계, 사회적 신뢰위기, 공동체 해체, 삶의 질 저하	• 불평등 해소, 포용적 성장, 저성장 구조 타개, 미래 성장동력 확보, 국민 통합 강조	• 효율성, 자본축적, 시장 자율, 성장 우선, 분배 후행
주요 특징	• 삶의 질·기본 조건 충족 중심 • 보편적 공공서비스·기본소득·기본자산·기본금융·사회적경제·지역화폐 확대 • 포용적·지역순환적 성장 • 성장과 분배 통합	• 포용적 성장, 불평등 해소 • 혁신과 미래산업 육성 • 사회적 안전망 강화 • 국민통합 지향	• GDP·투자·생산성 중심 • 시장자율·규제완화 • 성장 후 분배 • 분배는 효율성 저해로 간주
공통점	• 성장과 분배의 조화 필요성 인식 • 기존 신자유주의/신고전파 성장론 비판 • 사회적 불평등 해소 지향		
차이점	• 기본 조건(의료, 교육, 돌봄 등) 보장을 성장의 핵심으로 규정 • 선분배(기회 평등) 강조 • 사회적경제·지역화폐 등 대안적 생산구조 도입	• 구체적 정책 방향은 기존 복지국가와 유사 • 혁신·미래산업 강조 • 기본경제적 요소는 부분적 수용	• 성장=GDP, 효율성 중심 • 분배는 성장 후 문제 • 시장자율 강조, 공공성 약화
정책 수난	• 기본소득, 기본자산, 기본금융, 기본서비스, 사회적 경제, 지역화폐 • 조세개혁, 통합저 정책 설계, 지역단위 실행	• 사회적 안전망 강화, 세제개혁, 미래산업 투자, 일자리 창출, 교육·보육 지원	• 시장규제 완화, 민영화, 구조조정, 성장 촉진 정책

성장관	• 질적·포괄적 성장(삶의 질, 인적자본, 사회적 인프라) • 지속가능성, 회복력, 공동체 신뢰 강조	• 포용적 성장, 혁신 성장, 국민통합 • 미래지향적 성장	• 양적 성장(GDP, 투자, 생산성) • 단기적 성과 중심
분배관	• 선분배(기회 평등, 기본 조건 보장) • 분배가 성장의 촉진제	• 후분배(재분배) 중심 • 불평등 해소 지향	• 분배는 성장의 결과 • 분배는 효율성 저해로 간주

공통적으로 기본성장과 진짜성장, 두 모델은 모두 기존 신자유주의/신고전파 성장론의 한계를 인식하고, 성장과 분배의 조화, 사회적 불평등 해소를 지향한다는 점에서 유사하다. 그러나 기본성장은 이를 삶의 질과 기본 조건의 보장을 성장의 핵심으로 삼는다는 점에서 차별화된다. 이재명 정부의 '진짜성장'은 기본성장적 요소를 부분적으로 수용하지만, 기존 복지국가의 틀을 기반으로 하고 있다고 할 수 있다. 그런데 중요한 점은 기본성장에 기반한 도약성장에 해당하는 부분과 많이 겹친다 할 것이다. 기본성장-도약성장론은 후속 책에서 자세히 다룰 예정이다.

기본성장 기반 도약성장 수리 모형(예시)

- 기본 가정: 콥-더글라스 함수식 적용
- 기본성장-도약성장 성장률 방정식

$$gy = \lambda \cdot \dot{B} + \alpha \cdot \delta_K(B) + (1-\alpha) \cdot \delta_L(B)$$

이 식은 성장률이 단순히 자본과 노동에 의존하지 않고, 기본경제 인프라의 질적 향상에 의해 내생적으로 결정된다는 점을 보여준다.

gy : 국민소득 Y의 성장률

λ : 기본경제 인프라 확대가 성장률에 기여하는 계수

B : 기본경제 인프라

$\dot{B} = \dfrac{dB}{dt}$: 기본경제 인프라 B의 구축 속도

α : 자본의 생성 기여도 (콥-더글라스 계수, $0 < \alpha < 1$)

$\delta_K(B) = \dfrac{\dot{K}}{K}$: 기본경제 B가 자본증가율에 미치는 함수형 효과 (내생적 성장률)

K : 자본스톡 (기본자산, 기본금융 포함)

L : 유효 노동력 (사회적 자산 포함)

$\delta_L(B) = \dfrac{\dot{L}}{L}$: 기본경제 B가 노동력 증가율에 미치는 함수형 효과 (내생적 성장률)

$\lambda \dot{B}$: 도약성장(leap growth)을 나타내는 직접 항

$\delta_K(B), \delta_L(B)$: 기본성장(basic growth)의 간접 내생 요소

여기서 B는 기본경제형 혁신(AI 등의 기술혁신을 사회적 맥락에서 해석)을 포함하는데, 만약 도약성장을 이와 무관한 AI 기술혁신 등에 한정하여 해석한다면, B가 아닌 $B'(= B + A)$으로 나타내야 한다. 이때 A는 기본성장 기반 도약성장을 추동하는 AI 등의 기술혁신이 아닌, 다른 기술혁신을 의미하게 된다. 그리고 B와 A의 관계에 대한 함수식을 별도로 설정해야 하는 문제가 남는다. 이재명 정부의 '진짜성장'이 표방하는 "AI 기반 성장"이 정확히 어떤 기술혁신을 말하는지는 명확하지 않으나, 다만 뉘앙스로는 "기본성장 기반 도약성장"을 말하는 것같지는 않다. 그렇더라도 이들 간에 일정한 연결고리가 있다는 점은 부인할 수 없다. 다만, 이늘 간 충놀이 되는 경우를 자세히 밝히고, 이를 완화하거나 반전시키는 기제나 경로를 찾아내는 것이 중요할 것이다.

부록 2

기본경제와 기본사회 형성과 구조

2-1 기본소득과 기본자산의 비교
2-2 기본소득과 기본서비스의 비교
2-3 기본소득 성격의 지원금과 지역화폐의 결합 효과 시뮬레이션
2-4 재난지원금(또는 민생회복지원금)의 경제적 효과 논란
2-5 기본자산과 기본금융의 비교와 통합 가능성에 대한 고찰
2-6 지역화폐(지역사랑상품권)의 정책효과(실증결과)

• 부록 2-1 •

기본소득과 기본자산의 비교[1]

기본자산의 주요 내용

기본자산(Basic Capital 또는 Asset)에 대한 논의는 오랜 기간 그리고 여러 국가에서 다양한 명칭으로 제안되었다. 이것들의 공통된 특성은 일시금 방식의 현금 배당이다(서정희, 2021). 국내에서는 초기에 사회적 지분급여로 번역되어 사용되었으나, 2017년 정의당이 제도로서 이를 '기초자산'으로 명명했다.

〈부록 표 2-1〉 기본자산 모델 비교

주창자	출처	연령	액수	용처 제한 및 조건성
액커만과 알스토트	Ackerman & Alstott (1999) Ackerman & Alstott (2006a, 2006b)	21세	8만 달러 (2만 달러씩 4년)	• 용처 제한은 원칙적으로 없음. 단, 창업, 교육, 주거비 등 예시함 • 고등학교 졸업자, 범죄 경력이 없어야 함
르 그랑과 니산	Le Grand, J. & Nissan, D. (2000) Le Grand, J. (2006).	18세	1만 파운드	교육, 주거비, 창업 등의 용도에 대해 신탁관리자가 심사, 승인
앳킨슨[*]	Atkinson, A. B. (1972). 앳킨슨 (2015)	은퇴 시/ 18세[**]	명확하게 금액을 명시하지 않음	최저 상속의 사용에 제한을 둘 것인지 여부는 고려하지 않음.

| 화이트 | White (2011; 2015) | 언급 없음 | 3만 파운드 기초자산+2만 파운드 한시적 시민 수당 | 기초자산: 교육, 직업훈련, 창업 등의 목적 |
| 피케티*** | Piketti, T. (2019) | 25세 | 성인 평균 재산의 60%
(선진국의 경우 1인당 12만 유로, 한화 1억 6천만 원) | 없음 |

기본소득과 기본자산의 비교

1) 공통점: 역사적 기원과 철학적 기반

(1) 공유부 배당 철학의 공통 뿌리

기본소득과 기본자산은 모두 토마스 페인의 『토지정의』(1797)에 철학적 기초를 두고 있으며, 이는 "토지에서 유래한 공유부는 모든 사람의 권리"라는 사상에 기반한다. 페인은 토지 공유부를 기금화하여 기본자산(청년에게 1회 지급)과 기본소득(노인에게 정기지급)으로 배당할 것을 제안했다. 현대 이론가들 역시 이 철학을 공유한다. 예컨대 르그랑, 액커만과 알스토트 등은 모든 사람에게 사회적 유산을 분배하는 정당성을 강조한다.

---

* 앤서니 앳킨슨(Anthony Atkinson). 1944~2017. 영국의 경제학자. 불평등 연구의 선구자로, 소득 불평등과 빈곤 문제에 대한 폭넓은 연구를 수행했다.
** 앳킨슨(1972)은 기본자산을 은퇴 시에 지급할 것을 언급했으나, 훗날 이를 철회하고 성년이 되었을 때 지급할 것을 주장했다(2015).
*** 토마 피케티(Thomas Piketty). 1971~. 프랑스 경제학자. 소득 불평등과 자본 축적에 대한 연구로 유명하며, 『21세기 자본』은 그의 대표적인 저서이다.

(2) 자유로운 삶을 위한 제도

두 제도 모두 인간의 자유로운 삶을 목표로 한다. 차이는 있으나, 둘 다 유급노동 중심주의에서 벗어나 자유와 자율성을 보장하고자 한다. 기본소득은 실질적 자유(real freedom), 기본자산은 거시 자유(macro freedom)를 중시하며, 이는 모두 노동의 종속성 없이 삶을 꾸릴 수 있는 조건 마련에 중점을 둔다.

2) 차이점: 정기성, 보편성, 무조건성에서의 분기

(1) 정기성: 안정성 vs 기회균등

① 기본소득은 정기적이고 지속적인 지급

기본소득은 월급처럼 정기성을 지니며, 생활비·공공요금·교육비 등 일상적 비용 지출 주기와 조응한다. 이는 예측 가능한 생활 유지와 계획을 가능하게 한다. 예컨대, 스탠딩(2018), 서정희·노호창(2020)은 이를 생활 안정성과 연관 짓는다.

② 기본자산은 목돈 일시금 방식

기본자산은 21세경 목돈 지급을 통해 거시 자유, 즉 큰 선택의 기회(교육, 주거, 창업 등)를 제공하는 방식이다. Ackerman & Alstott(2006)는 이 방식이 청년기 기회의 평등을 확대한다고 보지만, 한편으로는 삶의 안정성 부재와 시기 제한성이라는 한계를 가진다.

③ 투자자로서의 인간상

기본자산 수령자는 목돈을 통해 장기적인 재무 설계와 자산 증식을 고민해야 하며, 이는 자산운용 능력과 계층 간 경험 차이를 전제로 한다. 특히 빈곤층은 자산 관리 경험이 부족해 급여 소진 위험이 크다. 이는 오히려 능력주의를 강화하고 프랙털형 불평등을 악화시킬 수 있다.

(2) 보편성: 청년 한정 vs 전 생애 보편성

① 기본자산은 특정 연령대에 국한

기본자산은 18~25세 청년에게만 지급되며, '사회적 상속'이나 생애주기상 독립 시점을 지급 기준으로 삼는다. 그러나 상속은 모든 연령층에 적용 가능한 개념이며, 특정 시기에만 집중된 보상은 보편성 원칙에 위배된다.

② 기본소득은 생애 전반에 보편 적용

기본소득은 연령과 관계없이 모두에게 지급되며, 이는 생애주기 전반에 걸쳐 나타나는 불안정성과 불확실성(플랫폼 노동, 생태 위기 등)에 대응하는 포괄적 안전망이다. 코로나19 이후 나타난 '위험의 일반화' 상황에서도 기본소득은 더욱 실효적이다.

③ 정책 배타성 문제

기본자산과 기본소득을 대립적인 제도로 볼 것이 아니라, 기본소득이 사회적 최저선(social floor)을 보장하고, 기본자산은 추가적 욕구 대응으로 결합되는 복합적 정책 설계가 요구된다.

(3) 무조건성: 조건 부과 vs 무조건 지급

① 기본자산은 조건부 제도

기본자산 설계에서는 조건이 부과된다. 대표적으로 사용처 제한(교육, 주거, 창업), 수급 자격 조건(고졸, 범죄 경력 없음), 부모·아동 대상 재정교육을 들 수 있다. 이는 공유부의 무조건적 분배 철학과 배치된다.

② 기본소득은 조건 없는 배당

기본소득은 어떤 자격 요건이나 사용처 제한 없이 무조건 지급되며, 이는 공화주의적 자유의 관점에서도 핵심 원칙이다(카사사스, 2018). 조건을 요구하는 순간 자원의 사전 분배 기능이 상실되며, 이는 자유의 실질적 기반이 위협받는 결과로 이어진다.

③ 기본자산의 사후 책임 회피

기본자산은 단회적 지급 이후의 생애 안정성에 대한 후속 정책이 없거나 기존 복지국가에 위임한다. 이는 기본자산 주창자들이 비판해 온 사민주의 복지국가 모델에 다시 의존하는 자기모순적 구조를 초래한다.

결론: 선택이 아닌 통합의 문제

기본자산과 기본소득은 모두 공유부 배당이라는 철학을 바탕으로 인간의 자유로운 삶을 실현하고자 한다. 하지만 지급 방식, 대상, 조건 유무에서 차이를 보인다. 특히 불안정성이 구조화되고 위험이 일반화되는 현대 사회에서, 단순히 청년기의 거시 자유만으로는 삶 전반의 불안정성을 해소할 수 없다. 기본소득이 기본적 생활 안정을 보장하고, 기초자산이 삶의 특정 시점에서의 선택을 지원하는 방식으로 상호보완적으로 설계되어야 한다.

• 부록 2-2 •

기본소득과 기본서비스의 비교[2]

기본서비스의 개념

기본서비스(Universal Basic Services, UBS)는 2017년 영국 UCL의 글로벌번영연구소(IGP)가 제안한 개념으로, 모든 시민이 안전(security), 기회(opportunity), 참여(participation)에 접근할 수 있도록 무상 공공서비스를 보편적으로 제공하자는 정책이다. 이는 기본소득(UBI)의 한계를 극복하기 위한 대안으로 등장했다. 보편주의 원칙은 선별주의의 낙인과 비효율성을 경험한 역사적 반성에서 출발한다.

기본서비스 개념의 구성 요소는 크게 세 가지이다.

첫째, 서비스: 공공의 이해를 위한 집단적 활동

둘째, 기본: 사람들의 필요를 충족시키는 필수적 성격

셋째, 보편: 시민권에 기반해 누구나 이용

기본서비스의 영역과 제공 방식

기본서비스는 핵심 7대 영역에서 시작하여 이후 다른 지지자들은 이 일곱 가지에 더해 아동 보육(childcare)과 성인 부양(adult care)을 추가했다. 이들은 복지국가적 보편주의에 기반해 필요 중심의 접근 보장을 목표로 한다.

* 핵심 7대 영역: 의료(NHS), 교육, 법률 및 민주주의, 주거, 식량, 교통, 정보

이러한 기본서비스는 민간기업이나 자원봉사 부문에서 제공될 수도 있지만, 궁극적으로는 공적으로, 즉 국가에 의해 제공되어야 한다. 기본서비스를 국가가 제공해야 하는 근거는 다음과 같다(Portes, 2017: 22~23).

첫째, 외부성과 과잉 소비 방지
둘째, 규모/범위의 경제 실현
셋째, 정보 비대칭의 완화
넷째, 공동 가치와 시민권의 실현

공공서비스는 지방정부, 공동체, 협동조합 등이 제공할 수 있으며, 국가는 재정, 품질, 형평성 보장의 핵심 책임을 지는 설계자 역할을 수행한다.

기본서비스의 장점과 잠재적 혜택

1) 장점

첫째, 저소득층 노동 유인을 높임
둘째, 조세로 조달되면 누진성과 형평성 확보
셋째, 고소득층의 낮은 이용률로 선별적 효과
넷째, 조세체계 개편 없이 도입 가능
다섯째, 노동시장 보완 기능(예: 교통·정보)
여섯째, 친사회적 특성: 공공재 성격
일곱째, 정치적 지속가능성 확보

2) 4대 잠재효과

첫째, 평등: 사회임금을 통한 소득불평등 완화

둘째, 효율성: 시장 실패 회피, 사회적 투자수익 극대화

셋째, 연대: 공유된 욕구와 집단적 책임의 체험

넷째, 지속가능성: 환경·사회·경제적 측면에서 균형 있는 발전

기본서비스의 쟁점과 과제

기본서비스는 제안된 지 얼마 되지 않은 정책 아이디어이니만큼 그것을 둘러싼 논란도 많고, 해결해야 할 과제도 많다. 기본서비스의 제안자들이 스스로 정리한 쟁점과 과제들은 다음과 같다.

첫째, 서비스 범위: 사회적 서비스에 집중하되, 디지털화·생태위기 등 새로운 영역까지 포함 필요

둘째, 책임과 권한: 국가 vs 지방정부 vs 공동체의 역할 분담 및 조정

셋째, 소유와 재원: 국가 직접 제공 외에도 다양한 파트너십과 조세·기부 등 재원조달 방식 고려

넷째, 이용자 참여: 서비스 공동설계(Co-production)의 필요성

다섯째, 조건성과 자격: 욕구에 기반한 접근은 형식적 보편주의일 수 있음

여섯째, 국가의 역할: 상향식 지역 활동과 하향식 정책 설계 간 균형 필요

일곱째, 아래와 같은 문제점을 제시

- 큰 정부, 권력의 집중, 가부장주의, 사회공학을 초래
- 국가는 이 비전을 실현할 능력이 없음
- 의사결정이 어떻게 이루어지는지에 대한 투명성 부족
- 기본서비스는 결국 대기업의 더 많은 축적을 초래
- 비용이 너무 많이 들어서 유권자의 지지를 못 받음
- 자본주의와 양립할 수 없으며, 따라서 작은 개혁이 아니라 근본적 변혁 필요

기본서비스와 기본소득 논쟁

기본서비스와 기본소득은 모두 복지국가의 한계를 극복하고자 하는 대안적 접근이지만, 그 실현 방식과 철학적 근거에서 뚜렷한 차이를 보인다. 기본서비스가 영국에서 기본소득에 대한 대안으로 등장한 만큼, 두 진영 간에는 비판과 반비판이 치열하게 이어져 왔다.

1) 기본서비스론자들의 기본소득에 대해 비판

첫째, 기본소득은 인간의 기본적 욕구를 충족할 만큼 충분한 금액을 지급하기에는 비용이 지나치게 많이 들며, 실제로 조달 가능한 수준의 소액소득은 욕구 충족에 불충분하다는 점을 지적한다. 즉, "조달 가능한 기본소득은 불충분하며, 충분한 기본소득은 조달 불가능하다"는 것이 대표적 비판이다.

둘째, 기본소득은 불평등한 부와 권력 구조를 개선하거나 연대를 촉진한다는 증거가 부족하며, 단순히 개인의 소비만을 지원한다고 비판한다.

셋째, 기본소득은 장애·상병급여, 주거비 지원 등 복지제도의 구조적 문제를 직접 해결하지 못한다는 한계가 있다.

넷째, 기본소득이 노동유인을 약화시킬 수 있다.

다섯째, 노동의 내재적 가치와 관련된 철학적·정치적 문제를 제기한다는 점도 비판의 핵심이다. 즉, 노동은 단순한 소득의 수단이 아니라 행복과 사회적 성과의 원천이므로, 노동과 분리된 소득만으로는 충분하지 않다는 것이다.

기본서비스론자들 사이에서도 기본소득과의 관계에 대한 입장은 다소 차이가 있다. 일부는 두 제도가 상호 보완적일 수 있다고 보지만, 대부분은 기본서비스가 기본소득에 비해 우월한 대안이라고 주장한다. 특히 기본서비스가 시민의 기본적 욕구를 충족하는 데 있어 재원 사용의 효율성과 집단적 소비의 공적 제공 측면에서 더 유리하다고 본다.

2) 기본소득론자들의 기본서비스에 대한 반박

첫째, 사회정의를 위한 투쟁의 핵심은 소득 안정의 추구이며, 소득 안정 자체가 집합재임에도 불구하고 기본서비스론자들이 '집단적인 것'을 공공서비스에만 국한하는 것은 잘못이라는 점을 지적한다.

둘째, 선별적 복지는 오히려 빈자에게 불리하며, 기본소득과 조세체계의 결합이 더 공정하다고 주장한다.

셋째, 기본서비스는 보편적이지 않으며, 선별적 제공에 따른 낙인효과와 가부장적 구조가 존재한다는 점을 비판한다.

넷째, 기본서비스가 기본소득에 비해 비용이 적다는 주장은 총비용과 순비용을 혼동한 결과이며, 실제로는 기본서비스의 비용이 과소평가되어 있다고 반박한다.

다섯째, 기본서비스의 보편성에도 한계가 있다는 점(예: 무상 교통이 버스에만 적용되는 문제)을 지적한다.

여섯째, 기본소득은 사회적 부와 공유부에 대한 권리, 그리고 개인의 자유 증진이라는 독자적 윤리적 근거를 갖고 있으므로, 기본서비스와 모순되지 않는다고 주장한다.

결론: 상호보완적 관계

기본서비스와 기본소득은 각각의 장단점과 독자적 논리를 가지고 있으며, 양자는 대체 관계가 아니라 상호보완적 관계에 있다는 점이 여러 연구에서 지적된다. 실제로 복지국가의 이전지출과 서비스 지출은 상쇄관계가 아니라 상호 증진하는 경향이 있다. 기본서비스는 '필요의 원리'에, 기본소득은 '공유부에 대한 권리'에 근거하므로, 재원을 달리한다면 양자의 병행 발전이 가능하다. 기본소득의 재원을 공유부 수익에 한정한다면, 기본서비스와의 재원 충돌 문제도 완화될 수 있다. 따라서 양자를 배척하기보다는, 각자의 역할과 한계를 인정하고 상호보완적으로 발전시키는 것이 바람직하다.

이처럼 기본서비스와 기본소득 논쟁은 단순한 정책 대결을 넘어, 복지국가의 미래와 사회적 정의, 그리고 시민의 자유와 안전을 어떻게 보장할 것인가에 대한 근본적 질문을 던진다. 양자의 조화와 통합적 접근이야말로 오늘날 복지국가가 직면한 구조적 위기를 극복하는 실마리가 될 수 있다.

● 부록 2-3 ●

기본소득 성격의 지원금과 지역화폐의 결합 효과 시뮬레이션

– 이재명 정부 민생회복소비쿠폰 지급의 성장 효과에 대한 시사

1. 기본소득 성격의 민생회복지원금을 지역화폐로 지급한 경우 지역경제(소상공인점포 매출 증대)에 미친 영향

■ 실증 결과

○ 경기도 재난기본소득의 지역화폐 지급 (정책발행)

- 경기도는 2020년 들어서 코로나 19의 감염병 확산에 따른 도민들의 생계위기 등에 대처하기 위해 일회성 소득지원제도인 "경기도 재난기본소득"을 지급했다.

> * 경기도민 전체에게 지역화폐로 1인당 10만 원씩 지급하고 지역화폐는 3개월 이내에 사용하도록 했다.
> * 소요예산은 약 1조 3,642억 원으로 이 재원은 재난관리기금(3,405억원), 재해 구호기금(2,737억원), 지역개발기금(7,500억원)을 내부 차용하여 조달했다.

○ 경기도 내 지역화폐 가맹점 매출증대 효과는 약 29.6%p이다.

- 경기도 내 신한카드 가맹점의 업종별 10·14주차, 16·19주차 매출액 자료를 이용했다.

* 10주차는 코로나19 충격이 가장 낮았다가 상승하기 시작하던 시점이다.
  15주차(4월 9일)는 경기도 재난기본소득을 지급하기 시작했다.
  20주차(5월 13일)는 정부 긴급재난지원금이 지급되던 시점이다.

- $Y_{i,t} = \alpha + \beta_1 D_{treatment group} + \beta_2 D_{treatment time} + \beta_3 D_{treatment effect} + \beta_4 D_{business} + \epsilon_{i,t}$ 의 회귀식을 추정하여 이중차분법(Difference-in-difference)에 의한 효과 추정을 했다.
- 추정결과 β_3 값은 0.296, 5% 수준에서 유의한 것으로 추정되어 재난기본소득 지급의 지역화폐 가맹점에서의 매출증대 효과가 발생했다 (약 29.6%p로 추정).

* $Y_{i,t}$ 는 각 업종별/지역화폐 가맹점 유무별 전년동기대비 매출액 증가율
  $D_{treatment group}$ 는 지역화폐 가맹점 여부를 나타내는 더미변수
  $D_{treatment time}$ 은 재난기본소득이 지급된 전후를 구분하는 더미변수
  $D_{treatment effect}$ 는 재난기본소득 지급에 따른 효과를 측정하는 더미변수
  $D_{business}$ 은 각 업종을 나타내는 더미변수
* 이중차분법에 따른 재난기본소득 효과는 β_3로 추정되며, β_1은 재난기본소득과 상관없이 지역화폐 가맹점 여부가 매출에 미치는 효과, β_2는 재난기본소득 지급 전후 시간흐름에 따른 추세효과를 의미한다.

<부록 표 2-2> 경기도 내 지역화폐 가맹점 매출증대 효과 추정 결과

변수명	종속변수 (전년 동기 대비 매출 증가율)
지역화폐 가맹점 유무($D_{treatment group}$) (가맹점 = 1, 비 가맹점 = 0)	0.312*** (0.0809)
재난기본소득 지급 기간 유무($D_{treatment time}$) (16~19주차 = 1, 10~14주차 = 0)	-0.0456 (0.0874)
재난기본소득 지급 효과($D_{treatment effect}$) (가맹점 유무 x 기간 유무)	0.296** (0.123)
업종별 더미	Y
Observation	15,024
R-squared	0.034

1) standard errors in parentheses
2) *, ** and *** denote significance at 10%, 5% and 1% levels, respectively.
3) 신한카드 가맹점 매출액 자료 사용

자료: 경기연구원(2020) 내부자료

<부록 그림 2-1> 경기도 재난기본소득 지급 기간

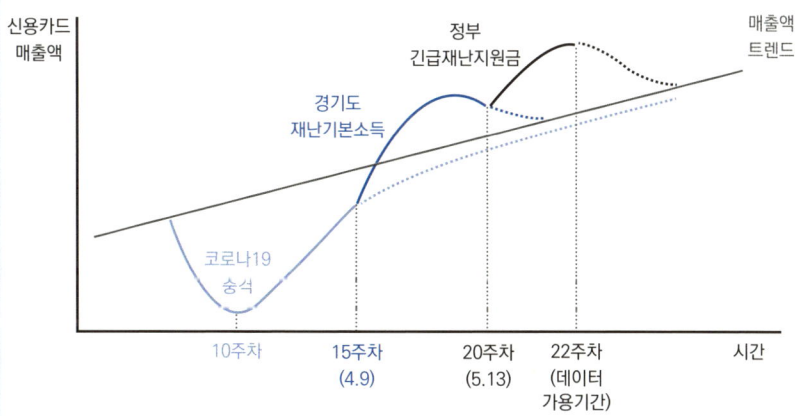

2. 기본소득 성격의 민생회복지원금을 지역화폐로 지급할 경우 국민경제에 미치는 영향

■ **현금성 지원 정책의 경제적 효과 조명(시뮬레이션)**

○ 기본소득(적정 재정 모형)의 거시경제효과 분석(2021)[3, 4]

[특징]

포스트 케인지안 모형을 적용해[5] 민간소비지출의 다양한 시나리오별 경제적 비용 및 소득재분배 효과를 추정하고, 이어서 소득재분배에 따른 소비 증가 효과를 분석했다.

* 대표 시나리오: 연간 313만 원 보편소득 보장(일부 재정 부담, 일부 내부 부담)

[분석모델]

국세청 제공 2018년 개인 총소득 자료에 기초해서 1% 구간마다 약 27.79만 명이 평균소득을 갖는 약 2,779만 명으로 구성된 모델 경제를 구축하였다.

* 국세청이 제출한 자료는 통합소득 자료와 순수일용직 소득자료이다. 여기서 통합소득이란 연말정산 신고소득과 종합소득 신고소득을 사람별로 합산한 소득을 의미한다. 통합소득 자료에서는 통합소득 상위 1%는 23,246명 또는 23,247명(통합소득 0.1%) 단위로, 그 이하는 232,469명 또는 232,470명(통합소득 1%) 단위로 평균한 소득을 보여주고 있다.

* 이 연구에서는 다음과 같은 방법으로 통합소득과 순수일용직 소득을 합친 총소득의 백분위 분포를 구했다.

  첫째, 순수일용직 소득 자료에 가중 파레토 분포를 적용하여 순수 일용직 근로자 227,145.35명 단위로 평균소득을 구했다.[6]

둘째, 통합소득과 첫째에서 구한 순수일용직 근로자의 소득을 합쳐서 소득 순서대로 나열했다.

셋째, 둘째에서 구한 총소득 분포를 277,898.45명 단위(총소득 1%)로 집계하여 백분위 경계소득과 백분위 평균소득을 구했다.

여기서 백분위 경계소득은 소득의 백분위수(percentile)를 의미한다.

[결론]

1) 보편소득 보장형[연 313만원/일부 내부부담(소득세율 10%)] 민간소비지출(민생회복지원금 성격)로 노동소득분배율이 상승하고, 그 결과로 소비증가, 투자증가, 국민소득 증가가 발생했다.

⟨부록 표 2-3⟩ 노동소득분배율 1% 증가시 국민소득 증가 최대 및 최소치(%)

노동소득분배율 1% 상승시 국민소득 지출요소별 증가(%)	소비(C) 증가: dC/Y	투자(I) 증가: dI/Y	순수출(NX) 증가: dNX/Y	국민총소득(Y) 증가: dY/Y	승수효과 감안한 소득증가: dY*/Y
최대	0.26	0.26	0.0	0.52	0.794
최소	0.22	0.007	0.0	0.57	0.347

2) 추가로 보편소득 보장 민간소비지출(민생회복지원금 성격)로 인한 소득재분배 향상이 소비증가를 일으켰다.

* 소득재분배로 빈곤층이 줄어드는 것 자체만으로도 국민경제에 긍정적 효과를 미치는 것은 분명하다.[7] 또 이 소득분배의 개선이 소비증가를 가져오고 추가적으로 나머지 국민경제에 미치는 좋은 영향을 줄 수 있으리라는 기대를 할 수 있다.

<부록 표 2-4> 민간소비지출(민생회복지원금 성격)의 소득재분배 효과에 따른 소비 증가, 소비승수, 국민소득 증가

	지원금 (연 313만원)/일부 내부부담(소득세율 10%)
소비증가(조원)	22.66
소비승수	1.52752
국민소득증가(%)($\nabla Y/Y$)	2.55

- **현금성 지원 정책과 경제성장 간의 관계**

○ 포스트 케인지안 모형을 적용 시 현금성 민간소비지출(민생회복지원금 성격)은 단기적인 소비 촉진을 넘어 경제성장을 견인한다는 결과를 보인다.

- 민생회복 지원금(지역화폐 지급)을 지급하면 기존의 소비가 지원금의 소비나 저축 등으로 대체되어 이들이 경기진작의 효과를 지닌 소비로 가지 않는다는 주장은 오류다.
- 2020년 지급된 정부의 긴급재난지원금과 경기도 재난기본소득을 합한 재난지원금에 대해 포스트 케인지안 모델을 사용하여 소비대체 효과 여부를 검증해본 결과도 소비대체 효과는 있지만 경기진작 효과에 미치는 영향이 적은 것으로 나왔다. 그 이유는 추가소비가 발생하기 때문이다.
  * 2021년 지역화폐 설문조사 결과 보고서(엠브레인퍼블릭 조사)에 의하면 지역화폐 사용으로 인한, 현금 및 신용카드 추가 소비 경험이 있는 응답자의 추가 소비 비중은 2021년 1분기 기준 31.9%로 나타났다.
  * 통계청 자료에 의하면, 재난지원금이 지급되는 2020년 2분기에 소비성향이 증가하였다(평균소비성향: 1/4분기 67.1; 2/4분기 67.7).
  * 지원금 소비액수는 이론적 예측대로 승수효과로 인해 지급액수의 약

1.63배에 달하는 소비진작효과가 있는 것으로 추정됐다.

3. 보편소득 보장형[연 313만 원/일부 내부부담(소득세율 10%)] 민간 소비지출지원금(민생회복지원금 성격)의 의미

■ 재원조달은 재정부담 + 일부 내부부담(소득세율 10%)
○ 국가의 재정 부담은 34조 원으로 이재명 정부가 2025년에 추경으로 조달하려는 민생회복지원금 규모(31.5조 원)와 얼추 비슷한 수준이다.
  - 단, 일부 내부 부담 몫이 있으므로 현재 추진하고 있는 민생회복지원금과는 재원조달 측면에서 차이가 난다.
  - 이 밖에도 1인당 지급액, 지급 대상, 지급 횟수 등에서 현재 추진하려는 민생회복지원금과 차이가 나지만 큰 틀에서 민생회복지원금의 경제적 효과에 시사하는 바가 크다.

○ 민간소비지출 지원금(313만원, 일부 재정부담)은 아래와 같은 특징을 보인다.
  - 82%의 사람들이 순수혜자가 되고 그 이상의 사람들은 순부담자가 된다.
  - 보조금 지급액은 총 87조 원인데, 3.8%의 세율로 내는 기여금 53조 원과 외부의 재정부담 34조 원으로 충당된다.
  - 내부 순부담액은 13조 원으로서 외부의 재정부담 34조 원과 합치면 47조 원의 경제적 비용이 발생한다.
  - 사중손실은 발생하지 않는다.
  - 지니계수는 0.5509에서 0.4979로 0.0531만큼 낮아진다.

〈부록 표 2-5〉 민간소비지출 지원금(313만원, 일부 재정부담)의 경제적 의미

(단위: 백만원)

소득분위	시장소득	시장소득 2	보조금	기여금	순부담	가처분소득
1%	0.0097	0.0097	3.13	0.001	-3.13	3.14
19%	4.31	4.31	3.13	0.26	-2.87	7.18
20%	4.56	4.56	3.13	0.28	-2.85	7.41
50%	20.28	20.28	3.13	1.24	-1.89	22.17
82%	49.52	49.52	3.13	3.02	-0.11	49.63
83%	51.38	51.38	3.13	3.13	0.00	51.38
99%	144.61	144.61	3.13	8.81	5.68	138.93
100%	356.52	356.52	3.13	21.73	18.60	337.92
계	869조원	869조원	87조원	53조원	13조원	869조원
지니계수	0.5509	0.5509				0.4979
순수혜자	순수혜자 82% / 재분배 금액 47조원 / 지니계수 변화 0.0531					
경제적 비용	47조원(내부순부담13조 + 사중손실 0 + 재정부담34조)/세율 3.8%					
효율성	순수혜자 1명당 205만원 / 지니계수 1%p 낮추는 비용 8.8조원					

• 부록 2-4 •

재난지원금(또는 민생회복지원금)의 경제적 효과 논란[8]

정부 재난지원금 효과 관련 두 가지 대표적 문건 검토

재난지원금은 기본적으로 경기도에서 시행한 재난기본소득금과 다르고,[9] 기본소득과도 다르지만 재난지원금이 누구나 노동의 유무, 재산 보유의 정도와 무관하게 무조건적으로, 보편적으로 지급되기에 기본소득과 유사하다. 이러한 측면에서 그 경제적 효과 등에 대한 논쟁이 기본소득 논쟁의 전초가 될 수 있다.

■ 조세재정연구원의 이전소득의 장기적 경제효과에 관한 연구[10]

이들은 거시경제 모형을 5개 부문, 44개 정의식, 51개 형태식으로 구성하여 모형을 구축했다. 조세는 소득세, 법인세, 소비세, 사회보장 기여금, 재정지출은 정부소비, 정부투자, 가계이전, 기업이전으로 내용을 구성했다. 데이터는 2000년 1사분기부터 2015년 4사분기의 것을 사용했다. 정부가 실질총지출을 1조 원 확대시키면 3차연도까지 실질 GDP가 0.5125조 원 증가한다는 장기 전망에 이 모형을 이용한 예측치를 사용하고 있다. 다음 표를 보면 가계이전의 효과가 정부지출의 여러 내용 중 가장 작은 것으로 나타나고 있다.

〈부록 표 2-6〉 실질 재정지출 1조원 확대가 실질 GDP에 미친 효과 요약

구분	1차연도	2차연도	3차연도
총지출	0.4502	0.5098	0.5125
정부소비	0.9288	0.9025	0.8906
정부투자	0.8644	0.9071	0.9403
가계이전	0.2152	0.2870	0.2785
기업이전	0.2213	0.4098	0.472

* 각 연차별 누적효과(거시재정모형을 이용하여 도출), 박명호·오종호(2017), p.107.

재난지원금은 정부지출 중에서 가계이전 소득이고, 정부가 다른 데 돈을 쓰는 것보다는 이전소득은 국민소득 진작효과에는 가장 비효율적이라는 결론으로 이어진다. 여기서 말하는 가계이전은 국민연금, 기초연금 등 소비성향이 낮은 노인층을 대상으로 하는 이전지출이 큰 비중을 차지하고 있어 재난지원금과 같이 전 국민을 대상으로 지급된 적이 없는 이전소득의 효과를 가리키는 데는 한계가 있다. 그러나 정부지출 중에 이전소득이 가장 효과가 낮다는 것은 산업연관표의 값(뒤이은 글 참조)을 보아도 사실에 어긋난다.

근본적으로 이러한 모델의 문제는 결국 경제적 활성화는 소비보다는 공급에 달려있다는 공급사이드 경제의 신고전학파 모형에 근거하고 있다는 것이다.

그리고 재난지원금은 지역화폐로 지급되고 소비시한이 설정되어 있으므로 이 보고서에서 분석한 가계이전보다 더 큰 효과를 낼 것이다. 재난지원금이 GDP를 증가시키는 효과는 정부지출보다 작지만, 가계소득을 증가시키는 효과는 훨씬 더 크다.

소득재분배 효과도 정부지출보다 재난지원금과 같은 이전소득이 더

크다. 정부지출은 기업의 매출을 증가시키지만 오늘날 기업은 이것을 가계소득으로 환류시키기보다는 내부의 유보금으로 축적하는 경향이 커지고 있다. 따라서 저소득층이 의존하는 임금 지불이나 고용 증대에 투자하는 비중은 점점 줄어들고 있다. 정부지출은 기업의 매출을 늘리고 부가가치의 상당 부분이 고소득자 임금으로 귀속된다. 더군다나 정부에서 기업에 지원한 자금의 상당 부분이 은행의 예금으로 머물거나 부동산, 금융자산의 가격을 인상시키는 부작용을 낳고 있다.[11] 이에 반해서 재난지원금은 균등하게 분배되므로 자산 투기를 일으키기 힘들다.

■ 국회예산처의 긴급재난지원금의 경제적 파급효과 분석[12]

코로나19로 위축된 민간소비를 진작하고 취약계층 및 소상공인 등을 지원하려는 목적으로 2020년 7월 중앙정부는 긴급재난지원금 13조 6,702억 원(집행률 96.0%)을 지급했다. 지자체는 긴급재난지원금 3조 6,716억 원(집행률 117.9%) 및 소상공인 지원 6,303억 원(집행률 59.7%)을 지급했다.

이 보고서는 긴급재난지원금 지급에 따른 지역별·산업별 경제적 파급효과를 추정하기 위해 2013년 지역산업연관표 및 2018년 (전국)산업연관표를 이용한 투입산출분석을 수행했다. 투입산출분석의 특성상 현실 경제에서 나타나는 규모의 경제(비경제), 상대가격 변동, 공급 애로를 반영하지 못하는 등의 한계가 있으므로, 추정된 파급효과의 절대적 크기보다 시나리오별 비교, 지역별·부문별 비중 분석에 이 보고서는 의의가 있다. 우선 이들은 아래 표와 같이 재난지원금의 주요 쟁점을 정리하고 있다.

<부록 표 2-7> 재난지원금 주요 쟁점 정리(보편적 지원 vs. 선별적 지원)

	보편적 지원	선별적 지원
지원 대상 및 방식	보편적(또는 광범위한) 현금성 지원에 의해 다수 국민들의 소비 여력 확충	피해가 큰 경제주체(소상공인, 자영업자 등)에게 집중적으로 임대료, 전기·수도 요금 등 운영비 및 사회보험료 감면 지원
효과성	실업·휴직 등 고용 불안과 경기 침체로 하락한 소비 여력을 확충함으로써 최소생활수준 보장과 함께 경제 전체의 수요 진작에 의해 경기 활성화	'사회적 거리 두기'에 의한 소비 위축이기 때문에 돈이 있어도 소비할 수 없는 상황이므로, 피해가 큰 공급 주체에게 운영비를 지원함으로써 도산 방지
효율성	보편적(또는 광범위한) 지원이 대상 선별에 따른 과다한 행정비용·시간 등 비효율성 줄일 수 있음	한계소비성향이 낮은 중산층 이상까지 지원하는 것은 많은 소요 재원에 비해 재정지출의 효율성 낮음
형평성	정부의 하위계층(또는 일부 피해 큰 소상공인 등)에 대한 선별적 지원은 많은 조세를 부담하고 있는 중상위계층에 대한 이중적 차별	조세를 통해 조달된 재원으로 부유층까지 지원하는 것은 정부의 소득재분배 역할에 위배

출처: 김상우·권일(2020), p.90.

이들은 산업연관표를 활용해 아래 표와 같이 세 가지 시나리오 하에서 생산유발효과·부가가치유발효과·고용창출효과를 분석했다.

<부록 표 2-8> 재난지원금의 세 가지 시나리오에 따른 효과

(단위: 백만원)

	분류	투입액	생산유발	부가가치유발	취업유발
시나리오1 (기회비용 미고려)	중앙정부	136,702	235,790	106,271	201.4
	지자체	36,716	63,401	28,578	53.8
	소상공인	6,303	10,874	4,907	9.2
	계	179,720	310,065	139,757	264.4
	유발계수		1.73	0.78	14.7

시나리오2 (지출구조조정 반영)	중앙정부	95,702	171,302	70,806	158.6
	지자체	36,716	63,401	28,578	53.8
	소상공인	6,303	10,874	4,907	9.2
	계	138,720	245,577	104,292	221.5
	유발계수		1.77	0.75	16.0
시나리오3 (지출구조조정 반영) (평균소비성향 반영)	중앙정부	95,702	137,042	56,645	126.8
	지자체	36,716	63,401	28,578	53.8
	소상공인	6,303	10,874	4,907	9.2
	계	138,720	211,317	90,130	189.8
	유발계수		1.52	0.65	13.7

　이들은 시나리오 1에서 13.6조 원 전체가 소비된다고 가정한다. 시나리오 2는 그중 지출구조조정 4.1조 원은 소비감소 효과와 상계되어 소비효과가 없다고 가정하고 있다. 시나리오 3은 시나리오 2에 덧붙여서 긴급재난지원금이 일부 기존의 소비지출을 대체(기회비용)하는 데 사용됨으로써 전액 소비지출 증가로 연결되지 않을 수 있음을 반영한다고 한다. 기존의 소득에 부가하여 지급되는 긴급재난지원금의 한계소비성향을 적용하는 것이 이론상 타당하나, 이를 추정하는 것이 어렵기 때문에 가계금융복지조사(2019년)에서 산정된 평균소비성향을 적용, 즉 중위소득 50% 이하는 1.071, 전체 평균은 0.813을 적용하고 있다.
　이 보고서의 결론을 보면, 시나리오 3의 부가가치 재난지원금의 부가가치유발계수 0.65는 아래 표의 2018년 전국산업연관표 민간소비지출의 부가가치유발계수 0.839에 전체 평균소비성향 0.813을 곱한 값과 유사하다.
　시나리오 3은 저자가 밝히고 있듯이 "긴급재난지원금은 2020년 8월 말까지로 사용기한이 정해져 있고, 중산층 이상의 경우 가구, 노트북 등 고가(준)내구재의 구입에 사용되거나 성형외과, 피부과 등의 진료비로 사용되는 것이 나타나서 실제로 기존 소비를 대체하는 효과는 크지 않을 것으로 추정됨."이라는 상황에서 보이듯 지역화폐 효과 및 소비시한 설정 효과를 고려하지 않은 것이다. 이것을 고려하면 훨씬 더 높아질 것으로 예상된다.

〈부록 표 2-9〉 2016-2018 산업연관표상의 부가가치(소득)유발계수

	부가가치유발계수			
	2015년	2016년	2017년	2018년
소비	0.852	0.862	0.855	0.848
민간소비지출	0.834	0.846	0.839	0.831
정부소비지출	0.905	0.906	0.899	0.894
투자	0.813	0.824	0.814	0.810
민간고정자본형성	0.816	0.826	0.818	0.816
정부고정자본형성	0.802	0.819	0.810	0.807
재고증감	0.729	0.795	0.684	0.663
수출	0.645	0.668	0.653	0.643
최종수요계	0.774	0.791	0.780	0.773

자료: 한국은행

재난지원금은 극히 적은 금액이 지원되었고, 어려운 경제 상황 속에서 100% 소비되었다고 보는 것이 타당할 것이다. 따라서 재난지원금은 민간소비지출과 동일하게 취급될 수 있다. 위의 표에서 보듯이 소득 유발효과는 민간소비지출의 경우가 훨씬 더 크다(단, 정부 소비지출만이 더 큰 경우가 있으나 이는 행정업무에 투입되는 인건비 때문이다). 재난지원금 전체가 가계

소득을 늘리는 데 사용되기 때문이다. 이에 반해서 정부지출은 기업의 매출로 가서 해외수입으로 일부 누출되고 나머지가 기업의 이윤과 임금으로 나누어진다. 이윤 중 일부가 배당으로 가계에 분배된다. 따라서 가계소득 유발효과는 재난지원금보다 작다. 특히 최근 사내 유보되는 부분이 늘어나고 있으므로 가계소득 유발효과는 점점 줄어들고 있다.

그리고 정부지출과 재난지원금은 목적이 다르다. 정부지출은 국내 생산을 늘리는 데 더 강조점이 있고 재난지원금은 가계소득을 늘리는 데 강조점이 있다. 재난 시기 정부는 두 가지 정책을 적절하게 혼합해야 하지, 이중 어느 하나에만 의존하면 안 된다. 특히 재난 시기에는 사회적 거리두기로 가계소득이 급감하고 있고, 가계가 가장 큰 고통을 당하고 있으므로 정부지출이 국내생산을 늘리는 데에만 쓰이는 것은 부적절하다.

그리고 소득재분배 효과가 정부지출에 비해 재난지원금과 같은 이전소득이 월등하다고 할 수 있다.

• 부록 2-5 •

기본자산과 기본금융의 비교와 통합 가능성에 대한 고찰

자산기반 사회보장으로의 이행과 문제의식

오늘날의 복지국가는 더 이상 단순한 소득 보장에 머물지 않고, 삶의 전 주기적 안전망 구축과 자산 축적의 불평등 해소를 주요 과제로 삼고 있다. 특히 저성장·고위험 사회로 접어들면서, 기존의 근로소득 중심적 안전망만으로는 개인이 직면하는 위험을 완충하기 어렵게 되었고, 이에 따라 자산기반 접근이 주목받기 시작했다. 이러한 흐름 속에서 '기본자산(basic assets)'과 '기본금융(basic finance)'은 모두 새로운 복지제도 설계의 핵심 개념으로 부상하고 있다. 이 둘은 기본소득처럼 보편주의적 성격을 공유하면서도, 그 작동 방식과 제도적 구성은 뚜렷한 차이를 지닌다.

기본자산과 기본금융의 개념 및 구조 비교

기본자산은 대개 일회성 혹은 한시적 자산 이전을 통해 특정 시점(예: 성년 도달 시) 개인에게 일정 수준의 자산을 부여하는 정책 모델을 말한다. 대표적인 형태는 청년기 자산 이전, 주택구입용 자금 지급, 교육기회 확대를 위한 자산지원 등이다. 이는 자산 축적에서의 초기 불평등을 완화하고, 기회의 평등을 구조적으로 보장하기 위한 장치로 이해된다. 기본자산은 대체로

'자본 그 자체'를 배분하는 것에 중점을 둔다.

반면, 기본금융은 자산의 직접 분배보다는 금융 접근성의 평등을 보장하는 방향에서 구상된다. 이는 '금융 시스템에의 평등한 접근', 곧 신용, 대출, 보증, 보험, 지급결제 인프라에 대한 보편적 접근성을 제공함으로써 경제적 기회를 확대하는 방식이다. 기본금융은 모든 시민에게 일정 수준의 신용한도나 대출 보장을 제공하거나, 공공이 운영하는 사회적 금융기관을 통해 비금융소외 계층의 금융수요를 충족시키는 것을 주요 목표로 삼는다.

이처럼 기본자산이 실질적 자산의 분배에 초점을 맞춘다면, 기본금융은 자산의 활용 가능성을 높이는 조건적 기반을 조성한다. 다시 말해, 기본자산이 '무엇을 가질 수 있게 하느냐'의 문제라면, 기본금융은 '그 자산을 어떻게 활용하게 하느냐'의 문제로 이해할 수 있다.

〈부록 표 2-10〉 기본자산과 기본금융의 주요 비교

항목	기본자산 (Basic Assets)	기본금융 (Basic Finance)
정의	특정 시점에 일회성 자산 지급	전 생애주기에 걸친 금융 접근 보장
방식	일시적 자산 이전	지속적 금융서비스 제공
대상	주로 청년기 또는 특정 연령층	전 국민, 전 생애 대상
형태	무상 지급 (현금, 예금 등)	저리 대출, 보증, 금융계좌 등
정책 목적	출발선에서의 자립 지원	생애 전반의 금융 포용
핵심 효과	자산 형성의 초기 발판 제공	금융 불평등 해소 및 안정성 강화
대표 사례	영국 아동신탁기금, 미국 IDA	사회적 금융, 공공신용보증제도

공통 영역과 상호 연결성

기본자산과 기본금융은 모두 자본주의 경제 내 구조적 불평등을 완화하고,

시장에서의 공정한 출발선을 제공하려는 제도적 기획이라는 점에서 철학적 공통 기반을 갖는다. 두 제도 모두 '기회 평등'의 실질화에 초점을 맞추며, '사회적 투자국가(social investment state)' 패러다임에 부합하는 대표적 정책 유형이다. 또한, 단순한 현금지원이 아니라 자율성과 장기적 자립 기반을 확충하려는 정책목표를 공유한다.

〈부록 그림 2-2〉 기본자산-기반 기본금융(BABF: Basic Asset-Based Finance) 모델 구조

```
[1단계] 기본자산 지급
         ↓
[2단계] 공공 금융계좌 자동 개설
         ↓
[3단계] 기본금융 연계 서비스 (저리 대출, 소액 신용, 생애주기 보험)
         ↓
[4단계] 금융교육 + 인센티브 지급
         ↓
[5단계] 자산 성장 및 경제적 자립
```

구조적으로도 이 둘은 상호 보완적이다. 예컨대, 기본자산이 일시적으로 지급되어 사라질 수 있는 반면, 기본금융은 이를 운용하고 지속적으로 자산을 확장할 수 있는 경로를 제공한다. 한편 기본금융은 신용 활용을 기반으로 하기에, 처음부터 자산이 부족한 사람에게는 활용 자체가 제한될 수 있는데, 이때 초기 기본자산이 '신용 기반'을 보강하는 역할을 수행할 수 있다.

기본자산·기본금융 통합 시의 문제점과 제도 설계상의 과제

두 제도의 통합은 분명 시너지 효과를 기대할 수 있지만, 제도적으로 병렬 적용하거나 통합 설계할 경우 여러 도전 과제가 존재한다. 첫째, 운영 주체의 이중화로 인한 정책 조정 실패 가능성이다. 기본자산은 보건복지부나 기획재정부 주도일 수 있는 반면, 기본금융은 금융위원회나 중앙은행, 공공금융기관이 주도할 수 있다. 이로 인해 정책기획 단계에서의 협업 부재, 책임 회피 문제가 발생할 수 있다. 둘째, 대상자 설정의 기준과 시점이 다를 수 있다. 기본자산은 대체로 '청년기' 또는 '출발선'에서 일괄 지급되지만, 기본금융은 일생 전 주기에 걸친 접근성 보장이 요구된다. 따라서 수혜조건과 기준이 충돌할 가능성이 있으며, 이를 조율할 복합적 제도설계가 요구된다. 셋째, 도덕적 해이나 자산 오용에 대한 우려도 있다. 자산이 주어지되 금융문해력이 뒷받침되지 않으면, 과도한 차입과 부채불이행 문제로 이어질 수 있으며, 이는 기본금융 자체의 지속가능성을 위협할 수 있다.

문제 해결을 위한 제도적 조정 방안

이를 해결하기 위한 방안으로 다음과 같은 제도적 조정이 필요하다. 첫째, 정책 간 통합 관리체계를 구축해야 한다. 예컨대 '기본자산·기본금융 통합위원회' 같은 거버넌스 기구를 통해 중장기 정책조정과 재정조달체계를 일관성 있게 설계하는 것이 중요하다. 둘째, 기본자산 수급자에 대한 기본금융 우선 접근권 부여와 같은 '단계적 연계 모델'을 설계하는 것이 유효하다. 즉, 기본자산 수급자는 이후 일정 요건 충족 시 자동석으로 공공금융 시스템에의 접근을 보장받는 구조를 마련하는 것이다. 셋째, 금융이용자의 역량을 강화하기 위한 '금융 교육 프로그램'의 제도적 내재화가 병행되어야 한다. 특히 기본금융은 자율성에 기반한 제도이기 때문에 이용자의 판단 능력이 매우 중요하다.

시너지 효과의 가능성과 그 극대화 방안

기본자산과 기본금융이 상호 연계될 때 시너지를 극대화하는 핵심은 '시작점의 평등'과 '과정의 지속가능성'을 모두 확보하는 데 있다. 기본자산이 초기의 자율성과 기회를 제공하고, 기본금융이 그 자산의 축적 및 운용을 가능하게 만드는 구조는, 단순한 소득이전보다 훨씬 더 장기적이고 구조적인 삶의 전환을 유도할 수 있다.

구체적으로 첫째, 자산 불평등 해소 효과가 있다. 기본자산은 모든 개인에게 초기 자본을 부여함으로써, 상속이나 부모의 자본력에 의존하지 않는 '출발선의 평등'을 제공한다. 특히 소득이 아니라 자산을 중심으로 격차가 심화되는 현대 사회에서, 기본자산은 자산 기반 복지(asset-based welfare)로서의 역할을 한다.

Sherraden(1991)에 의하면 자산은 단순한 소비 수단이 아니라, 미래를 설계하고 행동을 변화시키는 기반이다.[13] 여기에 기본금융이 결합되면, 초기 자산을 단순 소비가 아닌 저축, 투자, 보증 등으로 운영할 수 있어 자산의 유지 및 증식 경로가 확보된다. 이는 일회성 이전금에서 벗어나 지속가능한 경제참여를 가능케 한다.

둘째, 금융 포용성 확대 효과가 있다. 기본금융은 은행계좌, 저축상품, 보험, 대출 등 모든 금융 수단에 대해 공공적 접근 보장을 전제로 한다. 통합 설계 시 기본자산을 공공금융계좌에 자동 예치하고, 해당 계좌를 기반으로 금융 서비스를 설계할 수 있다. 무신용자, 청년, 노년층, 이민자 등 금융이력(thin file) 계층에게도 자금 흐름 기반 신용 형성이 가능하게 하고, 금

융 문해력 및 저축 습관을 조건화함으로써 자기주도적 금융관리 능력을 향상시킨다.[14]

셋째, 생애주기 보장을 확장한다. 기본자산과 기본금융이 통합되면 삶의 전환점에서의 지원과 지속적 금융안정이 동시에 가능하다. 기본자산은 학업, 창업, 주거, 결혼 등 특정 전환기에 사용되고, 기본금융은 노후, 실직, 질병 등 위기 대응을 가능하게 한다.[15]

넷째, 재정 지속가능성 효과가 생긴다. 기본자산은 일회성 지급이기 때문에 예측 가능하며, 기본금융은 민간 또는 공공 금융기관의 관리 기반구조를 통해 중장기적 재정 지속성을 확보할 수 있다. 기본금융 계좌의 이자 수익·이용자 분담·보증기금 연계 등을 통해 자조형 금융 인프라 구축이 가능해진다. 자산 사용의 조건 설정(주거, 교육, 건강 목적 등)에 따라 사회적 투자로의 환류도 가능하다.

다섯째, 제도적 수용성과 사회적 신뢰 회복이 이루어진다. 기본자산은 보편적 지급 방식을 통해 낙인(stigma) 없는 복지를 가능하게 하고, 기본금융은 이용자 중심 서비스를 통해 제도 수용성을 높인다. 금융이력 형성과 교육 연계를 조건으로 할 경우 복지 의존성 논란이 완화되며, 사회 구성원 간 "기회 기반의 평등"에 대한 공감대를 조성하게 된다.

이러한 시너지를 실현하려면, 정책 설계 시 자산과 금융의 공급 방식이 개인의 생애주기와 구조적으로 연결되어야 한다. 예컨대, 청년기 자산 지급→ 창업/교육에 대한 기본금융 보장→ 중장기 금융이력 축적 및 재투자의 선순환 구조가 형성되어야 한다. 또한, 공공부문이 제공하는 금융은 단순히 은행 기능을 넘어, 사회적 책임에 입각한 운용 원칙을 내포해야 하며, 금융거래 데이터 축적을 통한 사회적 자본화 방식도 병행되어야 한다. 이는 사회적금융의 투명성과 신뢰도 향상에도 기여할 수 있다.

⟨부록 표 2-11⟩ 기본자산-기본금융 통합의 사회경제적 파급효과

효과영역	기대효과	지표 예시
경제적 자립성	초기 자산 기반 확보 → 창업·주거·교육 가능	창업률, 학업 지속률, 자가 점유율
금융포용	금융접근성 확대 → 신용 누적, 위기 대응력 강화	금융 접근성 지수, 신용점수 상승률
불평등 완화	자산·금융의 재분배 효과	자산 10분위 격차, Gini 계수
사회적 이동성	하위계층의 상향 이동기회 증가	세대 간 이동성 지표, 소득분위 이동률
제도 지속가능성	공공투자의 중장기 회수 가능성	정책비용 대비 자산 증가율

함께 구현된 사례와 효과

대표적 사례로는 영국의 Child Trust Fund (CTF)와 New Deal 프로그램, 미국의 Individual Development Accounts (IDAs), 핀란드의 기본소득 실험과 Kela의 금융포용 프로젝트 등을 들 수 있다.

CTF는 자산 형성이라는 기본자산의 구조를 따르면서, 이후 금융기관에서 관리하고 운용하는 방식으로 기본금융 기능을 수행했다. 이에 대한 분석에 따르면, 자산을 일찍 보유한 집단이 그렇지 않은 집단보다 성인 이후 금융행위나 고등교육 진학률, 소비 안정성 측면에서 긍정적인 결과를 나타냈다(Blanden & Gregg, 2005).[16]

핀란드의 Kela는 기본소득 실험과 병행하여, 실험참여자들의 금융접근성과 신용이력 개선을 모니터링했다. 실험 종료 후 공개된 결과에 따르면, 기본소득과 더불어 금융접근성이 확대된 실험군에서 삶의 만족도, 경제적 안정감, 자기효능감이 대조군에 비해 통계적으로 유의미하게 상승하였다(KELA, 2020).

또한 미국의 IDAs는 기본자산과 금융교육을 결합한 대표사례로서, 적은 소득의 근로자라도 매칭 펀드를 통해 자산을 형성할 수 있도록 하고, 이를 금융기관이 관리하며 중장기적 금융거래 관행을 형성하도록 하였다. 참여자들은 주택 구입, 교육비 마련, 창업 등 실질적인 경제적 기회를 확보했으며, 참가자의 75% 이상이 일정 기간 후 신용등급이 향상되었다는 보고도 있다(Sherraden, 1991).

기본자산과 기본금융은 오늘날의 복지국가가 추구하는 '능동적 안전망'의 양 축을 형성한다. 자산은 출발선의 형평을, 금융은 과정상의 접근성을 보장하며, 이 두 제도가 통합적으로 설계될 때 비로소 자본주의 경제의 구조적 결핍을 보완할 수 있다. 물론 정책 설계와 실행에는 제도 간 충돌과 조정비용, 제도적 신뢰의 확보 등 현실적 과제들이 존재하지만, 이들이 유기적으로 결합될 때 시민의 자율성과 회복탄력성은 극대화될 수 있다. 따라서 향후 기본경제 및 기본사회 체제 설계에서 기본자산과 기본금융의 통합모델은 매우 유효하고 전략적인 선택지가 될 수 있다.

● 부록 2-6 ●

지역화폐(지역사랑삼품권)의 정책효과(실증결과)

■ 정책목표: 점포 간(대형에서 중소형으로) 소비 이동

○ 지역화폐(일반발행_할인구매)의 정책효과에 대한 실증 분석을 시도(윤상호, 2022).[17]

- 할인판매(인센티브 지급)를 통해 발행되는 지역사랑 상품권의 도입·사용이 지역 주민의 소비행태 변화에 미치는 영향을 이론·실증적으로 분석했다.

* BC카드와 코나아이가 각기 제공한 결제자료를 금융보안원을 통해 결합한 분석 자료를 구축했다.
* 경기도와 인천시 거주 지역주민이 BC카드와 지역사랑상품권을 결제수단으로 이용한 모든 건별 결제액을 포괄한다.
* 개별 소비자 기준의 결제정보인 동시에 지역사랑상품권 결제 정보까지 포괄한다.

○ 결론

- 지역사랑상품권의 도입·사용에 따라 소비자의 구매처가 대형점포에서 소상공인·자영업자가 운영하는 점포로 유도되며 이러한 소비행태 변화는 판매 물품·서비스가 유사한 업종일수록 강해지는 경향을 보인다.

- 소비진작효과는 매우 미미한 추이를 보인다.
  * 이유: 소비 대체효과가 작동하는 것으로 추정된다.
- 단, 일반발행인 만큼 규모에 따른 소비지출 증가가 발생하는 임계점 밑에 있을 수도 있어 추후 검증이 필요하다.
  * 실제 지역화폐 정책발행에 해당하는 대규모의 정부 재난지원금이나 경기도 재난기본소득의 경우 소비대체가 있더라도 추가소비가 있어 소비진작 효과는 크게 나온다.

• 미주 •

제1장 기본경제
삶의 기반을 다시 짜다

1   2024년 기준 비정규직 비율은 38.2%(통계청, 2024년 경제활동인구조사)로 역대 최고치를 기록했으며, 20~30대 청년층의 43%가 소득 불안정을 호소한다(한국노동연구원, 2024 KLI 노동통계, 2024). 주거 문제는 더욱 심각해 서울 아파트 평균 매매가가 12억 원(KB금융그룹, KB 부동산 보고서, 2024년 1분기)에 달하는 가운데, 전세 대출 금액은 2023년 185조 원에서 2024년 210조 원으로 급증했다(한국은행, 금융안정보고서, 2024년 1분기).

2   자산 불평등이 세습 구조로 고착화되는 양상이 뚜렷하다. 상위 1%(및 10%)의 자산 점유율은 11~13%(및 44%) 수준인 반면, 하위 50% 자산 점유율은 약 9.8%에 불과하다(통계청, 2024년 가계금융복지조사).

3   교육 기회 격차는 더욱 심화되어 고소득층(소득 상위 20%) 자녀의 상위권(SKY) 대학 진학률이 저소득층 대비 4.15배에 달한다(사교육 걱정없는 세상, 2024 교육 불평등 리포트, 2024)..

4   자녀세대의 사회적 지위가 높아질 가능성이 높다는 응답이 2022년 41.7%에서 2021년 30.3%로 낮아졌다는 연구결과도 있다(한국개발연구원, 우리나라 중산층의 현주소와 정책과제, 2023).

5   청년층의 주거비 부담이 상당히 높은 편이며(국무조정실·한국보건사회연구원, "청년 삶 실태조사", 2022), 40-50대 중년의 과반수가 부모와 자녀의 이중 돌봄 부담을 겪고 있다(보건복지부, 2024 돌봄 실태조사, 2024). 노년층은 노인 빈곤율

40.4%(OECD 최고치)라는 충격적 수치를 기록하고 있다.

6 기본경제의 개념이 무엇인지에 대해서는 뒤에서 다룬다.

7 이 개념의 기본경제는 영국·스웨덴·독일 등에서 지역기반 경제전환 모델로서 적극 도입되고 있다. 한국에서도 '기본소득', '기본서비스', '사회적경제' 등 분과 단위의 논의가 진행되고 있으나, 이를 통합적 틀로써 기본경제라는 구조 개념으로 제시하는 시도는 본 저서가 처음이다. 최근에는 지방정부 차원의 기본소득 실험, 돌봄경제 확대, 사회적 금융 플랫폼의 등장 등 실험적 움직임이 나타나고 있기는 하다.

8 "The Foundational economy encompasses the material infrastructure at the foundation of civilised life-things like water pipes and sewers-and the providential services like education, health care and care for the old which are at the base of any civilised life", The Foundational Economy Collective, *Foundational Economy: The Infrastructure of Everyday Life*, Manchester University Press, 2018, p.3.

9 영국의 경우 FEC는 전체 고용의 약 40%가 기본경제 영역에 속하며(FEC, 2018, p.15~16), 한국에서도 보건·복지·교육·운수·주거 등 유사 부문을 기준으로 재분류할 경우 전체 GDP의 45~50%가 기본경제에 포함될 수 있을 것으로 보인다.

10 인간의 삶을 구성하는 핵심 기반 요소를 작게 보아 기본소득, 기본자산, 기본금융, 기본서비스로 한정할 수도 있다. 이와 달리 더욱 확장해서 기본노동과 기본생태도 포함시킬 수 있다. 여기서 기본노동은 사회적 필요에 기반한 일자리를 말하고, 기본생태는 지속가능한 환경적 조건(녹색 인프라, 재생에너지, 자원순환경제 등)을 말한다. 이 책에서는 핵심 기반 요소를 기본노동과 기본생태로까지 확대해서 다루지 않는다. 기본사회와 별도로 기본경제를 깊이 있게 다루는 후속 책에서 기본노동과 기본생태를 포함한 범주 집합을 다룰 것이다. 기본노동은 기본서비스의 하나인, 예를 들어 돌봄과 일정 정도 중복되는 측면이 있고, 기본생태는 사회적경제 활동(친환경적 활동) 및 기본서비스(에너지) 등과 중복된다고 할 수 있다. 이들은 다분히 비시장재 영역을 반영한다. 이들 간 구분을 엄밀히 해야만 할 경우 여덟 개의 범주 설정은 중요하게 된다. 그러나 굳이 그럴 필요가 없을 경우 다소 엄밀성이 떨어지더라도 여섯 개의 범주만으로도 유의미하다. 이 책은 기본경제-기본사회 맥락에서 여섯 개 범주에 논의를 집중할 필요가 있다고 보아 기

본노동과 기본생태를 직접적으로 다루지 않는다.
11 존 롤스, 『정의론』, 1971, 제1장.
12 Amartya Sen(1999), *Development as Freedom*, Ch3, Oxford University Press.
13 칼 폴라니, 『거대한 전환』, 1944, 제5장.
14 에스핑-앤더슨, 『복지자본주의의 세 가지 세계』, 1990, 제2장.
15 기본경제는 기본적으로 시장경제와 대비되는 개념이다. 그런 만큼 시장경제와 비교하는 얘기를 많이 하는 것이 마땅하다. 다만 시장경제를 기본경제의 유사개념이라고 할 수는 없어 별도 공간을 할애하여 다룬다([부록 1-1] 참조).
16 여기서는 사회적경제를 기본소득과 중첩된 면들을 감안한 상태에서 서로 차이점을 비교하는데 방점을 두고 있는데 반해 국내 일부 기관에서는 사회적경제를 기본사회의 한 구성 요소로 취급하기도 한다(민주연구원, 기본사회 핸드북). 따라서 기본경제와 사회적경제를 좀 더 자세히 검토해 그 차이점과 공통점을 명확히 할 필요가 있어 보인다. 해당 내용은 [부록 1-2]에서 기술한다.
17 영국 웨일즈의 핵심 전략과 성과

    지역 생산-유통 재구축:
     - 농산물·에너지·의료 등 6대 분야 집중
     - GDP 대비 33% 기여(웨일즈 통계청, 2024)

    일자리 효과:
     - 73%가 시군구 단위 일자리
     - 평균 임금 £28,000(약 4,600만 원)

    출처: Neath Port Talbot Council, 2025; CRESC, 2023.
18 일본정부(2025), 「고령사회 대책 백서」.
19 기본경제의 구성 주체 협력모델 사례와 별도로 기본경제 자체의 실천 사례들은 [부록 1-3]에 기술했다.
20 낙수효과 이론이 설득력을 잃게 된 이유는 여러 가지가 있다. 그 가운데 하나로 소득격차의 심화를 들 수 있다. 2024년 한국에서 상위 10% 소득이 2억 1051만 원인 반면, 하위 10%는 1,019만 원에 그쳐 20배 이상 격차가 발생하였다.
21 OECD, IMF, World Bank 연구에 따르면 불평등 심화는 장기 성장률을 연평균 0.5~1.2%p 저해하는 것으로 나타났다([제2024-33호] 우리 경제의 잠재성장률과 향후 전망 – 한국은행; 2024 경제전망 Ⅳ – 성장부문). 특히 한국의 잠재성장률은

2000년대 초 5%에서 2024년 2%로 추락하며, 성장-분배 이분법의 한계가 극명히 드러났다.

22 기본경제형 성장·분배 통합모형으로서 수리적 설명이 가능한 부분은 [부록 1-4]에서 제시했다.

23 성장론에는 기존 GDP 중심의 성장론과 이에 대응하는 다양한 성장론이 있다. 최근 이재명 정부에서 주창하고 있는 진짜성장론이 이런 논의에 참여하고 있는 실정이다. 이 책에서는 기본경제의 성장론과 이러한 성장론을 비교한다. 해당 내용은 [부록 1-5]에서 제시했다.

24 예를 들어 춘천시의 경우 지역화폐를 관광지 입장료와 연계해 관광객의 지역 내 소비를 4배 가까이 늘리는 효과를 보기도 하였다(한경, "지역화폐, 지역관광 살리는 효자 역할 '톡톡'", 2020.02.23. 16:00). 이로 인해 부가가치 순환율이 제고된다.

25 보건복지부(2019), 제2차 사회보장기본계획[2019-2023].

26 분배 기반 성장 함수는 다음과 같이 표현할 수 있다.

$G = f(D, I, P) = \alpha \cdot D + \beta \cdot I + \gamma \cdot P$

G: 경제성장률 (Growth Rate)

D: 분배지수 (예: 지니계수의 역수)

I: 인프라 서비스 수준 (기본경제 지표)

P: 생산성 지표 (생산성 총요소 또는 사회적 기여 포함)

α, β, γ : 정책가중치

이 함수는 성장률이 단순히 자본과 노동에 의해 결정되는 것이 아니라, 공공 인프라 수준(I)과 공정한 분배 구조(D)가 결합되어야 실현된다는 것을 보여준다.

27 Ontario Basic Income Pilot, Ministry of Community and Social Services(2018). https://www.ontario.ca/page/ontario-basic-income-pilot

28 UK Co-operative Councils Innovation Network(2019). https://www.councils.coop

29 서울연구원 (2022), 정책성과 보고서. https://www.si.re.kr

30 경기도시장상권진흥원(2024). https://gmr.or.kr/download/BASIC ATTACH?storageNo=646

31 INSEE (2016), French Social Economy Statistics and Economic Studies https://www.insee.fr/en/statistiques/3312902

32 고용노동부 사회적기업육성연차보고서(2023).
    https://www.socialenterprise.or.kr/notice/report.do
33 여기서 기본소득은 부분기본소득과 범주기본소득을 포괄하지 않고 보편적 기본소득만을 전제한다.

제2장 기본사회
관계의 구조를 다시 세우다

1   기본사회의 개념 정의는 뒤이어 기본사회의 개념을 본격적으로 다루는 곳에서 한다.
2   "사회적 자본이 높은 지역일수록 정치적 효율성과 경제적 번영이 높다"(Putnam, 『Making Democracy Work』, 1993, p.167).
3   "공동체는 개인이 의미를 찾는 장소이자, 돌봄과 협력의 관계가 형성되는 공간이다"(Sandel, 『Liberalism and the Limits of Justice』, 1982, p.183)
4   장미성(2022), "아리스토텔레스의 우정론: 니코마스 윤리학 8, 9권을 중심으로", 인간·환경·미래, 제28권.
5   "공동체는 책임의 주체임을 재조명한다"(McIntyre, 『After Virtue』, 1981, p.220)
6   "실질적으로 가치있게 여기는 삶을 영위할 수 있는 능력 보장이 정의로운 사회의 핵심"(Sen, 『Inequality Reexamined』, 1992, p.45)
7   "재분배, 인정, 대표의 유기적 결합이 사회정의의 핵심"(Fraser, 『Scales of Justice』, 2008, p.68)
8   "신뢰, 네트워크, 규범이 개인 삶의 질과 공동체 경제성과에 직결"(Putnam, 『Bowling Alone』, 2000, p.19)
9   경기도의 경우 2024년 기준, 마을공동체가 약 7,109개에 이른다(경기도마을공동체지원센터, 경기도 마을공동체 기초조사, 2024).
10 Rawls, J. (1971). *A Theory of Justice*. Harvard University Press.; Sandel, M. (2009). *Justice: What's the Right Thing to Do?*. Farrar, Straus and Giroux.
11 양재진, 스웨덴의 놀라운 변신, 사회보장의 원리, 공유복지플랫폼2.0, 2023-03-

15; 고숙자, 스웨덴의 보건의료·장기요양 재정 지출 효율화 사례1), 국제사회보장 리뷰, 2022 여름호, 통권 21호. pp.67-82, 한국보건사회연구원.

12 OECD Social Expenditure Database(SOCX)
https://data.oecd.org/socialexp/public-social-spending.htm
13 부산광역시 (2025). 기후예산 시민위원회 운영 보고서.
14 서울시 (2024). 서울시 돌봄 협동조합 지원 조례
15 서울특별시 사전공개정보, "서울시 협동조합 신고 현황"('24년 7월 말 기준), 서울특별시 사회적경제 지원센터(sehub.net) 내부 자료.
16 행정안전부 (2024). 시민단체 정책참여 통계.
17 교육부 (2024). 시민교육 프로그램 참여자 통계
18 한국사회적기업진흥원(2023), 사회적기업 성과분석 보고서.
19 양준석·장윤성·구남규(2022). 지역화폐의 경제적 효과에 대한 연구: 대전 지역화폐 '온통대전'을 중심으로, 지방행정연구, vol. 36, no.4, 통권131호, pp. 2345-260.
20 Sandel, M. (2009). *Justice: What's the Right Thing to Do?*. Farrar, Straus and Giroux., p.261.
21 Amartya Sen (1999), *Development as Freedom*, Oxford University Press.

제3장 통합
기본경제와 기본사회, 하나의 구조

1 기본소득과 기본자본 간의 비교 및 연결에 관한 내용을 [부록 2-1]에, 그리고 기본소득과 기본서비스 간의 비교 및 연결에 관한 내용은 [부록 2-2]에 기술하고 있다.
2 그 통합의 실제 실현 관련한 구체적인 내용은 제4장에서 기술한다.
3 현실 실행에 맞춘 변형 기본소득(부분기본소득, 범주기본소득)도 해당된다.
4 기본소득과 지역화폐를 결합한 일종의 현금성 지원금 성책이 그동안 시행되였었고, 최근에 민생회복지원금(소비쿠폰)이란 이름으로 실시되었다. 이러한 민간소비지출 성격의 지원금이 지역화폐로 지급되었을 때 어떤 경제적 효과를 보이는

지를 추정하기 위해 모델경제를 설정한 후 시뮬레이션한 결과를 [부록 2-3]에 제시한다. 이어서 [부록 2-4]에서는 재난지원금 내지는 민생회복지원금(소비쿠폰) 관련한 경제적 효과에 대한 논란을 정리한다.

5 핀란드 기본소득 실험: KELA (2020), "Final results of Finland's basic income experiment".

https://www.kela.fi/web/en/basic-income-experiment

6 영국 NHS(국민보건서비스): [Office for National Statistics, Life expectancy in the UK]

https://www.ons.gov.uk/peoplepopulationandcommunity/birthsdeathsandmarriages/lifeexpectancies

- NHS History https://www.nhs.uk/about-us/nhs-history/ [The King's Fund, How does NHS compare internationally?] https://www.kingsfund.org.uk/projects/how-does-nhs-compare-internationally 등 참고.

7 [스웨덴 보육 서비스]

- [OECD Gender Data Portal, Employment rates by gender and age group]

https://www.oecd.org/gender/data/

- [Eurostat, Fertility statistics]

https://ec.europa.eu/eurostat/statistics-explained/index.php?title=Fertility_statistics);

- [Statistics Sweden, Births and fertility]

https://www.scb.se/en/finding-statistics/statistics-by-subject-area/population/births-and-deaths/births-and-fertility/

8 기본자산과 기본금융의 비교와 통합 가능성에 대한 고찰은 [부록 2-5]를 참조하라.

9 [한국금융감독원, 청년도약계좌 안내](https://www.fss.or.kr/edu/edu_0201.jsp)

10 [방글라데시 그라민은행] 빈곤층 800만 명 이상 소액대출, 빈곤율 20%포인트 감소 [Grameen Bank Official Website] https://www.grameen-info.org/

[World Bank, Grameen Bank: Taking Capitalism to the Poor]

https://www.worldbank.org/en/news/feature/2015/07/07/grameen-bank-taking-capitalism-to-the-poor

단, 그라민 은행의 마이크로파이낸스(소액대출) 모델이 인도에 도입되어 여러 MFI(마이크로파이낸스 기관)에서 운영되었는데 인도에서는 초기에 빈곤층의 소득 증대와 여성 경제참여에 긍정적 영향을 주었으나, 과도한 이자율과 강압적 회수, 규제 미비로 인해 사회적 비판과 실패로 이어졌다. 이는 기본금융이 다른 지역적 여건 하에서 마주할 수 있는 부정적 문제를 시사하기도 한다.

11 2024년에도 약 67만 명의 18~22세 청년들이 평균 2,200파운드 정도의 저축금을 청구하지 않은 상태이며, 일부는 3,000파운드 이상의 계좌를 보유하고 있다. 영국아동신탁기금은 청년들의 자산 형성과 삶의 질 향상에 긍정적 효과가 있었다.
[UK Government, Policy Paper: Children's Trust Funds]
https://www.gov.uk/government/publications/childrens-trust-funds

12 [Singapore Department of Statistics, Home Ownership Rate]
https://www.singstat.gov.sg/modules/infographics/home-ownership;
[Housing & Development Board (HDB)] https://www.hdb.gov.sg/

13 한경, "볼로냐는 어떻게 부자 도시가 되었나"… 이탈리아 사회적협동조합, 대전과 비결 공유, 수정 2019.10.29 03:03. 대전=임호범 기자

14 [한국사회적기업진흥원, 사회적기업 현황](https://www.socialenterprise.or.kr/)

15 [고용노동부, 사회적기업 통계](https://www.moel.go.kr/)

16 지역화폐(지역사랑상품권)가 정책효과(대형 점포에서 중소형 점포로 일정 정도 소비 이전)를 달성했는지와 관련한 실증 연구결과는 [부록 2-6]에서 제시한다.

17 Kester McLeannan, Cool Currencies-The Chiemgauer, Economy, resilience, July 22, 2019. https://www.resilience.org/stories/2019-07-22/cool-currencies-the-chiemgauer/?utm

18 KELA(2020) "The Finnish Basic Income Experiment: Preliminary Results"

19 Standing, Guy (2017). *Basic Income: And How We Can Make It Happen*. Penguin.

20 [영국 NHS의 경우]
건강 형평성 증대 및 기대수명 증대(1948년 68세 → 2023년 81세)
의료비로 인한 파산 90% 감소
출처: [Office for National Statistics (ONS), UK Life Expectancy]
https://www.ons.gov.uk/peoplepopulationandcommunity/birthsdeathsand-

marriages /lifeexpectancies

[NHS History] https://www.nhs.uk/about-us/nhs-history/

[The King's Fund, Health inequalities]

https://www.kingsfund.org.uk/topics/health-inequalities

21 [스웨덴 보육정책의 경우]

여성 경제활동참가율 84% (OECD 1위), 출산율 1.9명 (EU 평균 1.5명)

출처: [OECD Family Database] https://www.oecd.org/els/family/database.htm

22 허종호, "초고령사회 대비, 일본의 지역사회 의료-간호-돌봄 체계 강화를 위한 방안", 국회미래연구원, 2023.09.30.

23 [보건복지부, 커뮤니티케어 선도사업 보고서] http://www.mohw.go.kr/react/index.jsp

24 [Finnish National Agency for Education] https://www.oph.fi/en; [OECD PISA Reports]

https://www.oecd.org/pisa/

25 [교육부, 혁신학교 성과 보고서] https://www.moe.go.kr/; 최원영 기자, "혁신학교 때문에 기초학력 저하? 일반학교보다 학업 성장률 높다" 한겨레, 등록 2019-08-20 04:59. https://www.hani.co.kr/arti/society/schooling/906346.html?utm

26 [Singapore Department of Statistics] https://www.singstat.gov.sg/

[Housing & Development Board (HDB)] https://www.hdb.gov.sg/

27 [서울시 사회주택 정책] https://www.seoul.go.kr/

[국토교통부 사회주택 관련 자료] http://www.molit.go.kr/

28 윤성진·유영성 (2021), "경기도 지역화폐의 소상공인 활성화 효과 분석", 지방행정연구, 제35권 제3호.

[지역화폐, 기본소득의 실천적 관계에서 실행도구로 – 라이프인]

https://www.lifein.news/news/articleView.html?idxno=12759

29 [PDF] 지역화폐 도입이 지역경제에 미친 영향

https://www.kipf.re.kr/uloads/kiPublish/202012/FILE_202102020125031083.pdf

30 KELA (2020), "Final results of Finland's basic income experiment". May 6.

31 영국 통계청(ONS), NHS 공식 자료

32 [후레아이 키푸]

https://www.academia.edu/29711836/Japan_s_Fureai_Kippu_Time_banking_in_Elderly_Care_Origins_Development_Challenges_and_Impact?utm_source=chatgpt.com

33 영국 Institute for Fiscal Studies(IFS) 보고서 ifs.org.uk/collections/spending-review-2025

34 OECD PISA 보고서 https://www.oecd.org/en/about/programmes/pisa.html

35 https://www.kiep.go.kr/gallery.es?mid=a10101200000&bid=0001&tag=&b_list=10&act=view&list_no=2379&nPage=51&vlist_no_npage=0&keyField=&orderby=

36 https://repository.kihasa.re.kr/bitstream/201002/4237/1/5001.pdf

37 경기도시장상권진흥원 https://gmr.or.kr/download/BASIC_ATTACH?storageNo=6468

38 서울연구원(2022), 정책성과 보고서, https://www.si.re.kr → 간행물 → 정책보고서 검색: '돌봄SOS센터'

39 https://www.sdg16.plus/policies/universal-childcare-model-sweden/?utm

40 https://www.scb.se/en/finding-statistics/statistics-by-subject-area/business-activities/structure-of-the-business-sector/the-civil-society/pong/statistical-news/the-civil-society-2016/?utm

41 사회적 연대를 위한 사회적 상속, 기본자본 [경기연구원 포커스] https://blog.naver.com/gri_blog/221283200153

42 https://ko.tradingeconomics.com/singapore/home-ownership-rate

43 서울시교육청(2022). "2019~2020 서울형혁신교육지구 종합평가 결과보고서".

44 박선경(2023), "시민참여를 통한 지속가능한 에너지 자립마을 조성방안", Journal of Climate Change Research, Vol. 14, No. 2.

45 경상북도청. (2024).『2024 경상북도 청년정책 보고서』. 경상북도청 청년정책관실.

46 한국농촌경제연구원. (2023).『농촌형 기본서비스센터 운영성과 및 정책과제』. KREI 정책연구보고서.

47 European Commission. (2023). "Community Supported Agriculture in Europe: Key Trends and Policy Implications."

참고 기사: "CSA, 유럽 식량안보의 대안으로 부상", 『한겨레』, 2023.05.11.
48 농림축산식품부. (2023). 『2022년 로컬푸드 직매장 운영실적』.
49 기본사회, 새로운 사회계약의 시작 — M이코노미뉴스
https://www.m-economynews.com/news/article.html?no=55266
파주시, '기본사회' 실현 앞장 … 지방정부 행정혁신 모델 '부상'
https://cm.asiae.co.kr/article/2025061609121158608
파주시, '기본사회' 실현 위한 선도 행정 전국 주목 — 지이코노미
https://www.geconomy.co.kr/news/article.html?no=301240

제4장 실천
기본경제와 기본사회의 구체적 실현

1 실험적 근거: 핀란드 기본소득 실험(2017~2018)에서 참가자들은 경제적 스트레스가 줄고, 행복감이 증가했다는 결과가 있었으나, 고용률에는 큰 차이가 없었다. 이는 소득 보장이 경제적 불안을 완화함을 시사한다. [출처] "The Basic Income Experiment 2017-2018 in Finland: Preliminary Results," KELA Report (2019).
이론적 근거: Keynesian 경제학에서 소득 보장은 경기 침체 시 총수요를 유지하는 역할을 한다고 강조된다. Keynes, J.M. (1936), "The General Theory of Employment, Interest and Money".

2 이와 관련해서는 [부록 3-3], [부록 3-4], [부록 3-6]을 참조.

3 공유자산 기반 기본소득(자원배당형)을 지급하는 것을 전제한다. 이는 국가 및 지자체가 소유한 자원(에너지·광물·토지 등)에서 발생하는 수익을 전 국민에게 배당하는 사업을 말한다. 목표는 공유자원의 수익을 통한 지속가능 재원 확보와 국민소득 하부구조를 강화하는 것이다. 예를 들어 탄소세·국부펀드·전력공기업 이윤 등으로 재원을 마련하여, 연말정산 또는 분기별 배당 형식으로 지급한다. 기대효과는 환경세 도입을 통한 탄소배출 감축 유인, 자원 부국으로서의 국부 환원, 기본소득 재원의 다양화 등이 있을 수 있다.

4 　세계적 추세: 세계 불평등 데이터베이스(WID)에 의하면 상위 1% 자산 보유 비중이 1990년대 이후 꾸준히 증가, 소득 불평등보다 자산 불평등이 더 심화되었다 ("World Inequality Report 2022," World Inequality Lab; Piketty, T. (2014), Capital in the Twenty-First Century).
　한국 사례: 통계청 가계금융복지조사(2022)에 의하면 상위 20% 가구가 전체 자산의 61.7% 보유, 하위 20%는 2% 미만이다(2021년 기준). [출처] "2022 가계금융복지조사," 통계청.

5 　이론적 근거(자산기반 복지 이론): Sherraden, M. (1991), Assets and the Poor: A New American Welfare Policy.
　정책적 근거: 자산기반 복지(Asset-based Welfare) 정책은 미국, 영국, 한국 등에서 다양한 형태로 시행되고 있다.

6 　Sherraden, M. (1991), "Assets and the Poor: A New American Welfare Policy"에서 이론적 근거를 찾을 수 있다.

7 　실험적 근거: 영국 'Child Trust Fund'에 의하면 출생 시 모든 아동에게 자산 계좌를 제공, 성년 시 자산 형성 및 사회적 소속감 증진 효과가 있다("Child Trust Funds: Asset-Based Welfare and the Child Trust Fund," Blanden & Gregg, 2005).

8 　싱가포르 CPF가 좋은 예이다("Central Provident Fund Board," Government of Singapore).

9 　김두관 의원과 일부 정치권에서 논의하고 입법 추진했던 '신생아 기본자산제'(예, 출생 시 2,000만원~3,000만원을 신생아 명의로 지급, 성인 시 인출 가능)가 이에 해당할 수 있다. 이밖에 출생장려금, 산모신생아 건강관리 바우처가 있으나 이는 의료, 돌봄 지원이며, 출생기금 자체 지급과는 다른 제도이다.

10 　이와 관련해서 청년내일저축계좌(소득 하위 청년이 매달 저축하면 정부가 최대 월 30만원을 추가 적립해 3년 만기 1,440만원을 지급하는 기초자산 성격의 공적 목돈 지원)나 청년도약계좌, 희망저축계좌 등을 유사한 제도로 거론할 수 있고, 정의당의 청년기초자산제(만 20세 3,000만원 지급) 등이 논의된 적이 있다.

11 　서울, 경기도 등 전국 지자체 및 LH를 중심으로 영구임대, 국민임대, 행복주택 등 다양한 유형의 공공임대주택이 이미 건설·공급되고 있다. 청년, 신혼부부, 고령자 등 생애주기별 맞춤형 공급시스템이 존재하며, 자산요건 기준도 적용되고 있다. 다만, 신탁·분양권 부여 등 자산화(가입·축적 후 성년시 자산변환)의 형태까지

는 아직 제한적이다. 이밖에 서울시가 전월세보증금을 무이자로 지원하는 제도로서 장기안심주택이라는 유사제도도 있다.

12 기존 장기임대, 임대 후 분양, 청년주택드림 청약통장 등이 유사제도다.

13 유사한 제도로 경기도 청년 기본대출(25~34세 청년에 500만~1,000만원 저리 장기대출 제공 구상(최대 20년)), 서민금융진흥원의 소액 장기대출, 햇살론, 사잇돌2 등 민간-정책협력 기반의 저리대출 상품, 그리고 ISA(개인종합자산관리계좌: 적금, 펀드 등 다양한 금융상품을 통합 관리하며 저축과 자산 형성을 독려) 등을 들 수 있다.

14 유사한 제도로 경기도 청년 기본대출(25~34세 청년에 500만~1,000만원 저리 장기대출 제공 구상(최대 20년)), 서민금융진흥원의 소액 장기대출, 햇살론, 사잇돌2 등 민간-정책협력 기반의 저리대출 상품, 그리고 ISA(개인종합자산관리계좌: 적금, 펀드 등 다양한 금융상품을 통합 관리하며 저축과 자산 형성을 독려) 등을 들 수 있다.

15 학자금 대출 및 장학금 제도, 평생교육 바우처, 돌봄특화 저축/보험 등이 유사 제도로 있다. 여기서 적립식 학자금 계좌, 평생교육 지원, 재교육 강화 등은 기존 적립식 금융상품 및 평생교육지원 제도를 확장한 형태이다.

16 세계 상위 1%가 전체 금융자산의 45% 보유(Credit Suisse Global Wealth Report 2022); 우리나라 상위 10% 가구가 전체 금융자산의 56%를 점유한다(통계청, 가계금융복지조사, 2022). 저소득층 대출금리는 연 15~20%인데 반해 대기업 대출금리는 연 3~4%이다(한국은행 기준금리 기반).

17 케냐 M-Pesa 사례: 모바일 뱅킹 보급률 80% → 금융미접근 인구 35%p 감소(World Bank, 2022). 한국 카카오뱅크: 신용점수 없이 AI 신용평가로 230만 명에게 대출 제공(금융감독원, 2023).

18 기존 유사 정책으로 햇살론(신용등급이 낮은 청년, 서민에 약 7~10%대 대출금리로 정책대출 제공), 미소금융(무담보, 무보증 소액 대출로 신용도가 낮은 자영업자, 저소득층 지원), 디딤돌대출/특례보금자리론(무주택 서민 대상 장기저리 정책 모기지), 새희망홀씨대출 등 민간협력 저신용자 대상 상품 등을 들 수 있다. 기본대출권 3%대 장기저리, 보편성, 마이너스 통장 개념은 현행상품보다 이용 문턱과 금리, 대상 측면에서 확장된 안이다. 기본저축으로서 정부 매칭형 자산형성은 희망키움통장, 내일키움통장, 청년희망저축계좌 등 기존 제도와 유사하다. 다만, 기

존 저축은 주로 일정 소득, 자격요건과 정부 매칭한도가 있고, 전국민 보편제한은 미흡하다고 할 것이다. 포용적 금융시스템 구축 구상은 기존 햇살론·미소금융·정책금융기관·자산형성계좌·사회적금융·디지털금융 교육 등 한국의 실제 정책의 확장·결합형이다. 차별점은 전국민 보편성, 기본대출의 초저리·마이너스 한도형, 기본저축계좌의 고금리·정부매칭 강화, 그리고 기본금융은행 같은 공공플랫폼 설립 및 정책연계 강화에 있다.

19 서민금융진흥원, 신용보증재단, 주택금융공사, 한국정책금융공사 등 정책금융기관이 공공성 차원에서 운영되고 있으며, 지역농협, 수협, 신협 등도 지역기반 금융역할을 한다. 지방정부 차원에서도 청년, 신혼부부 대상 무이자·장기자금, 보증 프로그램을 운영하고 있다. 따라서 현행 기관이나 제도의 기능이 부분적으로 역할을 수행하는 것을 기본금융은행의 신설이나 전국적 공공저축/대출 플랫폼 구축을 하면 전체적으로 통일된 체계 하에서 할 수 있게 된다.

20 P2P 대출, 임팩트 투자 등 일부 민간영역에서 시행하고 있으나, 아직 전국민 또는 제도권 일반화는 미흡한 실정이다.

21 기본대출 프로그램(저리·장기 대출, 이차보전·신용보증)은 기존 제도(소득·신용 요건 제한이 강하고, 10~20년 장기 상환 구조가 아님)에 비해, 국민 누구나 가능한 보편적 성격이 더 강조된다.

22 희망저축계좌·희망키움통장·청년희망적금은 저소득층이 저축하면 정부가 추가 적립하고, 청년내일채움공제, 청년내일저축계좌는 청년의 장기 저축을 지원하며 정부·기업이 매칭하는데, 대상과 지원 기간이 제한적이고, 정책마다 분리 운영되는데 반해, 기본저축 적립계좌 제도는 포괄적이고 장기적인 저축지원 계좌로 통합·확장한다.

23 서민금융진흥원, 한국주택금융공사, 산업은행, 기업은행, 신용보증기금 등 공공성격의 금융기관이 이미 존재하고, IBK기업은행은 국책은행으로서 기업금융 중심으로 운영되고 있다. 그런데 기존 기관들은 특정 영역 중심(기업금융, 보증, 주택 등)이고, 개인·서민 전용 공공은행은 없는 실정이다. 기본금융공공은행 설립은 모든 국민 대상 "국민은행(공공성 강화)"이라는 보편적 모델을 강조한다.

24 신용협동조합, 새마을금고, 농협·수협 등 지역 기반 협동 금융조직이 있고, 지역화폐(지역사랑상품권)은 지자체가 발행하며 지역 내 소비를 촉진한다. 그런데 현재 금융과 지역화폐는 별도로 운영된다. 반면, 지역 협동조합·지역화폐 금융사

업은 "지역 신협+지역 화폐+청년 서민 전용 출자금 연결"이라는 통합 네트워크를 강조한다.

25. 금융위원회의 디지털 금융포용 정책은 앱 기반 신청, 비대면 계좌 개설을 지원해주고, 서민금융진흥원 앱(맞춤대출, 신용관리)은 온라인 신청을 가능하게 해준다. 고령층 금융교육·전화상담 서비스도 일부 시행중이다. 그런데 이들 현 제도는 분산·부분적 운영에 해당한다. 반면, 디지털 금융포용 플랫폼은 "국민통합 기본금융 플랫폼" 구축, 하나의 통합 채널을 강조한다.

26. 현재 금융감독원 '금융교육센터', 서민금융진흥원 '서민금융 종합지원센터', 신용회복위원회 '금융생활교육', 청소년금융교육협의회 등에서 금융학습을 하고 있다. 그런데 기존 제도들은 주로 개인의 금융 역량 강화에 초점이 맞춰져 있으며, 정부 주도의 일방적 전달형 교육이 많다. 반면, 제안된 캠페인은 공동체 기반의 참여형 금융학습, 금융 윤리와 사회적 연대를 중심으로 한 문화적 접근 방식을 추구한다. 이 제안은 단순한 금융교육을 넘어 "기본금융에 대한 공동체적 이해와 윤리적 실천"을 촉진함으로써, 시민 간 신뢰와 사회적 자본을 형성하려는 진일보한 모델이라고 할 수 있다.

27. 기존 유사 정책으로 지역사회 통합돌봄 시범사업(노인·장애인 등을 대상으로 지자체 중심의 돌봄 통합 제공), 노인장기요양보험제도(방문요양, 주야간보호 등 일부 서비스 제공), 장애인 활동지원 서비스 등이 있다. 전국민통합돌봄 네트워크 구축이 이들과 차이 나는 점은 모든 계층(노인·장애인·아동 등)을 포괄하는 전 국민 대상 돌봄 서비스로 확장하는 것으로 기존 제도처럼 분절된 서비스가 아닌, 의료·돌봄·복지 연계형 거점 종합재가센터를 설치하는 것이다. 그리고 방문의료+방문돌봄의 실질적 통합 지원이 핵심이다(현재 상태는 서비스 제공 주체가 다르다). 지자체 자율보다는 국가 주도 인프라 구축을 강조한다.

28. 공공병원 확충 계획(보건복지부), 모바일 헬스케어 시범사업(건강보험공단 중심으로 추진 중), 지역거점 공공병원 지정사업 등이 기존의 유사정책이다. 보편적 공공의료서비스 강화 사업은 기존의 시범적·선택적 확충을 넘어서 전면적 공공병원 증설을 목표로 한다. 특히 예방·재택의료 강화는 기존 병원 중심 시스템과 차별된다. 이는 모바일 헬스케어의 전 국민 보편화를 강조한다(기기·앱 보급 포함 가능). 그리고 응급의료+필수의료 접근성 보장을 명시하고 있다.

29. 기존 유사 정책으로 공공임대주택 공급계획(LH 중심, 영구임대·행복주택 등), 주

거급여 제도(기초생활보장제도의 일환), 주거취약계층 지원사업(고시원·쪽방 거주자 등 대상) 등이 있다. 이들과 기본주거 보장 확대가 다른 점은 기존은 저소득 중심이나 이 제안은 보편적 주거권 개념을 도입한다는 것이다. 그리고 신혼·청년·고령층 대상 맞춤형 주거 공급을 전면화 하고 있다. 더 나아가 기존 노후주택 리모델링 지원을 기본서비스화 한다(현재는 제한적 재정 지원). 주거급여 대폭 강화라는 표현은 기존보다 급여액 및 대상자 범위를 확장하겠다는 의지의 표명이다.

30 기존 제도로 노인·장애인 무임승차 제도, 서울시 무료환승 제도, 농어촌 교통취약지역 버스 노선 보조 등을 들 수 있다. 대중교통 무상·저비용화는 전 연령층 무료환승제 도입으로 기존 대비 보편성과 규모를 확대한다. 광역버스·지하철 포함 전면 무상 또는 저비용 정책은 현재와 큰 차이가 있다. 그리고 농어촌 지역의 버스 증편을 '기본 이동권 보장'의 일환으로 재정의한다.

31 공공 와이파이 확대 정책(과기정통부, 일부 지자체 추진), 디지털 포용 정책(디지털 역량강화 교육, 저소득층 대상 기기 보급) 등이 기존 유사제도다. 기본디지털 연결망 구축은 이들과 차별점을 갖는다. 모든 국민을 대상으로 한 디지털 연결권 보장을 명시하고 있다(단순 취약계층 지원이 아님). 국가 주도의 광대역 인프라 구축을 핵심으로 제시한다(민간사업자 의존을 탈피). 디지털 기기 무상 보급은 현재 정책보다 급진적이고 포괄적이다.

32 이는 무상보육·무상교육을 넘어 '교육권'을 생애 전반의 기본서비스로 확장하고자 한다. 직업훈련 장학금 확대 등 학습+직업 연계를 강화한다. 그리고 지방 중심의 평생교육원 확대를 강조해 지역불균형 해소를 지향한다.

33 기존 제도는 사회적경제 활성화 종합대책, 사회적경제 육성법 제정 시도, 지속가능발전 지역전략(SDGs 기반 지역 모델) 등을 들 수 있는데 이들과 차별점은 다음과 같다. 기존의 것들은 사회적경제 활성화 자체가 목적이었다면, 본 전략은 사회적경제를 기본경제·기본사회 실현의 플랫폼으로 격상시킨다. 시장·국가 중심이 아닌 '비시장·비국가 자율영역의 복원'이라는 철학·정치적 기조를 명확히 하고 있다. 그리고 지역순환 특구 조성을 통해 공간 중심의 통합 실험을 시도한다는 점에서 구조적 접근을 한다.

34 이는 개별 정책이 아닌, 로컬푸드-에너지-주택-돌봄 등 복합영역의 통합 생태계를 지역 단위로 구축하려는 전략이다. 공급 주체를 사회적경제 조직으로 일원화하며, 자립형 순환경제 모델을 강조한다. 단순 보조금 지원에서 벗어나 금융·

35 사회서비스원 설립, 사회서비스 전자바우처 제도 등 기존 제도는 국가 중심 공공화(사회서비스원 모델) 또는 시장화된 바우처에 집중하는데 반해 본 전략은 공공성과 자율성을 결합한 '사회적경제 주체를 통한 공공화' 모델이다. 지자체 위탁협약 방식을 제도화 하고, 서비스 질 표준화 및 노동권 보호까지 포괄한다.

36 사회적경제 통합지원센터, 협동조합 지원센터 등 중간조직 운영과 주민참여예산제, 마을계획 수립 참여제도 등 기존 제도와 달리 본 전략은 행정-조직간 단선형 구조를 벗어나 수평적 연합체+주민 참여형 의사결정 모델에 해당한다.

37 기존 정책은 소비 촉진용 지역화폐였으나, 본 전략은 돌봄-생산-금융까지 아우르는 순환 플랫폼을 의미한다. 디지털 기반 설계, 핀테크·사회적경제 조직의 공동 운영 구조이고, 자산의 지역 내 유출 억제와 공동체 신뢰 회복 수단으로서의 기능을 강화하는데 초점을 둔다.

38 사회적금융 활성화 방안(사회적기업 대상 대출·보증), 임팩트 투자 펀드 조성(한국벤처투자 등)과 같은 기존 정책과 다르게 본 전략은 사회적가치 측정지표 개발과 IR 매칭 등 민간투자 연결기반을 강화한다. 단순 자금 공급이 아닌, 지속가능한 사회투자 생태계 조성을 목표로 한다. 시민·지자체·재단간 공동 펀딩 및 투자 기준의 민주화를 도모한다.

39 이와 유사한 기존 정책으로 도시재생 뉴딜과 사회적경제 혁신타운 조성, 지역균형뉴딜 시범지구, 지역특화형 사회적경제 육성사업 등을 들 수 있다. 기존의 것들이 개별 기능별 공간(교육, 생산 등) 중심이었다면 본 전략사업은 경제+복지+돌봄+금융을 통합한 지역 운영체계 설계를 지향한다. 공공서비스 제공 주체로서 사회적경제 조직을 중심에 배치한다. 그리고 주민 참여 거버넌스를 통합 생태계의 일원화된 운영 주체로 격상시킨다.

40 기존 정책(더시재생 뉴딜사업, 사회적경제 혁신타운 조성사업, 지역균형 뉴딜 시범지구 등)과 달리 조례 제정+공동 플랫폼+거버넌스운영의 제도화된 통합 추진체계를 지향한다.

41 기존 유사정책(지역사회 통합돌봄 시범사업, 사회서비스원 설립, 커뮤니티케어 모델)이 돌봄 공급을 국가 또는 민간 각각이 분절적으로 수행하는 반면, 본 사업에서는 돌봄조직+협동조합+주민조직이 연합체를 구성해 통합적 운영 주체로 등장한다. 이는 서비스 제공자(돌봄 노동자)의 권리 보호와 서비스 질 향상을 동시에

추구함으로써 노동 중심의 공공돌봄 생태계를 구축하는 것을 의미한다.

42 기존 유사정책(로컬푸드 직매장 지원사업, 중소상공인 공동물류센터 지원, 전통시장 활성화 사업)은 개별 상인 지원 중심이었고, 공급망 통합이 미흡하였는데 반해 본 사업은 생산자협동조합+생협+중소상인이 공동으로 참여하여 디지털+물류 통합 유통망 구축을 하는 것이다. 온라인몰 연계, 공동 물류 플랫폼 등 디지털 기반의 연합형 구조로 운영함으로써 비용 절감+공정 유통구조 구축을 하게 된다.

43 기존 유사정책(사회적기업 제품 우선구매, 공공조달 시장 개방 정책)은 사회적경제 조직의 진입장벽이 높고 비표준적 기준이 많았던데 반해 본 사업은 공공입찰 기준 자체를 사회적경제 조직에 맞게 개정하고, 컨설팅·사전지원을 포함한 구조적 접근을 하는 것을 말한다. 공공조달 시장을 사회적가치 중심으로 개편하고 거래 지속성과 전문성 확보까지를 추구한다.

44 기존의 지역화폐 지급 형태의 정책이 소비 유도용 일회성 지역화폐에 가까운데 반해, 본 사업은 핀테크 기반 디지털 지역통화를 설계하여 결제, 적립, 보상체계 등 플랫폼 통합 운영을 한다. 사회적경제 조직이 운영 주체로 참여하여 경제 자립+신뢰 형성 수단으로서의 지역통화 기능을 확장하게 된다.

45 기존 유사정책(사회적금융 활성화 대책, 임팩트 투자 펀드)은 재정적 지원 중심이고 사회적가치 측정 지표가 부재한데 반해 본 사업은 지표 개발→ 가치 평가 → 민간·공공 투자 연결(IR매칭)까지 완결형 투자 시스템에 해당한다. 시민·지자체·재단의 공동참여형 펀드를 조성함으로써 민주적이고 지역 밀착형 투자 기반을 마련할 수 있다.

46 기존 지역화폐 중심 정책이 소비 중심 순환(단방향 흐름), 공공주도+민간 협력 구조, 경제적 거래만 포함한데 반해 본 제안은 생산-유통-복지-금융이 통합된 다방향 순환 생태계를 말하며, 사회적경제 주체가 직접 지역화폐 순환 생태계의 운영 주체로 참여하게 된다. 돌봄, 교육, 복지, 지역 기여활동 등 비화폐적 가치까지 거래에 포함시킨다는 특징이 있다.

47 기존 제도가 지역화폐를 통한 돌봄바우처 비용을 일부 지원하고(일부 지자체), 사회서비스 전자바우처(바우처 지급+일부 지역화폐 연계)로서 단순 결제 수단이며, 제도적으로 분절되는데(서비스/통화 분리) 반해, 본 제안은 공급사(돌봄 노동자)와의 지역화폐 기반 쌍방향 거래 구조를 띠고, 지역화폐가 돌봄 노동의 가치를 정당화 하고 경제활동 인정 수단으로 작동하게 되며, 더군다나 기본돌봄 플랫

폼 자체가 지역화폐 통합 유통 시스템 내에서 운영되는 것을 말한다.

48 기존 유사제도(자원봉사 포인트, 시간은행제, 사회공헌활동 인센티브제)는 기여에 대한 보상은 있지만 거래수단으로는 미흡한데 본 제안은 기여활동 자체를 지역화폐와 연동해 가치화함으로써 경제적 거래로 환산이 가능해진다. 기존 제도는 기여활동에 대해 보상후 종료의 구조를 띠나 본 제안은 지역화폐를 통해 돌봄·공공서비스·공유경제 등으로 연결되어 순환구조를 완성하는 것을 말한다. 기존 제도가 행정의 보조적 수단인데 반해 본 제안은 기여 자체를 하나의 '노동'으로 정당화하고 경제활동으로 통합하게 된다.

49 기존 유사제도(로컬푸드직매장 지역화폐 결제 가능, 친환경 급식 연계 지역화폐 유통, 전통시장 지역화폐 가맹점 활성화 정책)에서는 가맹점 단위의 단편적 결제로 기능하고, 소비자-상인 간 거래 중심이며, 할인 또는 소비 유도가 중심이었던데 반해, 본 제안은 공동물류+온라인 연계+생산자협동조합까지 포함된 통합 플랫폼으로 작동하며, 생산자-유통-공공소비까지 포괄한 수직적 공급망을 구축하게 된다. 그리고 공공성+생산자의 정당한 몫 보장+지속가능한 유통구조 설계 등이 함께 하게 된다.

50 기존 유사제도(지역화폐 인센티브 지급, 정책수당을 지역화폐로 지급, 소상공인 활성화 목적 지역화폐 유통)는 단순 유통 확대가 목적이고, 정책목적과 지역화폐 간 분리되어 있으며, 사용처 확대 중심인데 반해, 본 제안은 지역화폐 유통을 사회적가치 실현과 직결시키고, 사회적가치 기준에 따라 유통구조를 차등 설계할 수 있고(예, 돌봄 활동 참여자에게 더 많은 보상 등), 지역화폐를 통한 사회적경제 조직 지원 및 순환생태계 활성화를 가능하게 한다.

부록 1

기본경제 개념의 이해와 비교

1 Froud, J., Johal, S., Moran, M., & Williams, K. (2019). *Foundational economy: The infrastructure of everyday life*. Manchester University Press.
2 이 수리모형에 대해 이해하기 위해서는 수학과 경제학 지식이 있어야 하는데 그

렇지 못한 일반 독자들의 이해를 돕기 위해 핵심 내용을 부록 제일 뒷부분에서 글로 서술해서 제시한다.

3 국정기획위원회, 『대한민국 진짜성장을 위한 전략』, 새정부 성장정책 해설서, 2025. 6.

부록 2
기본경제와 기본사회 형성과 구조

1 유영성·정원호·서정희·마주영(2021), "기본소득과 유사제도 비교 연구", 정책연구, 경기연구원
2 유영성·정원호·서정희·마주영(2021), "기본소득과 유사제도 비교 연구", 정책연구, 경기연구원
3 경기연구원 기본소득연구단 내부자료(2021)
4 기본소득(보편소득보장) 및 기타 정책(선별소득보장)의 경제적 효과를 비교 분석한 여러 연구 중 대표적으로 [김선빈·장용성·한종석(2021), "기본소득의 경제적 효과 분석", 서울대학교 경제연구소 세미나 자료]를 들 수 있다. 이후 [권규호(2022), 「소득지원정책의 거시경제적 영향 분석을 위한 거시경제모형 연구」, 한국개발연구원]이 있으나 이는 장용성 외의 논문과 큰 틀에서 비슷하다. 김선빈·장용성·한종석(2021)은 신고전파 일반균형중첩세대 모형을 적용하여 공급 중심 모형에다 완전경쟁시장 대표기업을 설정하고 있다. 이 논문은 세율 인상이나 복지급여 도입은 노동 공급과 저축을 줄여 부정적인 거시경제효과를 낳고, 소득분포 면에서도 부정적인 효과를 낳는다고 결론짓는다.

그런데 이는 모형의 전제와 세팅 자체가 장기적으로 효과 없음으로 귀결되게끔 되어있다. 기본소득배당(+재원확보)에서 가장 중요한 변수는 개인의 가처분소득 또는 순수혜(순부담)소득인데 모형은 이를 명시적으로 다루고 있지 않다. 한마디로 수요 중심 모형을 설정하지 않으니 분석도, 결론도 그렇게 될 수밖에 없다. 소득의 정도에 따라 개인의 노동, 소비, 저축은 달라질 것이고 순수혜(순부담)자들이 전체의 몇 %인지가 경제에 미치는 영향 측면에서 중요하다는 점을 고려해야만 한다. 해외 연구로서 Jones & Marinescu(2018)는 알래스카 영구기금

배당 사례에서 1차 효과로 인하여 긍정적인 '거시경제 효과' → 긍정적 '노동공급 효과'의 실증결과를 제시한다. 따라서 대안으로 포스트 케인지언 거시경제모델을 이용한 분석이 필요하다는 요구가 생긴다.

5 케인즈는 대표적 저작인 '일반이론'의 마지막 장인 '일반이론이 도출하는 사회철학에 대한 제언'에서 관습적인 소비성향의 증가가 투자유인을 동시에 증가시키며 "저축은 필요 이상으로 많으며, 소비성향을 증가시킬 수 있도록 소득의 재분배를 도모하는 제 방안은 자본의 성장에 적극적으로 기여하게 될 것이다"라고 하여 소득재분배로 인한 소비증가 그리고 이러한 소비성향의 증가가 가져올 투자증가에 대하여 언급하였다. 이러한 입장을 견지하는 케인즈 학파 특히 포스트케인지언 학파는 오늘날 세계경제 불황의 원인을 소득분배의 악화로 인한 유효수요의 부족에서 찾고 있다.

그러나 오늘날 미국을 중심으로 하는 소위 주류경제학파는 그 스펙트럼은 다양하지만 일반적으로 소득분배는 기술적 요인에 의해서 경제 내부에서 결정되어, 소득분배가 개선된다고 하여 그것이 경제성장 내지 경제활력에 미치는 영향은 극히 제한되거나 존재하지 않는다고 주장한다. 이러한 주장을 하나의 기본 가정 내지는 신념으로 받아들인 신고전주의 학파에 의하면, 경제성장 내지 활성화는 오직 기술의 발전 아니면 자본의 축적과 같은 공급사이드의 발전에 의해서만 가능하다. 신고전주의 학파는 1930년대 세계대공황을 거치면서, 케인즈에 의해서 처음으로 공급사이드에 의해 정해지는 잠재경제성장률 수준에 유효수요 부족에 의해 경제성장률이 미치지 못할 수도 있다는 것을 부분적으로나마 인정하게 된다.

그렇지만 1990년대 인플레이션 이후 케인즈의 주장은 희석되어 다시 공급사이드 측면을 극단적으로 중시하는 신자유주의적 학설이 등장하여 2008년 경제위기 이전까지 서구 자본주의 주요 국가의 경제정책을 좌우하였다. 우리나라의 경제정책도 대체로 공급사이드를 중시하여 경제불황 시에는 기업에 대한 지원으로 불황을 벗어나려고 한다.

이러한 주장에 반대하여 다시 케인즈의 유효수요 부족 문제에 눈을 돌리고 유효수요에 직접적 영향을 주는 소득분배가 국민경제에 미치는 영향을 본격적으로 연구한 학파가 포스트케인지언 학파 – 따라서 수요사이드 경제학이라고 볼 수 있다 – 이다. 이들은 소득분배는 국민경제 내부에서 결정되는 문제가 아니며 독과점화된 기업들과 노동자 사이의 역학관계에 의해 외생적으로 결정된다고 본다. 그들은 이 소득재분배에 의해서 달성되는 경제활성화 효과를 정교하게 분석한다. [출처: 경기연구원 기본소득연구단 내부자료(2021) 발췌].

6 집계량의 오차를 줄이기 위하여 소득분포를 구하는 과정에서 생긴 소수점 이하 자리를 정수로 반올림하지 않고 그대로 사용하였다.

7 스티글리츠에 의하면 "불평등을 줄이는 여러 정책들은 사람들을 더 생산적으로 만들고 사람들에게 더 많은 기회를 열어주기 때문에 경제 전반에도 이롭다. 불평등을 불가피하다고 보며 일부 국민의 희생을 당연시하는 성장 지상주의가 오히려 더 성장을 위축시킨다"(Joseph Stiglitz, 2015).

8 경기연구원 기본소득연구단 내부자료(2021)

9 경기도의 재난기본소득은, 정부가 실시한 재난지원금이 가지고 있는 기본소득의 속성인 보편성, 무조건성의 원칙 이외에 개별적 지급이라는 속성이 추가되어 개별성, 보편성, 무조건성의 3가지 기본소득 원칙을 충족하여 완전기본소득은 아니나 이에 준하는 기본소득(변형기본소득)이라 부를 수 있다.

10 박명호·오종현(2017). 「조세재정정책의 거시경제효과 분석: 거시재정모형의 구축과 활용」, 한국조세재정연구원

11 부동자금이 증가하는 원인은 투자처를 찾지 못한 투자대기성 자금, 기업들의 현금 보유증가가 원인으로 꼽힌다(갈 곳 잃은 단기부동자금 884조. "통화정책 효과 제한적" 아시아경제 2015.9.29. 기사). 투자처를 찾지 못하는 것은 유효수요가 부족하기 때문인데, 유효수요가 부족한 원인은 가계의 소비가 부족하기 때문이다.

12 김상우·권일(2020). 「긴급재난지원금의 경제적 파급효과 분석」, 국회예산정책처.

13 Sherraden, M. (1991). Assets and the Poor. Washington, DC: M.E. Sharpe.

14 World Bank (2014). Global Findex Database.

15 OECD (2021), Building Financial Resilience.

16 Blanden, J., & Gregg, P. (2005). "Asset-based Welfare and Children's Educational Attainment: Evidence from the Child Trust Fund." CASEpaper 93, Centre for Analysis of Social Exclusion, London School of Economics.

17 윤상호(2022), 「지역사랑상품권이 소비자 구매 형태 및 지출 규모에 미치는 영향」, 한국재정학회 추계학술대회 논문집.

• 참고문헌 •

경기도마을공동체지원센터. (2024). 경기도 마을공동체 기초조사.
경기도시장상권진흥원. https://gmr.or.kr/download/BASIC_ATTACH?storageNo=6468
경기연구원 포커스. "사회적 연대를 위한 사회적 상속, 기본자본." https://blog.naver.com/gri_blog/221283200153
경상북도청. (2024). 『2024 경상북도 청년정책 보고서』. 경상북도청 청년정책관실.
고숙자. (2022). 스웨덴의 보건의료·장기요양 재정 지출 효율화 사례 1), 국제사회보장리뷰, 2022 여름호, 통권 21호, 한국보건사회연구원.
고용노동부. 사회적기업 통계. https://www.moel.go.kr/
교육부. (2024). 시민교육 프로그램 참여자 통계.
교육부. 혁신학교 성과 보고서. https://www.moe.go.kr/
국무조정실·한국보건사회연구원. (2022). 청년 삶 실태조사.
국정기획위원회. 『대한민국 진짜 성장을 위한 전략』, 새정부 성장정책 해설서, 2025, 6.
국토교통부. 사회주택 관련 자료. http://www.molit.go.kr/
권규호. (2022). 소득지원정책의 거시경제적 영향 분석을 위한 거시경제모형연구, 한국개발연구원.
금융감독원. 금융소비자조사. https://www.fss.or.kr/
금융감독원. 청년도약계좌 안내. https://www.fss.or.kr/edu/edu_0201.jsp
금융위원회, "AI 기반 신용평가모형 검증제도 및 보안 가이드라인 도입" 보도자료, 2023년 4월 17일.
기획재정부. (2024). 2024 회계연도 국가재정운용계획.

김상우·권일(2020). 「긴급재난지원금의 경제적 파급효과 분석」, 국회예산정책처.

김선빈·장용성·한종석. (2021). "기본소득의 경제적 효과 분석" 서울대학교 경제연구소 세미나.

김수영 외. (2023). 한국 복지체계의 역설. 후마니타스.

농림축산식품부. (2023). 『2022년 로컬푸드 직매장 운영실적』.

더불어민주당 민주연구원. 지방정부 기본사회 정책 사례. https://idp.theminjoo.kr/party/sub/news/view.php?brd=171&post=2225&board_id=archive

라이프인. "지역화폐, 기본소득의 실천적 관계에서 실행도구로" https://www.lifein.news/news/articleView.html?idxno=12359

매일경제. "기본사회 관련 기사."https://www.mk.co.kr/news/economy/11324079

민주연구원. (n.d.). 기본사회 핸드북.

박명호·오종현(2017). 「조세재정정책의 거시경제효과 분석: 거시재정모형의 구축과 활용」, 한국조세재정연구원.

박선경. (2023). "시민참여를 통한 지속가능한 에너지 자립마을 조성방안" Journal of Climate Change Research, Vol. 14, No. 2.

보건복지부. (2019). 제2차 사회보장기본계획 [2019-2023].

보건복지부. (2024). 2024 돌봄 실태조사.

보건복지부. 커뮤니티케어 선도사업 보고서. http://www.mohw.go.kr/react/index.jsp

부산광역시 기후예산 시민위원회. (2025). 기후예산 시민위원회 보고서.

사교육걱정없는세상. (2024). 교육불평등 리포트.

서울시 교육청. (2022). 혁신교육지구 성과보고서.

서울시. (2024). 서울시 돌봄 협동조합 지원 조례.

서울시. 사회주택 정책. https://www.seoul.go.kr/

서울연구원. (2022). 정책성과보고서.

서울연구원. (2022). 정책성과보고서. https://www.si.re.kr → 간행물 → 정책보고서 검색: '돌봄SOS센터.

서정희 (2021). "기본소득과 기초자산의 공통점과 차이점, 풀어야 할 숙제." 『계간 기본소득』, 7.

서정희·노호창 (2020). "기본소득법률안에 대한 비판적 고찰." 『한국사회보장법학』, 9(2), 31-86.

스탠딩, 가이. 안효상 역 (2018).『기본소득: 일과 삶의 새로운 패러다임』. 창비.
싱가포르 신혼부부 주택보유율. https://ko.tradingeconomics.com/singapore/home-ownership-rate
아시아경제. 파주시 기본사회 실현 보도. https://cm.asiae.co.kr/article/2025061609121158608
양재진. (2023). 스웨덴의 놀라운 변신, 사회보장의 원리, 공유복지플랫폼2.0.
양준석·장윤성·구남규. (2022). 지역화폐의 경제적 효과에 대한 연구: 대전 지역화폐 '온통대전'을 중심으로, 지방행정연구, vol. 36, no. 4, 통권 131호.
유영성·정원호·서정희·마주영(2021). "기본소득과 유사제도 비교 연구."『정책연구』, 경기연구원.
윤상호(2022).「지역사랑상품권이 소비자 구매 형태 및 지출 규모에 미치는 영향」,『한국재정학회 추계학술대회 논문집』.
윤성진·유영성(2021). "경기도 지역화폐의 소상공인 활성화 효과 분석"『지방행정연구』, 제35권 제3호.
일본정부. (2025). 고령사회 대책백서. https://www.city.matsuyama.ehime.jp
지이코노미. 파주시 기본사회 선도 보도. https://www.geconomy.co.kr/news/article.html?no=293125
카사사스, 다비드. 구유 역 (2020).『무조건 기본소득』. 리얼부커스.
통계청. (2022).「가계금융복지조사」. https://kosis.kr
통계청. (2024). 2024 비공식 경제조사. KOSIS 국가통계포털. https://kosis.kr
통계청. (2024). 2024 통계로 보는 1인 가구. https://kostat.go.kr/board.es?mid=a10301010000&bid=10820&act=view&list_no=434103
통계청. (2024). 2024 통계로 보는 1인 가구. 보도자료. https://kosis.kr
통계청. (2024). 가계금융복지조사.
통계청. (2024). 초중고 사교육비조사.
통계청. (224). 2024 경제활동인구조사.
한경. (2019.10.29.), "볼로냐는 어떻게 부자 도시가 되었나". 이탈리아 사회적협동조합, 대전과 비결 공유.
한경. (2020년 2월 23일). "지역화폐, 지역관광 살리는 효자 역할 '톡톡'", 고용노동부. (2023). 사회적기업육성연차보고서.

한국개발연구원. (2023). 우리나라 중산층의 현주소와 정책과제.

한국경제. (2025년 6월 15일). [시론] 대한민국 새 성장정책을 기대하며. https://www.hankyung.com/article/2025061560251

한국노동연구원(2024). 『2024 플랫폼 노동자 실태조사』. https://www.kli.re.kr

한국노동연구원. (2024), 2024 KLI 노동통계.

한국농촌경제연구원(2023). 『농촌형 기본서비스센터 운영성과 및 정책과제』. KREI 정책연구보고서.

한국사회적기업진흥원. (2024). 사회적기업 고용유지율 통계.

한국사회적기업진흥원. 사회적기업 현황. https://www.socialenterprise.or.kr/

한국은행. (2024). 2024 금융안정보고서: 가계신용 항목. https://www.bok.or.kr

한국은행. (2024). 우리 경제의 잠재성장률과 향후 전망 [제2024-3호]. https://www.scribd.com/document/712493640/

행정안전부. (2024). 시민단체 정책참여 통계.

Ackerman, B. & Alstott, A. (1999). *The Stakeholder Society*. Yale University Press.

Ackerman, B., Alstott, A., & Van Parijs, P. (2006). *Redesigning Distribution*. Verso.

Atkinson, A. B. (1972). *Unequal Shares*. Allen Lane.

Blanden, J., & Gregg, P. (2005). "Asset-based Welfare and Children's Educational Attainment: Evidence from the Child Trust Fund." *CASEpaper* 93, Centre for Analysis of Social Exclusion, London School of Economics.

Blanden, J., & Gregg, P. (2005). "Asset-based Welfare and Children's Educational Attainment: Evidence from the Child Trust Fund." *CASEpaper* 93, Centre for Analysis of Social Exclusion, London School of Economics.

Blanden, Jo, & Gregg, Paul. (2005). "Child Trust Funds: Asset-Based Welfare and the Child Trust Fund." *Fiscal Studies*, 26(4), 479-499.

Central Provident Fund Board, Government of Singapore. https://www.cpf.gov.sg

CIRIEC. (2020). Recent evolutions of the social economy in the European Union. European Economic and Social Committee.

Esping-Andersen, G. (1990). *The three worlds of welfare capitalism* (Ch.2). Princeton University Press. (한국어 번역: 『복지자본주의의 세 가지 세계』, 후마니타스)

European Commission. (2023). "Community Supported Agriculture in Europe: Key Trends and Policy Implications.". 참고 기사: "SA, 유럽 식량안보의 대안으로 부상" 『한겨레』, 2023.05.11.

Eurostat. (2024). https://ec.europa.eu/eurostat/home

Finnish National Agency for Education. https://www.oph.fi/en

Foundational Economy Collective. (2018). *The foundational economy: The infrastructure of everyday life*. Manchester University Press.

Fraser, N. (2008). *Scales of justice: Reimagining political space in a globalizing world*. Columbia University Press. (한국어 번역: 『불의의 규모』, 후마니타스)

Froud, J., Johal, S., Leaver, A., & Williams, K. (2019). *Foundational economy and the politics of provision*. Manchester University Press.

Froud, J., Johal, S., Moran, M., & Williams, K. (2019). *Foundational economy: The infrastructure of everyday life* . Manchester University Press.

Government of Singapore. "Central Provident Fund Board." https://www.cpf.gov.sg

Grameen Bank. https://www.grameen-info.org/

HDB Singapore. https://www.hdb.gov.sg/

Ignacio Mas & Dan Radcliff, "Mobile Payments go Viral: M-PESA in Kenya", World Bank, March 2010.

Institute for Fiscal Studies (IFS). Spending Review 2025. https://ifs.org.uk/series/spending-review-2025

KB금융그룹. (2024). KB 부동산 보고서, 2024년 1분기.

KELA (2019). "The Basic Income Experiment 2017-2018 in Finland: Preliminary Results." https://www.kela.fi/web/en/news-archive/-/asset_publisher/IN08GY-2nIrZo/content/preliminary-results-of-the-basic-income-experiment

KELA (2020). Final Results of Finland's Basic Income Experiment, May 6.

KELA. (2019). "The Basic Income Experiment 2017-2018 in Finland: Preliminary Results." https://www.kela.fi/web/en/news-archive/-/asset_publisher/IN08GY2nIrZo/content/preliminary-results-of-the-basic-income-experiment

KELA. (2020). Final Report on Finnish Basic Income Experiment.

KELA. (2025). DPI report. Biometric Update.

Kester McLeannan. Cool Currencies - The Chiemgauer, Economy, resilience, July 22, 2019.

Keynes, John Maynard. (1936). *The General Theory of Employment, Interest and Money*. Macmillan.

Le Grand, J. & Nissan, D. (2000). *A Capital Idea*. Fabian Society.

Le Grand, J. (2006). *Implementation Stakeholder Grants: The British Case*. In Redesigning Distribution.

Low, D. (2016). "The Singapore model of housing ownership." Institute of Policy Studies.

MacIntyre, A. (1981). *After virtue: A study in moral theory*. University of Notre Dame Press.

Neath Port Talbot Council. (2025). Foundational economy policy report. https://www.npt.gov.uk; 또는 CRESC. (2023). Foundational economy report. https://foundationaleconomy.com

NHS UK. https://www.nhs.uk/about-us/nhs-history/

OECD PISA 보고서 https://www.oecd.org/en/about/programmes/pisa.htm

OECD Social Expenditure Database (SOCX). https://data.oecd.org/socialexp/public-social-spending.htm

OECD. (2021), Building Financial Resilience.

OECD. (2021). The new OECD jobs strategy: Good jobs for all in a changing world of work.

OECD. (2024). Better life index. https://www.oecd.org/statistics/better-life-initiative.htm

OECD. (2024). *How's life? 2023: Measuring well-being*. OECD Publishing.

OECD. Better Life Index (2024)

OECD. Family Database. https://www.oecd.org/

Ontario Ministry of Community and Social Services. (2018). Ontario Basic Income Pilot.

Piketty, Thomas. (2014). *Capital in the Twenty-First Century*. Harvard University Press.

Polanyi, K. (1944). *The great transformation*. Beacon Press. (한국어 번역: 『거대한 전환』, 민음사)

Putnam, R. D. (1993). *Making democracy work: Civic traditions in modern Italy*. Princeton University Press.

Putnam, R. D. (2000). *Bowling alone: The collapse and revival of American community*. Simon & Schuster. (한국어 번역: 『나 홀로 볼링』, 에코리브르)

Rawls, J. (1971). *A theory of justice*. Harvard University Press. (한국어 번역: 『정의론』, 이학사)

Sandel, M. J. (1982). *Liberalism and the limits of justice*. Cambridge University Press.

Sandel, M. J. (2009). *Justice: What's the right thing to do?* Farrar, Straus and Giroux. (한국어 번역: 『정의란 무엇인가』, 김영사)

Sen, A. (1992). *Inequality reexamined*. Oxford University Press. (한국어 번역: 『불평등의 재검토』, 인간사랑)

Sen, A. (1999). *Development as freedom*. Oxford University Press. (한국어 번역: 『자유로서의 발전』, 김영사, 2000)

Sherraden, M. (1991). Assets and the Poor. Washington, DC: M.E. Sharpe.

Sherraden, M. (1991). Assets and the Poor: A New American Welfare Policy. M.E. Sharpe.

Statistics Sweden. The Civil Society. https://www.scb.se/en/finding-statistics/statistics-by-subject-area/business-activities/structure-of-the-business-sector/the-civil-society/

Stiglitz, J. (2015). *The Great Divide: Unequal Societies and What We Can Do About Them*. W.W. Norton & Company.

UK Government. (2024). Policy Paper: Child Trust Fund.

White, S. (2011). "The Civic Minimum: On the Rights and Obligations of Economic Citizenship", Oxford University Press, 2003. 2011판

White, S. (2011). "Basic income versus basic capital: Can we resolve the disagreement?" *Policy & Politics*, 39(1), 67-81.

White, S. (2015). "Basic Capital in the Egalitarian Toolkit?" *Journal of Applied Philosophy* 32 (4): 417-431.

World Bank (2014). Global Findex Database.

World Inequality Lab. (2021). World Inequality Report 2021. https://wir2022.wid.world

• 주요 용어 설명 •

기본

인간으로서의 존엄성과 생존을 보장받을 최소한의 조건을 사회적 합의와 제도를 통해 실현해야 한다는 규범적 개념이다. 이는 생물학적 존재로서의 인간을 넘어, 사회적·도덕적 권리를 가진 존재로 바라보는 시각이다. 기본경제와 기본사회가 지향하는 모든 정책의 철학적 출발점이 되며, 인간을 수단이 아닌 목적 그 자체로 간주한다. 자유, 평등, 생존권, 참여권 등을 포함하며, 사회 전체가 보장할 책임이 있다. 단순한 복지수혜자가 아닌 공동체의 일원으로서의 권리자 개념이 핵심이다.

기본경제

시장의 효율성과 경쟁 논리에만 의존하지 않고, 모든 시민이 존엄한 삶을 누릴 수 있도록 물질적 기반과 제도적 틀을 재구성한 새로운 경제체계이다. 공공성과 생활 중심성을 핵심 가치로 하여 필수재의 보장과 기본적 생활 수준 유지에 초점을 둔다. 이는 전통적 GDP 성장 중심의 경제모델을 넘어, 삶의 질과 사회적 연대를 고려한 대안적 시스템이다. 시장, 민간, 국가의 조화를 통해 다양한 주체의 역할을 새롭게 구성한다. 생존과 공동체를 우선하는 지속 가능한 분배와 생산 구조로의 전환을 도모한다.

기본금융

누구나 쉽게 접근할 수 있는 금융 시스템을 의미하며, 공공금융기관, 사회대출, 신용회복지원 등을 포함한다. 저신용자, 무자산자, 청년, 고령층 등 금융소외 계층의 배제를 줄이고, 금융을 생존과 기획의 기반으로 삼게 한다. 단순한 자금 조달을 넘어, 시민 개개인의 미래 기획 능력과 자립성을 강화하는 것이 목적이다. 민간금융이 수익성 중심이라면, 기본금융은 공익성과 포용성을 중심으로 한다. 디지털 금융 접근성과 금융 문해력 향상도 중요한 구성요소다.

기본서비스

교육, 주거, 건강, 돌봄 등 인간다운 삶에 필수적인 공공 인프라를 보편적으로 제공하는 제도적 장치다. 서비스의 질과 접근성에서의 평등을 중시하며, 특히 소득이나 지역 격차로 인한 불평등을 해소하는 데 목적이 있다. 민간 위주의 선택적 서비스 공급이 아니라, 공공책임을 강조하는 보편 정책이다. 이는 시민의 권리로서의 서비스 접근을 보장하며, 기본경제의 핵심 구성 요소 중 하나다. 공급의 공공성과 이용의 평등성을 함께 추구한다.

기본사회

신뢰, 상호성, 연대를 바탕으로 한 인간다운 삶의 질서를 제도화한 공동체 중심의 사회 구조다. 경쟁과 효율 중심 사회의 대안으로서, 공동체의 회복과 시민 참여의 확대를 추구한다. 물질적 보장뿐 아니라 관계적 안정성과 소속감을 중요시한다. 상호 돌봄과 참여, 민주적 의사결정이 제도적으로 뒷받침된다. 이는 단순한 사회복지 개념을 넘어, 지속 가능한 관계망 자체를 사회 구조로 포함시키려는 시도다.

기본소득

모든 시민에게 조건 없이 정기적으로 지급되는 소득으로, 생계의 안정과 자율적 삶의 선택권을 보장한다. 복지국가의 선별적 지원 방식을 넘어서 보편성과 무조건성을 특징으로 한다. 경제적 불안정에 대한 안전망 역할뿐만 아니라, 노동 외 삶의 가치를 인정하는 새로운 소득 패러다임이다. 실업이나 저소득 문제를 넘어, 사회 구성원 전체의 존엄을 인정하는 제도로 이해된다. 시민권 기반의 경제 권리로 간주된다.

기본자산

생애 초기에 자립을 위한 기반을 형성할 수 있도록 교육, 주거, 창업 등에 필요한 비현금 자산을 국가 또는 공공기관이 제공하는 제도다. 이는 사회적 출발선의 불평등을 완화하고, 기회 평등을 실질적으로 구현하려는 목적을 가진다. 자산의 축적 기회를 개인의 배경에 의존하지 않도록 보장하며, 세습적 불평등을 줄인다. 기본소득이 유동성 지원이라면, 기본자산은 구조적 자립 기반 제공이다. 장기적으로는 계층 이동성과 사회 통합에 기여할 수 있다.

기본재

인간의 생존과 삶의 질을 유지하는 데 필수적인 주거, 의료, 교육, 돌봄, 식량, 에너지 등의 자원을 지칭하며, 이를 누구에게나 보편적으로 보장하려는 개념이다. 시장 가격에 따라 접근성이 좌우되지 않도록 공공적으로 제공되거나 조정되어야 한다. 이는 '공공재' 개념을 넘어, 생존권적 필수재로 간주한다. 기본경제는 이러한 기본재를 공공적 방식으로 재구조화해 접근성을 높인다. 인간다운 삶의 전제가 되는 자원의 정의와 공급 방식에 대한 재설정이다.

기본정책 모듈

기본경제의 핵심 수단인 소득, 자산, 금융, 서비스, 지역화폐, 사회적경제를 지역과 세대의 특성에 따라 유연하게 조합해 적용하는 정책 설계 방식이다. 일률적 복지정책을 넘어, 지역 맞춤형 전략으로서 기능한다. 이는 정책 실행의 효과성과 수용성을 높이기 위해 다양한 상황에 적합한 조합을 가능케 한다. 복합적 민생 문제 해결을 위한 통합 설계의 기초이며, 실험성과 확장성 또한 고려된다. 정책 설계의 유연성과 확장 가능성을 확보하는 수단이다.

공동체

시민 간 신뢰와 상호 돌봄을 바탕으로 형성되는 관계의 장으로, 기본사회는 이를 제도화하고 공공화하는 것을 지향한다. 이는 혈연, 지연, 학연 중심의 전통 공동체를 넘어서, 참여와 공적 책임에 기반한 시민 공동체로 진화한다. 공동체는 인간관계를 지탱하는 기반일 뿐 아니라, 사회적 자본과 상호 지원의 핵심 인프라다. 경쟁적 개인주의를 극복하고, 삶의 안정성과 연대를 제공하는 공간이다. 제도화된 공동체는 정치적, 경제적 위기를 함께 해결할 수 있는 기반이 된다.

기회 불평등

출발선의 차이가 삶의 결과에 구조적으로 영향을 미치는 현상으로, 자산, 교육, 지역, 가족 배경 등이 주요 원인이다. 이는 능력주의 신화의 배경을 이루며, 사회 이동의 단절과 계층 고착을 초래한다. 기본자산 정책은 자립의 초기 기반을 제공하여 이러한 구조를 제도적으로 완화하려는 목적을 가진다. 불평등 해소는 결과 평등이 아니라 기회 접근성의 평등에서 출발해야 한다. 장기적으로는 신뢰와 사회통합에도 긍정적 효과를 준다.

디지털 플랫폼 거버넌스

행정과 정책 설계에 시민이 디지털 도구를 활용해 직접 참여할 수 있도록 구성된 수평적 구조를 말한다. 예산 편성, 정책 우선순위 결정, 공공 서비스 설계 등에 시민의 의견이 실시간 반영될 수 있다. 이는 기존 관료적 거버넌스 구조를 탈중앙화하고, 효율성과 민주성을 동시에 실현하려는 모델이다. 기본사회는 이를 통해 참여의 권리와 책임을 확장하고자 한다. 디지털 소외층 배려와 정보 접근권도 중요한 과제가 된다.

사회적경제

영리 추구보다 사회적 목적을 중심으로 활동하는 경제 주체들의 집합으로, 협동조합, 사회적기업, 마을기업, 자활기업 등이 포함된다. 이들은 지역 기반의 지속 가능한 경제 생태계를 형성하며, 취약계층 고용, 공동체 복원 등 다양한 역할을 수행한다. 기본경제·기본사회는 이들을 실천적 매개로 활용하여 경제와 복지의 통합을 추구한다. 수익보다 연대, 참여, 공익을 중심에 둔다. 국가는 이를 제도적으로 지원하고 확산시킬 책임이 있다.

사회적 자본

개인 간의 신뢰, 규범, 네트워크 등 사회 협력의 기반이 되는 무형 자산이다. 이는 경제적 자본이나 인적 자본과 달리, 공동체의 집합적 자산으로 작동하며, 사회통합과 집단적 행동을 가능하게 한다. 기본사회는 이러한 사회적 자본을 제도적으로 형성하고, 공동체 회복의 토대로 삼는다. 신뢰가 높은 사회일수록 정책 실행력과 경제 생산성도 높다는 연구도 많다. 이는 단지 관계의 산물이 아니라, 공공정책의 중요한 자원이기도 하다.

상호성

공동체 내에서 상호 주고받는 관계를 통해 신뢰와 유대를 형성하는 인간 관계의 기본 원리다. 단순한 거래나 교환이 아니라, 돌봄과 배려, 책임의 순환을 포함한다. 기본사회는 이 상호성을 제도화하여 지속 가능한 공동체를 구성하고자 한다. 이는 복지국가의 일방적 공급 모델을 넘어서, 시민 간 상호 책임의 윤리를 강조한다. 관계의 평등성과 상호 돌봄의 가치를 중심에 두는 사회 구조다.

생활경제

경제활동의 중심을 GDP나 시장 효율성보다 시민의 일상과 생계, 삶의 안정에 두는 구조다. 이는 생산과 소비가 시민의 삶의 질을 직접적으로 향상시키는 방향으로 설계되어야 함을 의미한다. 기본경제는 이러한 생활 중심적 관점을 경제 운영의 핵심 원리로 삼는다. 공공서비스, 지역순환, 사회적경제 등의 방식을 통해 실현된다. 이는 경제를 인간 삶의 수단으로 재정의하려는 시도다.

생계경제

가계 내 노동, 비공식 부문, 공동체 기반 활동 등 공식 경제 시스템 밖에서 이루어지는 자구적 생존 방식이다. 이는 저소득층, 돌봄노동자, 자영업자 등 다양한 취약계층의 실질적 삶을 떠받치고 있다. 기본경제는 이 생계경제를 제도권 안으로 통합하여 공공성과 지속가능성을 확보하고자 한다. 생계경제를 공식 인정하고 지원함으로써 보이지 않는 경제를 가시화하는 전략이다. 이는 경제적 시민권을 실현하는 기반이 된다.

생애주기 설계

출생부터 노년까지 개인의 삶에 필요한 자원과 제도를 통합적으로 연계하여 단절 없는 정책 체계를 구축하려는 접근이다. 교육, 노동, 주거, 건강, 돌봄 등 각 영역이 시기별로 연속성을 갖도록 구성된다. 기본경제와 기본사회는 이러한 통합적 설계를 통해 개인의 예측 가능성과 안정성을 높이려 한다. 이는 단기 대응 위주의 정책 한계를 넘어서려는 전략이다. 개인 중심 정책 설계의 전환을 요구한다.

소득 기반 보장
불확실성과 위기의 시대에 모든 시민에게 최소한의 생계 수단을 제공하는 접근으로, 기본소득이 그 핵심 수단이다. 이는 기존 노동 중심의 소득 획득 구조의 한계를 보완하고, 인간의 존엄을 소득 조건과 분리하려는 시도다. 경제 위기, 자동화, 실업 등 시대적 위험에 대한 사회적 회복력을 높인다. 기본경제는 이를 통해 안정적 소비 기반과 공동체 유지력을 확보한다. 보편성과 무조건성이 핵심 원칙이다.

신뢰 기반 구조
정책과 제도는 단지 기술적 설계가 아니라 시민과 제도 간의 신뢰를 바탕으로 해야 실질적으로 작동한다는 원리이다. 신뢰는 사회적 자본의 핵심이며, 기본사회는 이를 제도 설계의 기초로 삼는다. 불신과 갈등이 만연한 사회에서는 정책 효과도 제한적이다. 신뢰 기반 구조는 공동체 회복, 정책 수용성, 사회 통합에 직결된다. 참여와 투명성, 공정성은 신뢰를 형성하는 주요 요소다.

아마르티아 센의 역량
아마르티아 센이 제시한 '역량(capability)' 개념은 개인이 자신의 삶에서 가치 있다고 여기는 목표를 실현할 수 있는 실질적 자유와 능력을 의미한다. 이는 단순한 자원의 소유보다 '무엇을 할 수 있는가'에 초점을 둔다. 기본경제·기본사회는 이러한 역량 확대를 목표로 하며, 복지의 평가 기준을 생존이 아닌 삶의 질로 전환한다. 사회는 단지 조건을 제공할 뿐 아니라, 역량 실현의 구조를 마련해야 한다.

윤리경제
경제 시스템을 수익 중심에서 인간 존엄, 공공선, 삶의 질 등 윤리적 가치 중심으로 재정의하려는 접근이다. 기본경제는 이 관점을 토대로 시장의 효율성과 공동체의 연대를 조화시키고자 한다. 이는 경제를 도덕적으로 성찰하고, 불평등과 착취 구조를 넘어설 수 있는 대안을 모색한다. 윤리는 단지 규범이 아니라 정책 설계의 핵심이다. 생존과 공존이 함께 고려되는 경제 구조가 목표다.

일상경제 접근

국가 경제를 판단할 때 거시 지표(GDP, 성장률 등)보다 시민 개개인의 생활 안정, 소비력, 돌봄 여건, 주거 상황 등 실질적 삶의 지표를 우선하는 관점이다. 기본경제는 이러한 접근을 통해 경제정책의 체감도를 높이고, 실효성을 확보하려 한다. 이는 '사는 것이 나아졌는가'라는 질문에 직접 답하는 정책 기준이 된다. 정책 수립 시 일상의 데이터와 시민 경험이 중요해진다.

지역화폐

특정 지역 내에서만 사용 가능한 대안 화폐로, 지역 소비 촉진, 중소상공인 보호, 공동체 경제 활성화를 목표로 한다. 이는 자본의 외부 유출을 막고, 순환경제 구조를 가능하게 한다. 기본경제는 지역화폐를 핵심 수단 중 하나로 삼아 지역 단위 경제 자립을 도모한다. 지역공동체와의 정서적 연대 형성에도 긍정적이다. 디지털 지역화폐, 행정 연계 등 다양한 확장 모델이 가능하다.

커먼즈

특정 자원(토지, 물, 지식, 플랫폼 등)을 시장이나 국가가 아닌 공동체가 민주적으로 관리·운영하는 체계를 뜻한다. 이는 공유와 협력, 참여를 전제로 하며, 사적 소유와는 다른 운영 원칙을 따른다. 기본사회는 커먼즈를 확대하여, 자원뿐 아니라 삶의 구조 전체를 공동체 기반으로 재구성하려 한다. 생존과 공동의 번영을 연결하는 새로운 공공성이다. 사회적 자원의 민주적 관리라는 점에서 중요한 전환 모델이다.